번역의 탄생

한국어가 바로 서는 살아 있는 번역 강의

# 번역의 탄생

이희재 지음

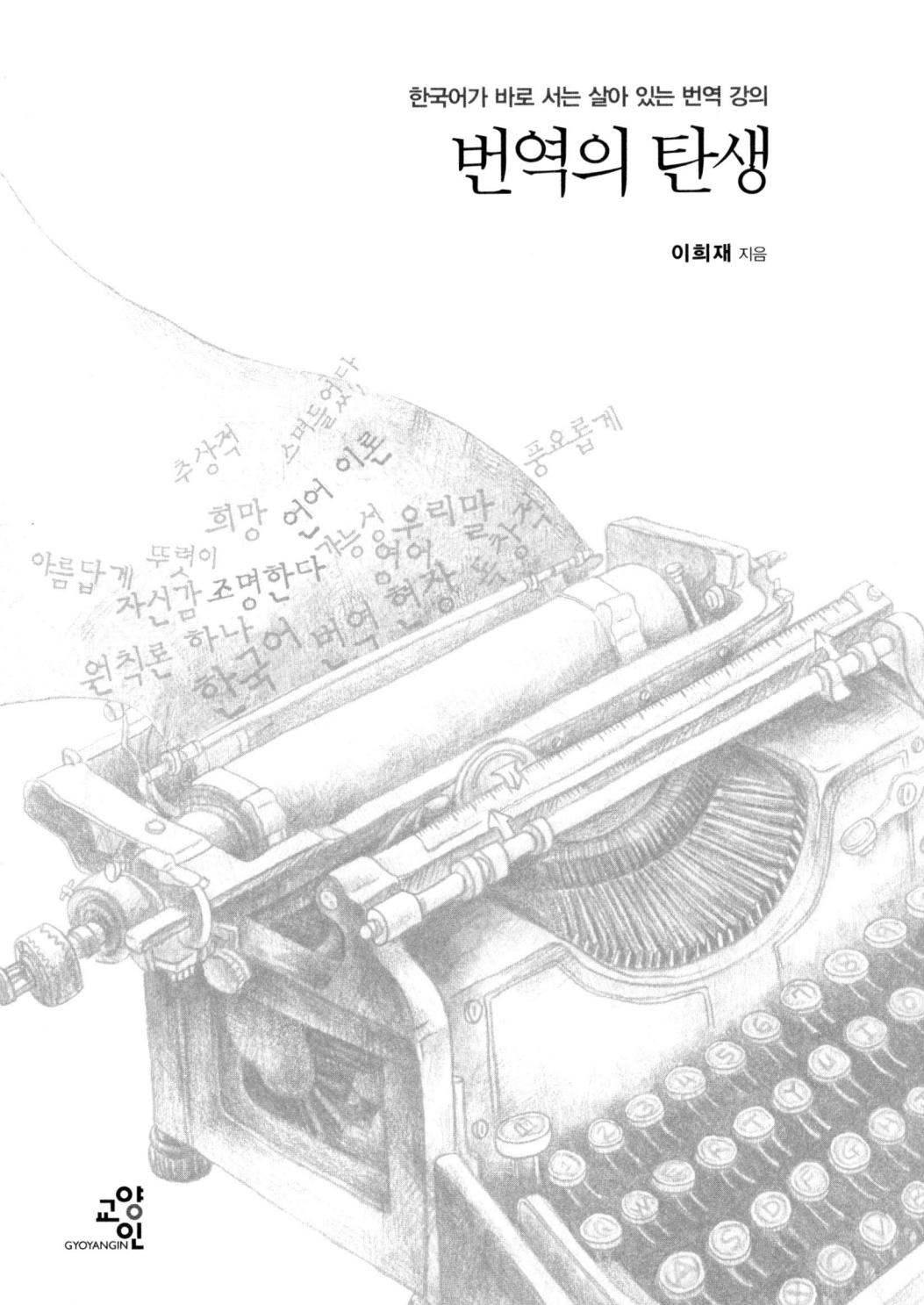

■ 머리말

번역을 업으로 삼은 지는 20년이 넘었지만 이런 책을 번역했다 하고 자랑스럽게 내세울 만한 책이 없다. 공을 들이고 정성을 기울인 책이 없는 것은 아니지만, 세상 일이 늘 그렇듯이 그런 책은 그냥 묻힐 때가 많았다. 그래서 별로 이름도 알려지지 않은 사람이 마치 대가의 반열에나 오른 듯이 번역 이론서를 내놓는 것에 대한 자격지심이라고나 할까 쑥스러움이 마음 한구석에서 영 가시지를 않는다. 그런데도 이런 책을 내기로 마음먹은 것은 한번 읽히면 그만인 제품 설명서를 옮기든 두고두고 읽힐 난해한 철학서를 옮기든 번역이라는 작업을 늘 진지하게 생각했고 번역을 창작에 이르는 징검다리로 여기거나 좌절된 창작의 꿈을 대신 이루는 차선책으로 여긴 적이 없었다는 알량한 자존심 때문이 아니었나 싶다.

외국어와 한국어에 두루 능통한 사람이 번역을 해야 마땅하겠지만, 솔직히 고백하자면 나는 대학을 졸업할 때까지 남들이 다 읽는 얇은 영어 원서조차 한 권 제대로 뗀 기억이 없다. 그렇다고 작가의 꿈을 키우면서 문학 청년으로 습작을 했는가 하면 그런 것도 아니었다. 책은 그런 대로 많이 읽은 편이지만 따로 목표가 있어서 읽은 것은 아니었다. 돌이켜보면 뚜렷한 현실 감각과 주인 의식을 지니고 삶을 산 기간보다 그렇지 않은 기간이 훨씬 길었다. 중요한 일은 어디선가 남들이 할 것이고 나는 그저 마치 더부살이를 하는 것처럼 묻어 살다가 가면 된다고 생각하는 쪽이 마음 편했다.

　대학을 졸업하고 출판사를 들어간 것도 특별한 목표가 있었다기보다는 우연히 버스에서 주워든 신문에서 구인 광고를 보고 지원했다가 운 좋게 합격했기 때문이었다. 출판사에 들어가서 한 일은 창조적인 기획과는 거리가 먼 원고 교정이었고 그 점이 당시에는 조금 불만이었지만 돌이켜보면 대학을 갓 졸업한 나의 머리에 무슨 대단한 창조력이나 기획력이 있었을까 싶다. 또 설령 기획력이 있었다 하더라도 몇 년 동안 글을 다듬는 훈련을 한 것이 나의 인생에는 오히려 더 큰 도움이 되었다고 지금은 생각한다.

　출판사에 다니면서 외국 문학을 전공한 교수들이 보내온 원고를 원서와 대조하면서 글을 다듬다 보니 책과 활자에 대한 경외감과 환상이 많이 무너졌다. 거기에는 장단점이 모두 있었다. 단점은 번역서에 대한 불신 같은 것이 생겨서 출판사에 다니는 편집자이면서도 오히려 전보다 책을 멀리하게 되었다는 것이고, 장점은 외국어를 하나라도 더 익혀야겠다는 학구열이 뒤늦게 불붙었다는 것이다. 영어 말고도 그때 익힌 일본어와 독일어, 프랑스어는 비록 읽기밖에 못하는 절름발이일지언정 세상을 넓게 보는 데 크게 도움이 되었다.

몸이 안 좋아서 직장을 그만두면서 나는 자연스럽게 전업 번역자가 되었다. 번역도 노동이라서 지겹고 힘들 때가 물론 많았지만 번역하는 책의 내용이 마음에 들고 안 들고를 떠나서 기본적으로 내 손으로 문장을 만들어내는 데서 재미를 느꼈다. 창작이라면 오히려 내 주제에 무슨 창작인가 하는 자격지심 때문에 진도가 안 나갔을 텐데 번역은 어차피 주어진 원문이 있으니까 재주껏 부담 없이 문장을 만들어내는 묘미가 있었다. 대인 관계로 인한 부담감 없이 그저 하루 종일 글자하고만 씨름하는 생활이 단순하기는 해도 불필요한 신경전에 기운을 쏟지 않아도 되니까 좋았다. 그렇게 차츰 나는 번역의 길로 접어들었다.

처음부터 나는 포부가 컸다. 원문에 충실하되 한국어로서도 자연스러운 그런 번역을 하고 싶었다. 결코 이루기 어려운 꿈이었다. 하지만 그때는 그걸 몰랐다. 원문에만 얽매이는 직역이 '낮은 포복'이고 원문보다는 자연스러운 한국어를 중시하는 의역이 '고공 비행'이라면 나는 아슬아슬한 '저공 비행'이 좋다고 생각했다. 원문의 결을 어떻게든 번역문에 살려야 한다고 생각했다. 시간은 많이 들었지만 원문에 가장 가까운 표현을 이리저리 궁리하다 보니 한국어의 구석구석을 보통 사람들보다는 자세히 들여다본 것도 같다.

번역을 하면서 나는 한국어에 눈떴다. 작가가 되어 한국어 자체만을 놓고 씨름했더라면 한국어의 개성이 눈에 잘 들어오지 않았을지도 모른다. 그러나 영어, 일본어, 독일어 같은 외국어와 한국어를 넘나들다 보니 한국어의 남다른 점이 눈에 들어오기 시작했다. 처음에는 막연하기만 했던 한국어답다는 개념이 차츰 구체적으로 눈에 들어왔다. 그리고 한국어가 이미 번역서를 통해 영어와 일본어에 상당히 깊이 물들어 있음을 깨달았다. 번역에 대한 나의 생각은 그때부터 조금씩 바뀌었다. 이미 외국어에 많이 물든 한국어에 외국어 문체의 흔적을 더 남기려고 애쓰는 것은 부질없다는 생각이 들었다. 그리고 그때부터 원문에서 멀어지는 고공 비행의 길로 날아올랐다. 이 책은 잃어버린 한국어의 창공을 향해 한없이 날아오르고 싶었던 내 마음의 비행 일지인 셈이다.

일지이긴 하지만 그때그때 번역을 하다가 떠오른 생각을 두서없이 적어놓은 낙서장처럼 만들고 싶지는 않았다. 그래서 내 나름대로 체계를 잡아서 '좁히기', '짝짓기', '뒤집기' 같은 좀 더 추상화된 개념으로 생각을 정리하려고 애썼다. 그렇지만 역시 이론이라고 보기는 어렵다. 이론이라면 보편성이 담보되어야 할 텐데 이것은 어디까지나 나만의 현장 경험이기 때문이다. 이 책에 나오는 예문도 거의 다 내가 번역을 하면서 오다가다 마주친 문장이다. 그러니까 이 책은 번역을 업으로 삼으면서 20년 동안 잡다한 번역을 해온 사람이 내놓는 한국어 임상 보고서인 셈이다.

이 책은 어디까지나 나의 한국어 번역론이기는 하지만 좀 더 넓은 문화사적 맥락에서 읽히기를 바라는 마음도 있다. 문화와 문화를 이어주는 징검다리가 바로 번역이기 때문이다. 한국의 사정은 좀 남다른 데가 있다. 같은 번역이라도 일본이 일찍부터 영국, 독일, 프랑스, 러시아의 책을 직접 번역하는 직거래 방식으로 제 문화의 틀을 세웠다면 한국은 일본이라는 중간상을 거쳐서 서양 문화를 간접적으로 받아들였다. 일본을 통한 한국의 서양 문화 수용을 나는 '기원의 은폐'라고 부르고 싶다. 한국은 '민주주의' 같은 근대 어휘는 말할 것도 없거니와 정치, 경제, 교육, 사법 제도의 틀을 대부분 일본에서 받아들였다.

일본을 통한 간접 수용 자체가 문제라고 말할 수는 없다. 앞섰다고 여겨지는 외래 문화에 먼저 눈떠서 한 발 앞서 받아들이는 나라가 있으면 그 문화는 자연스럽게 주변으로 퍼지기 마련이다. 하지만 언제까지나 그럴 수는 없다. 이제는 자기만의 눈과 귀로 세상을 보고 들을 줄 알아야 한다. 물론 예전보다는 문화 교류의 창구가 넓어졌고 직거래도 늘어났지만 한국을 이끌어 가는 주류 가운데는 아직도 다른 나라를 졸졸 따라가야만 마음이 놓이는 유아 의식에 갇힌 사람이 많다. 이미 오래전에 걸음마를 떼었건만 아직도 음식을 떠먹여주기만을 바라는 '어른애'가 많다. 스스로 제 갈 길을 헤쳐 나가고 사유하는 데 서투르다. 제 손으로 새 말을 만들기를 두려워하고 아직도 일본에서 나온 영일사전에 기대어 영한사전을 만드는 것이 한국의 현실이다. 몸은 다 큰 어른인데 여전히 아이처럼 종주국만 쳐다보는 한국 주류의 머리가 머무른 현주소다. 식민지에서 해방된 지 두 세대가 넘은 나라에서 식민 통치를 찬양하는 세력이 목소리를 되높이는 일도 그래서 벌어진다. 작가 최인훈이 《광장》의 한자어를 끊임없이 토박이말로 고쳐 쓴 것은 이런 군상이 득세하는 현실에 대한 가장 격렬한 저항이라고 나는 생각한다.

격렬하다고까지 말할 수는 없겠지만 내가 이 책을 쓴 것도 그런 저항에 슬쩍 끼고픈 마음이 있어서였다. 해방 이후 두 세대가 지났지만 아직 한국은 정신적으로 독립국이 아니다 싶을 때가 많다. 언문일치만 하더라도 제 손으로 한 것이 아니라 일본이 한 것을 그냥 주워서 입은 것이 아닌가 하는 거북함이 언제부턴가 들었다. 언문일치라는 것은 말하듯이 글을 쓴다는 것이다. 그래서 글의 진입 장벽을 최대한 낮춘다는 것이다. 한국어 언문일치체에는 한국어 입말의 개성이 잘 담겨야 한다. 한국어 입말의 중요한 개성 가운데 하나는 존대어가 발달했다는 것이다. 그런데 일본어의 영향을 압도적으로 받은 지금의 한국어 언문일치체에는 그런 한국어의 개성이 충분히 담기지 않았다. 물론 아무리 언문일치라 하더라도 입말과 글말이 완전히 똑같아지기는 어렵다는 것을 모르지 않는다. 그러나 최인훈이 한자어를 토박이말로 바꿀 수 있는 데까지 바꾸어보려고 애쓰는 것처럼 지금이라도 한번 다른 방식의 언문일치체를 모색해보고 싶었.

이 책의 본문을 높임말로 쓴 것은 겸손해 보이고 싶어서가 아니라, 존대어가 발달한 한국어의 색깔이 스며든 언문일치체를 만들고 싶은 일종의 객기에서였다. 누가 갔던 길만을 졸졸 따라가는 것이 아니라, 아무도 가지 않았던 길을 꿋꿋하게 걸어간다고 하면 조금은 과대망상일지는 모르겠지만, 일본의 식민 통치를 찬양하는 세력이 아직도 정계와 언론계와 학계와 관계에 뿌리 깊게 남아 있는 한국 현실에서는 이런 노력이 아직은 더 필요하다는 생각이 든다.

　번역을 하면서 나름대로 떠오른 생각을 정리해서 여러 사람과 공유해보고 싶은 마음은 진작부터 있었지만 따로 시간을 내기가 쉽지 않았다. 그러다가 런던대 소아스대학 한국학과에서 한국어와 영어 번역에 대한 강의를 해보지 않겠느냐는 제안을 받고 그동안 여기저기 두서없이 적어놓은 생각의 부스러기를 하나둘 정리하기 시작했다. 소아스 도서관에는 한·중·일 3국의 자료는 물론이고 유럽어로 된 문헌이 풍부해 여러모로 자극이 되고 도움도 많이 받았다. 강의 제안을 비롯해서 물심양면으로 많은 도움을 주신 소아스대학 한국학과의 연재훈 선생님께 진심으로 감사드린다. 그리고 암울한 현실에 상심한 제자의 넋두리를 들어주시고 기운을 북돋아주신 옥스퍼드대학 동양학부의 제임스 루이스 교수님께도 감사드린다. 마지막으로 부족한 원고에 큰 관심을 보여주시고 필자의 게으름을 묵묵히 지켜봐주신 교양인 한예원 대표께도 감사하다는 말씀을 드린다.

2009년 1월<br>
이희재

차례

1장 들이밀까, 길들일까 — 15
    직역과 의역의 딜레마

2장 한국어의 개성 — 35
    동적인 한국어, 정적인 영어, 더 정적인 프랑스어

3장 껄끄러운 대명사 — 53
    '그'와 '그녀'를 모르는 한국어

4장 주어는 어디 갔지? — 69
    한국어와 주어

5장 수동태 길들이기 — 85
    문장을 오염시키는 과잉 수동문

6장 우리를 슬프게 하는 사동문 — 99
    영어는 타동사를 좋아한다

7장 죽은 문장 살려내는 부사 — 113
    추상에 강한 영어, 구체성에 강한 한국어

8장 '적(的)'이라는 문장의 '적(賊)' — 129
    형용사는 부사로 잡는다

9장 간결한 문장의 비밀, 덧말 — 153
    접두사와 접미사 활용하기

10장 한국어 말꼬리를 잡아라 — 169
    실감나는 어미 활용

11장 살빼기 — 185
    군살은 뺄수록 아름답다

| 12장 좁히기 | 203 |

좁혀야 생생하다

| 13장 덧붙이기 | 225 |

풀어주면 쉬워진다

| 14장 짝짓기 | 245 |

짝을 지으면 안 되는 가짜 친구들

| 15장 뒤집기 | 265 |

뒤집으면 자연스럽다

| 16장 느낌이 사는 토박이말 | 279 |

입말 활용법

| 17장 맞춤법도 법이다 | 307 |

한국어의 힘을 키우는 길

| 18장 말의 지도, 사전 | 329 |

우리 삶이 담긴 사전이 필요하다

| 19장 만들어 쓰기 | 369 |

개념의 핵심을 찌르는 조어법

| 20장 셰익스피어와 황진이가 만나려면 | 387 |

리듬을 옮기는 시 번역

주석 ········ 404

인명 찾아보기 ········ 409

# 1장
# 들이밀까, 길들일까
### 직역과 의역의 딜레마

번역은 크게 두 가지로 나눌 수 있습니다. 하나는 원어에 충실한 번역이고 다른 하나는 번역어에 충실한 번역입니다. 원어를 영어로는 source language라고 합니다. 출처가 되는 말이라는 뜻입니다. 번역어는 영어로 target language라고 합니다. 그런데 번역어라고 하면 한국어면 한국어, 영어면 영어처럼 한 언어 전체를 가리키는 것이 아니라 번역된 개별 어휘가 자꾸 연상되니까 이 책에서는 편의상 알기 쉽게 번역어라는 말 대신 도착어라는 말을 쓰겠습니다. 또 원어는 도착어와 균형을 맞추는 뜻에서 출발어라고 부르기로 하겠습니다.

출발어(원어)에 충실한 번역은 좀 딱딱하더라도 출발어의 독특한 구조와 표현을 살려주려는 태도이고 도착어(번역어)에 충실한 번역은 도착어에 어울리는 자연스러운 문장을 만들려는 태도입니다. 독일의 신학자인 프리드리히 슐라이어마허라는 사람은 1813년에 이런 유명한 말을 했습니다. 번역하는 방법은 "단 두 가지뿐이다. 번역자가 저자를 제자리에 두고 독자를 최대한 저자 쪽으로 데리고 가는 방법이 하나요, 번역자가 독자를 제자리에 두고 저자를 최대한 독자 쪽으로 데리고 가는 방법이 다른 하나다."[1] 앞의 방법은 번역문으로서는 좀 어색하더라도 원문에 충실하려는 직역이고 뒤의 방법은 원문에서는 좀 벗어나더라도 매끄러운 번역문을 중시하는 의역이지요.

직역을 해야 하느냐 아니면 의역을 해야 하느냐. 오래전부터 번역가들과 학자들 사이에서 치열한 논쟁이 벌어졌지만 아직도 결론이 안 났습니다. 아니, 결론이 날 수 없는 문제이겠지요. 둘 다 일장일단이 있으니까요. 실제로 제 주변만 보아도 직역이 옳다고 생각하는 번역자가 있는가 하면 의역이 맞다고 생각하는 번역자도 있습니다. 그런데 여러분이 번역자라면 직역을 할 것인가 의역을 할 것인가, 첫 문장을 옮길 때부터 선택을 해야만 합니다. 정답이 있을 수는 없지만 그래도 여러분 나름대로 번역의 기본 원칙은 정해야 한다는 것이죠. 자, 그렇다면 무엇을 기준으로 삼아야 할까요? 이론적으로 따지는 것보다는 여기서 제 경험을 말씀드리는 게 여러분께 도움이 될지도 모르겠습니다. 물론 어디까지나 저의 생각이니까 여러분께서 반드시 동의할 필요는 없습니다. 직역이냐 의역이냐를 정할 때 이런 식의 기준도 있구나 정도로 받아들여주세요.

저는 미시적 기준과 거시적 기준이 있다고 생각합니다. 미시적 기준은 이것은 어떤 종류의 글인가, 독자는 누구인가 따위를 따지는 것을 말합니다. 먼저 글의 종류로 따지면 소설도 있을 수 있겠고 여행기도 있을 수 있겠고, 철학서, 자연과학서, 제품 설명서도 있을 수 있습니다. 아무래도 뒤로 갈수록 원문에 담긴 내용을 정확하게 전달하는 직역이 중시되겠지요. 누가 읽을 것인가도 중요합니다. 어른인가 아이인가, 같은 어른이라도 공부를 많이 한 사람인가 적게 한 사람인가에 따라 쓰는 말도 문체도 다르게 가져갈 수밖에 없습니다. 같은 영국 진보지라도 지식인층이 읽는 〈가디언〉과 노동자층이 읽는 〈미러〉는 문체가 많이 다릅니다. 아이가 읽는 동화책이라면 아무래도 의역을 중시할 수밖에 없겠지요.

거시적 기준도 있습니다. 거시적 기준은 한 나라의 번역 문화의 풍토 같은 것을 말합니다. 예를 들어 영국과 미국은 원문에 충실한 것보다는 자연스러운 영어로 번역하는 것을 중시하는 오랜 전통이 있습니다. 영국과 미국은 번역서를 읽는 독자가 '이 책은 저자가 영어를 모국어로 쓰는 독자를 위해서 영어로 직접 썼구나.' 하고 착각을 할 만큼 번역문이라는 느낌이 전혀 들지 않게 매끄러운 영어로 번역할 것을 번역가에게 요구하는 풍토가 있습니다. 영미권에서 활동하는 번역자는 저자의 메시지를 투명하게 전달해주어야 합니다. 마치 저자가 직접 쓴 것처럼 매끄럽게 번역을 해주어야 훌륭한 번역자로 평가받습니다. 공기처럼 눈에 보이지 않는 번역자라야 뛰어난 번역자입니다. 그래서 심지어 번역자의 이름조차 책에 밝히지 않는 번역서도 적지 않습니다. 영미권의 서평지는 대체로 번역서에 대해서 그 번역문이 원문에 얼마나 충실한가는 따지지 않고 얼마나 세련되고 깔끔한 영문인가만을 따지는 경향이 강합니다.

영국과 미국만 그런 것은 아닙니다. 사실, 원문에 충실한 것보다 자연스러운 번역문을 더 높이 평가하는 전통이 제일 먼저 생긴 나라는 프랑스입니다. 르네상스 이후로 유럽에서는 그리스 고전을 자국어로 열심히 번역하기 시작하는데, 처음에는 그리스 문화에 대한 외경심이 워낙 강해서 직역 중심으로 나아갔습니다. 그런데 유럽에서는 가장 먼저 중앙 집권 국가와 절대 왕정의 틀을 갖추면서 강국으로 부상한 프랑스에서 차츰 자기 문화와 자기 말에 대한 자부심이 커지면서, 그리스어 원문에 충실한 것보다는 아름답고 멋진 프랑스어로 번역하는 것이 중요하다는 생각이 퍼집니다. 그래서 유명한 신구 논쟁*이라는 것이 벌어지지요.

고대 그리스 문화의 진가를 알아차린 르네상스 이후로 근대 유럽인은 고대 그리스인의 정신 세계를 이상적인 것으로 우러러보았습니다. 마치 옛날 동아시아의 지식인이 중국의 요순 시대를 이상향으로 여겼던 것처럼요. 르네상스라는 말을 한자로 번역하면 문예 부흥이라고 합니다. 그러니까 문화를 새로 만들어내는 것이 아니라 화려했던 고대인의 문화를 되살린다는 뜻이었어요. 그런데 고대인, 즉 옛날 사람보다 당대인, 곧 요즘 사람이 더 똑똑하다고 주장하는 프랑스 지식인이 나타난 겁니다. 이 새로운 지식인들은 선배들의 호메로스 번역을 비판했습니다. 그리스어 원어에는 충실할지 몰라도 프랑스어로서는 자격 미달이라는 이유였지요. 선배들에게 비판을 가한 사람 중에는 원문 해독 능력이 부족한 함량 미달인 번역자도 있었지만 시대 분위기는 젊은 세대에게 유리하게 작용했습니다. 결과는 그리스어보다 프랑스어를 중요하게 여기는 후배 번역가들의 판정승으로 끝났습니다.[2)]

유럽에서 라틴어를 밀어내고 새로운 공용어로 떠오르던 프랑스어의

..........................................
**신구 논쟁** 17세기 말부터 18세기 초까지 고대 문학과 근대 문학의 우열을 둘러싸고 프랑스에서 벌어진 논쟁. '고대파·근대파 논쟁'이라고도 불리는 이 논쟁은 고대 문학의 전통을 대신하여 진보 관념 및 비평의 독립과 상대성 관념이 도입되며 막을 내렸다.

새로운 번역 흐름은 영국에도 곧바로 영향을 끼쳤습니다. 영국 왕 찰스 1세가 단두대에서 처형당하자 아들 찰스 2세는 프랑스에서 오랫동안 망명 생활을 합니다. 왕을 따라서 프랑스로 온 영국 귀족들은 자국어 중심으로 번역을 하는 프랑스의 번역 풍토에 강한 인상을 받았습니다. 영국 귀족들은 그리스어와 라틴어로 된 고전 작품을 영어로 번역하면서 출발어인 고전어보다는 도착어인 영어에 충실한 번역을 하기 시작합니다. 그래서 찰스 2세의 심복이었으며 17세기 영국 내전에서 청교도와 맞붙어 싸우기도 했던 존 데넘 같은 왕당파는 가령 로마 시인 베르길리우스가 트로이 전쟁을 주제로 쓴 서사시 《아이네이스》를 영어로 옮기면서 트로이의 왕이었던 프리아모스라는 고유 명사를 그냥 '왕'이라는 보통 명사로 옮긴다든지 하는 방식으로 작품에서 그리스의 색채를 될수록 지우고 영국 분위기를 내려고 애썼습니다.[3]

존 데넘이 《아이네이스》를 번역한 것은 1636년이었고 책으로 낸 것은 1656년이었습니다. 그런데 100년 전인 1563년만 하더라도 알렉산더 네빌이라는 영국 번역가는 로마의 대작가 세네카가 쓴 《오이디푸스》를 영어로 번역하면서 서문에서 "그분(세네카)의 자연스럽고 고결한 문체"를 때 묻고 천한 말로, 다시 말해서 영어라는 '상스러운 말'로 옮긴 것에 대해서 황송한 마음을 감추지 않습니다.[4] 영국에 대한 자부심에 불타던 앤드루 보드라는 의사 겸 문필가도 1548년에 쓴 책에서 영어는 이탈리아어, 카탈루냐어, 프랑스어 같은 고상한 언어보다 한 수 낮은 상스러운 언어라는 사실만큼은 인정하고 들어갔습니다.[5] 모국어에 대한 생각이 겨우 100년 사이에 얼마나 많이 달라졌는지 알 수 있습니다.

모국어에 대한 이런 자신감은 신대륙 정복과 산업 혁명을 거치면서 영국이 유럽의 새로운 맹주로 떠올라 해가 지지 않는 나라라는 소리를 들을 만큼 전 세계에서 패권을 누리고, 2차 세계대전 이후 영국의 뒤를 이어 이번에는 미국이 초강대국의 지위를 누리게 되어 영어가 유럽을 넘어 세계 공용어로 자리 잡으면서 더욱 확고해졌습니다. 가령 19세기 말부터 영국에서 나온 아서 코넌 도일의 추리 소설 셜록 홈스 시리즈는 일찍부터 유럽 각국어로 번역되어 폭발적 반응을 불러일으켰습니다. 나중에는 번역하는 것만으로는 성에 안 차서 아예 '셜록 홈스'를 흉내 낸 창작 추리 소설도 여기저기서 나왔습니다. 한 예로 독일과 오스트리아에서는 1920년대와 1930년대에 베를린을 무대로 활동하는 탐정 '톰 샤크' 시리즈가 낙양의 지가를 올렸습니다.⁶⁾ 샤크는 찰떡 궁합 홈스와 왓슨처럼 조수 피트 스트롱과 함께 어려운 사건을 척척 해결했습니다. 무대가 독일이었고 독자도 독일인이었지만 영국 추리 소설의 위세가 워낙 강해서 거기에 편승하려고 주인공 이름을 모두 영국식으로 지은 것입니다. 자국 작가의 창작 소설까지 마치 번역 소설처럼 주인공 이름을 영어식으로 지으니 영국과 미국 입장에서는 아쉬울 것이 없었겠지요. 굳이 외국 소설을 영어로 번역할 필요성을 못 느낄 수밖에 없습니다. 영어에 대한 자부심도 더욱더 커질 수밖에요.

이런 자부심은 영국과 미국 출판물에서 번역서가 차지하는 비율에서도 드러납니다. 두 나라에서 번역서가 차지하는 비율은 해마다 조금씩 편차는 있지만 대체로 2.5퍼센트에서 3퍼센트 사이입니다. 프랑스에서 나오는 출판물에서 번역서가 차지하는 비율은 10퍼센트 가량입니다. 그리고 그중 70퍼센트가 영어 책을 번역한 것입니다. 독일은 번역서 비중이 15퍼센트쯤 되고 그중 65퍼센트가 영어책 번역입니다. 한국은 2006년의 경우 번역서 비중이 23퍼센트입니다. 전 세계적으로 번역서에서 영미권 작품이 차지하는 비중이 아주 큽니다. 그러다 보니 영어로 글을 쓰는 작가는 당연히 좋은 대우를 받습니다. 한국 작가가 쓴 책은 한국 시장에서만 팔리지만 영미 작가가 쓴 책은 저작권을 판매하여 전 세계에서 번역되거든요. 그렇지만 영국 작가가 높은 대우를 받는 것에 비하면 영국의 번역가는 상대적으로 낮은 대우를 받습니다. 영국 출판사들이 외국 작가의 작품을 영어로 번역하는 데 상대적으로 관심이 적기 때문입니다.

그래서 미국의 로렌스 베누티라는 번역가는 영미권의 번역가가 상대적으로 작가보다 괄시를 받는 것은 원문에 충실한 것보다는 유려한 영문을 중시하면서 원문을 영문으로 길들이기(domestication)하는 전통이 강하기 때문이라면서 이런 자기 중심주의에서 벗어나 원문의 표현이나 구조를 될수록 살려주는 들이밀기(foreignization)의 새로운 전통을 만들어 나가야 한다고 주장할 정도입니다.[7] 매끄러운 의역이 아니라 조금 거칠더라도 원문에 충실한 직역으로 영어에도 자극을 주어야 한다는 것입니다. 사실 제가 보기에도 영미권 출판사들이 원문을 지나치게 길들이는 게 아닌가 싶을 때가 많습니다. 가령 프라하를 무대로 한 체코 작가의 작품을 영어로 번역하면서 거리 이름도, 다리 이름도, 사람 이름도 전부 영어식으로 바꾸는 경우가 드물지 않습니다.

자국 독자의 기호를 중시하는 영미 번역계의 전통은 한국 작가의 작품을 번역하는 방식에서도 드러납니다. 저는 개인적으로 최인훈, 김원일 두 작가의 작품을 좋아합니다. 주제의 깊이에도 끌리지만 무엇보다도 두 작가의 견고하면서도 섬세한 문체가 마음에 듭니다. 최인훈은 《광장》을 개작하며 한자어를 최대한 고유어로 바꾼다든지 《총독의 소리》에서 마침표와 쉼표 없이 한 문장을 몇 쪽이나 길게 끌어간다든지 하면서, 한국어의 표현 가능성을 다각도로 모색한 작가입니다. 김원일은 품위 있으면서도 정확한 한국어를 구사하는 작가입니다. 번역을 하다가 너무 타성에 젖어서 한국어 감각이 무디어졌다 싶을 때 흐트러진 한국어 감각을 되살리고 싶으면 저는 이 두 작가의 작품을 읽는 버릇이 있습니다. 그런데 여러 해 전 김원일의 《바람과 강》이라는 소설의 독일어 번역본이 독일 독자가 느낄 이질감을 고려하여 상당히 많은 부분을 원문에서 들어내었다는 사실을 알고 실망했던 적이 있습니다. 《바람과 강》은 풍수 같은 한국의 전통 문화가 깊이 있게 그려진 작품이라서 서양인에게는 낯설 수가 있겠지만 오히려 그렇기 때문에 번역할 만한 가치가 있는 게 아닐까 싶었기 때문입니다.

최인훈의 《광장》 영역본에도 조금 아쉬운 구석이 있습니다. 《광장》은 1961년 초에 한국어 초판이 나왔습니다. 아시다시피 《광장》은 집단의 구호만 난무하는 광장만 있지 개인을 배려하는 밀실은 찾아볼 수 없는 북쪽과 개인의 사익을 추구하는 밀실만 있지 공동체의 공익을 추구하는 광장은 찾아보기 힘든 남쪽의 현실에 모두 절망하여, 한국 전쟁이 끝나고 포로의 신분으로 남과 북 어느 쪽으로도 가기를 거부하고 제3국을 선택한 이명준이라는 젊은이의 이야기입니다. 작가는 작품 서두에서 1960년 4월 혁명이 없었더라면 이런 소재를 작품으로 다루지 못했을 것이라면서 "빛나는 4월이 가져온 새 공화국에 사는 작가의 보람"을 느낀다고 감개무량해합니다.

그런데 1985년에 나온 영역본 《광장(The Square)》에는 이 프롤로그가 빠졌습니다. 또 1973년에 나온 한국어본 재판의 작가 서문은 물론이거니와 1961년에 나온 초판의 작가 서문도 영역본에서는 찾아볼 수 없습니다. 《광장》의 작가 서문에는 왜 작품의 이름을 '광장'으로 정했는지 짤막하게 설명하는 대목이 있으니까 작품 전체에서 상당히 뜻 깊은 부분이라고 할 수 있습니다. 그런데도 이것을 뺐다는 것은 아마도 번역자나 출판사가 소설 작품의 작가 서문에 익숙하지 않은 영미권 독자를 고려했기 때문이 아닌가 싶습니다. 이것이 잘못이라고 비판하려는 것은 아닙니다. 영미권의 번역자와 출판사는 기본적으로 자국의 독자, 자국의 전통을 우선적으로 고려하는 뿌리 깊은 전통이 있다는 사실을 말씀드리려는 것입니다.

한국의 번역 문화는 사뭇 다릅니다. 한국의 번역자와 출판사는 하다못해 영어로 된 어린이 책 앞에 실린 작가의 '감사의 글'까지 빼놓지 않고 번역을 하고 또 한국어판에 집어넣는 경우가 많습니다. 대체로 감사의 글에는 책과 관련된 뜻 깊은 내용을 언급하기보다는 이 책을 쓰기까지 자료 수집을 도와준 모모 도서관의 아무개 사서, 작업을 독려해준 아무개 편집자나 친구, 변함 없는 사랑으로 힘이 되어준 사랑하는 아내와 자식들에게 감사한다는 지극히 사사로운 내용이 들어갈 때가 많습니다. 저는 독자가 어른이라면 모를까 한국의 어린이 독자는 굳이 그런 내용까지는 읽을 필요가 없다고 생각합니다. 이것은 어디까지나 다른 나라의 출판 전통일 뿐입니다. 그런데 그것을 학술서도 아닌 코흘리개 아이들이 읽는 그림책이나 만화책에서까지 고스란히 살려주어야 한다고 생각할 만큼 한국은 원본과 원문을 최대한 살려주어야 한다는 들이밀기, 곧 직역의 전통이 아주 강합니다.

한국도 번역 초창기에는 번역이라기보다는 번안에 가까운 과격한 길들이기를 한 적이 있습니다. 인명도 한국식으로 바꾸었습니다. 최남선은 영국 소설가 마리 루이사 라메가 쓴 《A Dog of Flanders》(1872년)를 1912년 《불쌍한 동무》라는 제목으로 번역하여 단행본으로 냈는데 이 소설에서 주인공 넬로와 주인공을 따르는 개 파트라슈의 이름을 각각 '기남이'와 '바둑이'라고 했습니다. 또 기남이를 좋아하는 소녀 알로아의 이름은 '애경이'로 나오고 기남이와 바둑이를 먹여주는 노인 제앙 다스는 '조 선달'로 나옵니다.[8] 최남선의 번역은 아주 자연스럽고 인명을 빼놓고는 딱히 번안이라고 말하기도 어렵지만, 번안이 꼭 나쁜 것이라고 생각하지도 않습니다. 너무나 성격이 다른 두 문화, 두 언어가 만났을 때는 번안의 방식이 아니라면 처음에는 서로를 이해하고 받아들일 엄두가 안 나겠지요.

일본만 하더라도 메이지 유신 이후로 번안 소설이 크게 유행했습니다. 일본에서 유행한 번안 소설은 한국어로 다시 번안되었습니다. 예를 들어 버서 클레이라는 영국 작가가 쓴 《Weaker Than a Woman》이라는 소설을 일본 작가 오자키 고요가 번안하여 《금색야차》라는 소설을 썼고 이것을 다시 한국의 조중환이라는 작가가 《장한몽》이라는 소설로 번안했지요. 일본과 한국에서 많이 읽힌 이런 번안 소설은 근대적 언문일치체가 자리 잡는 데 크게 기여하기도 했습니다. 하지만 일본에서 번안은 문학 작품, 그중에서도 대중 문학에 국한되어 나타난 현상이었습니다. 일본은 번안이라는 극단적 의역이 아니라 극단적 직역이라는 정공법으로 서양의 자연과학서와 인문·사회과학서를 번역했습니다.

어느 정도로 직역 위주였는가 하면, 원문의 단어에 대응하는 일본어 단어가 없을 때는 아예 말을 만들어냈습니다. 그 전후 사정은 야나부 아키라가 쓴 《번역어 성립사정》이라는 책에 잘 나와 있습니다. 가령 society라는 단어는 '사회'로, individual이라는 단어는 '개인'으로, modern이라는 단어는 '근대'로 새로운 말을 만들어냈습니다. 원문의 개념을 최대한 살리려다 보니까 없는 말까지 만들어낸 것입니다.[9] 물론 일본인 번역가들 사이에서도 직역이 좋은가, 의역이 좋은가를 놓고 열띤 논쟁이 벌어진 것은 사실이지만 아무튼 원문을 신성하게 여기고 원문의 뜻을 최대한 살리려고 노력했다는 점에서 영국이나 미국과는 달리 일본의 번역은 전체적으로 직역주의 정신에 충실했다고 생각합니다.

예를 들어 이와노 호메이라는 번역가는 문학 이론서를 번역할 때는 물론이고 심지어 시까지도 원문에 나오는 단어 순서대로 번역해주려고 했습니다. 기존의 일본어 감각에는 맞지 않을지라도 새로운 사상은 새로운 표현으로 담아내야 한다는 것이 그의 지론이었습니다. 영국의 시인이자 비평가인 아서 시몬스가 쓴 비평서 《The Symbolist Movement in Literature》를 1913년 《표상파의 문학 운동》이라는 제목으로 일역서로 펴내면서 이와노 호메이는 앞머리에서 이 책은 "원문의 어법과 발상을 가급적 그대로 재현했기 때문에" 뒹굴면서 읽어도 좋을 만큼 만만한 책은 아니라면서, 노력을 기울이는 독자는 괜찮지만 자신의 게으름은 탓하지 않고 어렵다고 툴툴거리는 독자는 "이 책을 바로 이해할 만한 소양이 생길 때까지 읽지 않는 것이 좋을 것"이라고 엄포를 놓았습니다. 그러면서 원문의 틀을 그대로 살려서 "병실이 그를 요구했다."라든가 "모기를 그 불길로 끌어당겼다." 같은 표현을 썼습니다.[10]

이런 실험이 쌓이고 쌓여서 일본은 안정된 번역의 틀을 만들었습니다. 그 어렵다는 독일 철학자 헤겔의《정신현상학》을 어려운 단어를 쓰지 않고 쉬운 말만을 써서 번역한 하세가와 히로시라는 철학자의 번역서가 1998년에 나오자마자 날개 돋친 듯이 팔릴 수 있었던 것도 이런 바탕이 있었기 때문이었습니다. 하세가와는 난해하기로 소문난 헤겔의 저서를, 그것도 아직 사상적으로 체계가 갖추어지지 않아 난삽하기 이를 데 없다는 청년 헤겔의 초기작을, 철학을 공부하지 않은 사람도 쉽게 이해할 수 있도록 유려하고 명쾌한 일본어로 번역하여 일본 독자들에게 충격과 감격을 안겨주었습니다. 옛날 번역에는 "자연적 의식은 자신이 지(知)의 개념에 지나지 않는다는 사실을, 다시 말해서 실재적 지는 아니라는 사실을 자증(自證)할 것이다."로 되어 있는 부분을 하세가와는 "자연 그대로의 의식은, 지(知)는 이런 것이라고 머리에 떠올릴 뿐이지, 실제로 무언가를 알고 있는 것은 아니다."라고 쉽고 명쾌하게 옮겼습니다. "즉자적이며 대자적으로"라는 표현은 "완전무결한 모습으로"라고 표현했습니다.[11] 철학서마저도 자연스러운 일본의 일상어로 옮기려는 시도를 할 만큼 자국어의 표현력에 자신감이 생겼다고나 할까요.

영국이나 미국과는 비교가 안 되겠지만 일본도 이제는 외국어 원문을 자기 말로 길들이는 쪽으로 돌아섰습니다. 일본은 개항 이후 외국에서 문물을 일방적으로 수입하면서 원문 중심주의와 딱딱한 직역투를 용인했지만 1970년대와 1980년대에 들어 일본 경제가 확실히 도약하고 자국의 사회와 문화에 대한 자신감이 커지면서 번역자, 출판사, 독자가 모두 원문에 충실하기보다는 자연스러운 일본어로 가독성을 높이는 번역을 선호하는 쪽으로 돌아섰습니다. 그래서 이제는 어느 것이 번역문이고 어느 것이 창작문인지 일반인이 구별하기조차 어려울 정도가 되었습니다.[12]

한국은 오래전부터 직역주의를 따랐습니다. 아니, 번역의 필요성을 못 느낄 정도로 원문 지향적이었습니다. 조선의 지식인은 한문으로 쓰인 책만 읽고 한문으로만 글을 썼습니다. 세종 임금이 백성을 위해서 한글을 만들고 불교 경전이나 의학서, 실용서를 꾸준히 한글로 번역했지만 조선의 지식층은 한글을 인정하지 않았습니다. 19세기 말에 본격적으로 서양 문화와 접하게 되었지만 이때도 처음에는 중국에서 한문으로 번역된 서양 책을 읽고서 그중 일부를 한국어로 번역했고 나중에는 일본어로 번역된 서양 책을 읽고서 한국어로 번역했습니다. 한 다리 건너서 중역을 한 셈이지요. 그나마 1910년에 일본의 식민지가 된 후에는 중역조차 할 필요가 없었습니다. 그냥 일본어로 번역되거나 씌어진 책을 읽으면 되었으니까요. 이 과정에서 일본에서 만들어진 근대어가 한국어에 대거 들어왔습니다. 어휘뿐만 아니라 표현, 어법도 일본어의 영향을 크게 받은 것은 물론입니다.

해방 이후 일본과는 멀어졌지만 한국에서 일본어는 여전히 영향력이 컸습니다. 일제 시대에 일본어로 된 책을 주로 읽은 한국 지식인들은 해방 뒤 한국어로 글을 쓰는 데 어려움을 겪었습니다. 시인 김수영은 "쉼표, 숨표, 마침표, 다슬기, 망초, 메꽃 같은 고유어를 실감 있게 쓸 수 없는 어중간한 비극적 세대"가 자기네 세대라고 토로했습니다.13) 그 정도로 한국 지식인들은 한국어보다 일본어에 더 능통했습니다. 일한사전을 볼 필요가 없을 정도였습니다. 한국에서 해방 이후에 일한사전이 나온 것은 1960년대 중반입니다. 일한사전을 볼 필요도 없을 만큼 일본어를 모국어처럼 쓰는 한국인이 많았다는 것입니다. 그러다 보니 가령 세계 문학을 번역할 때도 원어에서 직접 번역하는 것이 아니라 일본어로 번역된 것을 다시 한국어로 번역하는 경우가 많았습니다. 그리고 원문을 직접 번역해본 경험이 짧은 한국인이 원문에서 직접 번역한 것보다 이미 원문을 직접 다루어 온 경험이 풍부한 일본인이 한 번역을 다시 한국어로 번역한 것이 오히려 한국어로서도 세련되고 읽기도 편했습니다.

일본어는 한국의 사전에서도 끄떡없이 살아남았습니다. 한국의 사전 편찬자들은 해방 후에 영한사전을 만들 때도 영일사전을 전범으로 삼았습니다. 일본의 식민지가 되기 전이었던 19세기 말에 영국과 미국의 선교사들이 조선인과 함께 만든 영한사전은 비록 어휘 수는 적지만 자연스러운 전통 어휘가 많았습니다. 가령 영국인 선교사 제임스 스콧이 1891년에 낸 영한사전에는 'anniversary—돌, blind—밤, cancel—탕감하다, deliberately—부러, metamorphosis—환생, needlessly—공연히, preserve—간수하다'처럼 현대 영한사전에서는 찾아보기 어려운 좋은 풀이어가 많습니다.14) 그런데 해방 이후에 나온 영한사전은 이런 업적은 무시하고 어휘 수가 많고 풀이도 자세한 일본의 영일사전만을 전범으로 삼았습니다. 일본어는 한자를 쓰기 때문에 같은 뜻이라도 한자로 어렵게 표현하려는 경향이 한국어보다 강합니다. 그런데 영일사전을 베끼다 보니까 영일사전에 나와 있는 한자로 된 딱딱한 풀이어들이 발음만 한국어로 표기되어서 영한사전에 그대로 들어왔습니다. 그리고 해방 후 한국에서 영어 공부 열풍이 불면서 영한사전에 들어가 있던 딱딱한 일본어 어휘들이 널리 퍼졌습니다.

한국이 서양어를 본격적으로 직접 번역하기 시작한 것은 해방 이후부터입니다. 거의가 영어책이었지요. 그런데 영어에 대한 경외감이 너무 심해서인지 의역보다는 직역을 중시했습니다. 그런 풍토를 단적으로 드러내는 것이 괄호를 쳐서 그 안에 원어를 집어넣는 관행입니다. 예를 들어 그냥 '자유주의'라고 번역하면 될 것을 굳이 '자유주의(liberalism)'라고 번역하는 풍토입니다. 학술서일수록 그런 경향이 심하지만 일반인이 읽는 신문에서도 그런 식으로 번역을 하고 심지어 논설도 그렇게 쓰는 지식인이 아직도 많습니다. '현실 정치'라고 하면 될 것을 굳이 '현실 정치(real politics)'라고 씁니다. 직역도 모자라서 나중에는 원어까지 밝혀주는 것이지요. 그러다 보니 자연스러운 한국어로 원문을 옮기려는 노력은 상대적으로 소홀히 하게 됩니다.

영어 번역만 이런 식으로 한 것이 아닙니다. 한문으로 쓰어진 고전 번역도 비슷한 방식으로 했습니다. 대표적인 예가 《조선왕조실록》 번역입니다. 다른 고전 번역에 비하면 그래도 많은 정성을 기울였다고 하지만 한국의 《조선왕조실록》 번역은 철저히 직역주의를 고수합니다. 그래서 한자를 잘 모르는 사람은 무슨 뜻인지 알 수 없는 표현이 많이 나옵니다. '듣자하니'라고 하면 될 것을 굳이 '측문(側聞)하니'라고 옮깁니다. 물론 직역이라고 해서 나무랄 일만은 아닙니다. 일본어에 밀려 사라진 고유 한자어를 되살려낸다는 의미도 있기 때문입니다. 하지만 적어도 두꺼운 국어대사전에는 실려 있는 단어를 써주어야 합니다. 국어대사전에 안 나오는 말이라면 주를 달아서 뜻 풀이를 해주어야 합니다. 적어도 번역이라면 말이지요. 그런데 가령 "배차(拜箚)에 참여하지 아니한 옥당들을 체직하였다."라는 번역문은 무슨 뜻인지 알 길이 없습니다. '배차'는 어떤 국어대사전에도 안 나오고 '체직'도 알쏭달쏭합니다. 복주(覆奏), 부서(簿書), 함사(緘辭)처럼 두꺼운 국어대사전에도 안 나오는 표현을 그대로 놔둔 번역은 엄격하게 말하면 번역이라고 하기 어렵습니다. 영어 책을 한국어로 번역하는 이유는 영어를 모르는 독자를 위해서이고 한문 고전을 현대 한국어로 번역하는 이유는 한문을 모르는 독자를 위해서라는 당연한 상식이 통하지 않을 만큼 원문을 존중하는 직역주의가 한국에는 아직 강하게 남아 있습니다.

북한은 한국과 많이 다릅니다. 북한은 《조선왕조실록》을 한국보다 먼저 완역했는데 번역의 원칙은 의역이었습니다. 한자는 쓰지 않고 어려운 말은 다 풀어서 써주었습니다. 그래서 한자를 모르는 사람도 무슨 뜻인지 이해할 수가 있습니다. 번역만 그런 것이 아닙니다. 북한은 한국에 비해서 종류는 훨씬 적지만 영한사전(북한에서는 '영조사전'이라고 합니다)도 신경을 써서 만들었습니다. 북한도 영일사전을 전범으로 삼고 그것을 거의 번역하다시피 한 것은 사실입니다.[15] 하지만 한국의 사전 편찬자와는 달리 북한의 사전 편찬자는 딱딱하고 어려운 한자어보다는 토박이말로 풀이어를 제시하려고 애썼습니다. 한국의 영한사전에서 syllable을 찾아보면 '음절'로만 풀이되어 있지만 북한의 영조사전에는 '소리마디'라는 뜻도 함께 나옵니다. 또 contract를 찾아보면 영한사전은 '수축시키다, 축소하다, 제한하다, 단축하다'처럼 한자어가 많이 나오지만 영조사전에는 '조이다, 찌푸리다, 좁히다, 오그리다, 줄이다' 같은 토박이말도 많습니다.

북한의 영조사전이 풀이어로 한자어보다 고유어를 될수록 많이 쓰는 것은 어려운 한자어를 쉬운 한자어나 고유어로 다듬는 이른바 '문화어 쓰기 운동'을 지속적으로 벌여 온 경험이 밑바탕이 되었습니다. 북한은 일찍부터 결후를 울대뼈로, 관목은 떨기나무로, 황도는 해길로, 취관은 불대로, 소수는 씨수로 다듬었습니다. 난해한 한자어를 쉬운 말로 바꾸는 것은 그 자체가 번역이나 다를 바 없었습니다. 이런 성과를 바탕으로 영조사전을 만들면서도 Adam's apple을 '울대뼈'로, shrub은 '떨기나무'로, ecliptic은 '해길'로, blowing iron은 '불대'로, prime number는 '씨수'로 풀이할 수 있었습니다. 한국의 영한사전은 가령 sabre-toothed tiger라는 단어를 일본의 영일사전에 나온 풀이어 劍齒虎를 그대로 한국어로 읽어서 '검치호'로 풀었지만 북한의 영조사전은 이 단어를 '칼이범'으로 옮겼습니다.[16] 간단한 예이긴 하지만 이렇게 한국은 일본과 공유하는 한자에 기대어 그냥 한국식으로 읽어주는 데 만족했지만 북한은 최소한의 번역이라는 과정을 거치는 경우가 많았습니다.

자연히 북한은 직역보다는 의역을 중시했습니다. 의역은 출발어에 충실하기보다는 도착어인 자국어에서 자연스러운 대응어를 찾으려는 노력이기 때문입니다. 그것은 영조사전에 나오는 속담 번역에서 잘 나타납니다. "No mill, no meal."이라는 속담을 영일사전은 "열심히 노력하지 않고는 먹을 자격이 없다."라고 산문투로 옮겼고 영한사전도 비슷하게 산문투로 옮겼지만 영조사전은 "부뚜막의 소금도 집어넣어야 짜다."라고 기존의 속담으로 번역했습니다. 또 "Fine words butter no parsnips."라는 속담을 영일사전, 영한사전은 모두 "입으로만 번지르르하게 지껄여도 아무 소용이 없다."는 식으로 원문에 충실한 직역에 만족했지만 영조사전은 "말 단 집에 장 단 집 없다."라고 역시 전통 속담을 활용했습니다.

물론 직역이 잘못되었다는 소리는 아닙니다. 만약 "Alleged overcharging by Britain's big six power companies has become a political **hot potato** since 70 MPs signed an early day motion claiming that the liberalised UK market is not competitive enough and is dominated by six suppliers."라는 영문을 "개방된 영국 시장을 6대 전기 회사가 장악하는 바람에 충분한 경쟁이 이루어지지 않는다면서 70명의 의원들이 조속히 대책을 마련하기 위한 법안 발의에 서명하면서 영국 6대 전기 회사의 이른바 과당 요금 청구는 정치적으로 골치 아픈 문제가 되었다."라고만 옮겼다면 '뜨거운 감자'라는 표현은 한국어에 들어와 한국어를 살찌우지 못했을 것입니다. 또 "If you force universities to overprescribe what can and can't be researched at the behest of corporate backers, you kill **the goose that lays the golden eggs**."를 "기업이 돈을 대주면서 이런 연구를 해라 하지 마라 하면서 시시콜콜 간섭을 하면 결국 노다지를 날려버릴 수

있다."라고만 옮겼다면 '황금알을 낳는 거위'라는 표현은 한국어에 뿌리 내리지 못했을 것입니다.

직역은 한국어를 살찌우는 데 크게 기여한 것이 사실입니다. 외국어의 참신한 비유는 앞으로도 과감히 받아들일 필요가 있습니다. 가령 "We lived together in community, **cheek by jowl**, but were so lonely that we might as well have been living in solitary confinement." 같은 영문에서 굵은 글씨로 된 부분을 '바늘과 실처럼'이라는 기존의 한국어 표현으로 길들여서 나타내도 좋겠지만 '뺨과 턱처럼'이라는 참신한 표현을 한국어에 들이밀어서 "우리는 한 울타리 안에서 **뺨과 턱**처럼 붙어살았지만 차라리 독방에 갇혀서 살았다고 보는 것이 좋을 만큼 외로웠다."라고 옮기는 것도 한국어를 더욱 풍요롭게 만드는 데 뜻 깊은 길이라고 생각합니다.

하지만 이제는 지나친 직역에서 벗어나 균형 감각을 되찾을 때도 되었습니다. '조리법'이나 '요리법'이라는 좋은 한국어가 있는데 영어 recipe를 그대로 읽은 '레시피'라는 말이 더 많이 쓰이고 '좋아하는' 또는 '아끼는'이라는 쉬운 한국어가 있는데 영어 favorite을 그대로 읽은 '페이보릿'이라는 말까지 널리 쓰일 만큼 한국어의 정체성이 흔들리고 있기 때문입니다.

제가 직역보다 의역을 더 많이 하려고 노력하는 것은 이런 거시적 배경을 제 나름대로 의식하면서 한쪽으로 치우친 균형을 바로잡아야 한다고 생각했기 때문입니다. 저는 직역주의 자체를 부정하는 것이 아닙니다. 아니, 사실은 존중합니다. 하지만 제가 존중하는 직역주의는 어떤 절실함이 바탕에 깔린 마음입니다. 가령 중국의 루쉰 같은 작가가 보였던 모습입니다. 루쉰은 중국이 열강에 먹힌 것은 봉건 전통의 족쇄에서 벗어나지 못했기 때문이라고 보고 전통과 결별하는 것이 무엇보다도 중요하다고 생각했습니다. 그래서 고루한 습속에 물든 중국어도 뜯어고쳐야 한다고 믿었습니다. 그래서 일부러 직역이라는 어려운 길을 골랐습니다. 하지만 그런 루쉰도 번지르르한 새 어휘를 나열하면서 허세를 부리는 당대 지식인들은 통렬하게 비판했습니다. 저는 한국의 직역주의에서는 루쉰의 절실함을 찾아보기 어렵다고 생각합니다. 한국의 직역주의는 자기 현실에 대한 깊은 성찰과 반성보다는 그저 원문을 무작정 우러러보는 종살이에 가깝다고 생각합니다.

한국은 중국과 일본과 미국에게 식민지 대접을 받았고 그때마다 그들에 대한 깊은 열등감에 젖었습니다. 그래서 자기의 전통을 살리기보다는 앞섰다고 생각하는 나라를 모방하기에 급급했습니다. 말도 예외는 아니었습니다. 한국어는 이미 중국어와 일본어와 영어의 영향을 지나치리만큼 많이 받았습니다. 그래서 그나마 남아 있는 한국어의 개성을 지키는 쪽, 다시 말해서 의역으로 번역을 하는 것이 균형을 잡는 의미에서도 옳다고 저는 생각하는 것입니다. 그런데 한국어의 개성은 과연 무엇일까요? 다음에는 그것을 알아보려고 합니다.

2장

# 한국어의 개성
동적인 한국어, 정적인 영어, 더 정적인 프랑스어

1890년에 미국 선교사 언더우드 박사가 한국에서 낸 영한사전에서 recommendation을 찾아보면 '부탁하는 것, 천거하는 것'으로 나옵니다. 현대 한국의 금성출판사에서 나온 《뉴에이스 영한사전》 3판(2004)에는 recommendation이 '부탁, 천거, 권장'으로 나옵니다. 요즘 나오는 국어사전을 보면 부탁, 천거, 권장은 모두 명사로 분류되어 있습니다. 하지만 조선 시대에 한문으로 글을 쓰던 사람들에게 '薦擧(천거)'는 명사가 아니라 동사로 받아들여졌을 것입니다. 가령 《조선왕조실록》에는 薦擧가 이런 식으로 쓰였습니다.

薦擧才賢, 大臣之責也, 必須大臣盡心薦擧, 然後可無遺賢也
어진 인재를 천거함은 대신의 책임이다. 반드시 대신이 정성을 바쳐 천거해야만 어진 이가 버려지지 않는 것이다.[1]

여기서는 한자어 薦擧가 두 번 나오는데 앞의 것은 타동사로 쓰였고 (목적어는 才賢) 뒤의 것은 목적어가 없는 자동사로 쓰였습니다. 물론 앞의 薦擧才賢은 '어진 인재를 천거함'으로 번역했으니까 문장 전체에서 보면 주어, 곧 명사(정확히 말하면 동사의 명사형)처럼 쓰였지만 薦擧才賢이라는 구절 안에서는 薦擧가 분명히 동사로 쓰였습니다. 그러니까 한문을 쓰던 조선인의 머리에서 천거는 동사의 역할을 했을 것입니다. 물론 글을 쓸 때가 아니라 말을 할 때는 왕이 "어진 인재를 천거하라." 하는 식으로 '하다'를 붙여서 이 단어가 동사라는 사실이 더 확실히 드러났겠지요. 그렇지만 글로 쓸 때는 '천거'라고만 써도 동사 노릇을 얼마든지 했습니다. 현대 중국어에서는 荐举라고 간자체를 쓰니까 글자는 조금 달라졌지만 아무튼 '천거'에 해당되는 단어는 여전히 동사로 쓰입니다.

언더우드는 영한사전을 편찬하면서 송순용이라는 조선인 조수의 도움을 받았다고 서문에 적습니다. 그런데 그 조선인은 명사인 recommendation의 대응어로 선뜻 천거를 내놓을 수가 없었을 것입니다. 천거는 조선인의 감각으로는 동사였거든요. 그래서 이것이 명사라는 것을 나타내려고 '천거하는 것'이라고 풀이했겠지요. 지금은 영한사전에서 '천거'라고만 해도 현대 한국인은 이것을 명사로 자연스럽게 받아들이는데 말입니다. "왕은 여러 신하에게 인재의 천거를 부탁했다." 100년 전만 하더라도 조선인은 이렇게 말하지 않았을 것입니다. 이렇게 말했겠지요. "왕은 여러 신하에게 인재를 천거해 달라고 부탁했다." 동사로 쓰이던 천거가 명사로 바뀐 것, 이것이 한국어가 근대 이후에 겪은 몇 가지 큰 변화 가운데 하나입니다.

원래 한국어는 특히 추상 명사가 주어나 목적어 자리에 오는 걸 꺼

럽니다. 전통 한국어는 "무분별한 개발은 자연 파괴를 낳는다."라는 표현보다는 "무분별하게 개발하면 자연이 파괴된다."라는 표현을 선호했습니다. "보호를 요청했다"라는 표현보다는 "보호해 달라고 요청했다"라는 표현을 좋아했습니다. 아마 여러분 귀에는 명사를 주어로 삼은 앞의 문장이 뒤의 문장보다 힘차고 세련되게 들릴 것입니다. 제 귀에도 그렇게 들립니다. 왜 그렇게 달라졌을까요? 번역문에 우리가 많이 익숙해졌기 때문입니다.

영어는 한국어와는 달리 주어 자리에 추상 명사가 와도 전혀 어색하지 않습니다. 명사의 행동 범위가 한국어보다 훨씬 넓다고 할까요. 가령 "The doctor's careful examination brought about the patient's speedy recovery." 같은 문장을 많은 한국인 번역자는 "의사의 꼼꼼한 진찰은 환자의 빠른 쾌유를 가져왔다."라고 옮길 것입니다. 그런데 조선 시대에 누군가가 번역을 했다면 아마 "의사가 꼼꼼히 돌봐준 덕분에 환자가 빨리 나았다."라고 옮겼을 겁니다. 저는 두 번역 다 괜찮다고 생각합니다. 물론 저는 개인적으로는 특히 어려운 책일수록 나중 번역문처럼 전통 한국어 문체로 번역하려고 애쓰는 편이지만 처음 번역문도 이제는 한국어의 일반적 문체 형식으로 자리 잡았다고 생각합니다.

진찰을 뜻하는 examination보다 추상도가 훨씬 높은 명사가 주어 자리에 와도 영어는 거뜬히 소화해냅니다. 가령 도입을 뜻하는 introduction은 examination보다 추상도가 높은 개념입니다. "The introduction of labour-saving technology has cost many people their jobs." 같은 문장을 저 같으면 "노동 절약 기술의 도입으로 많은 사람이 일자리를 잃었다." 아니면 "노동 절약 기술이 도입되면서 많은 사람이 일자리를 잃었다."라고 번역하겠지만 "노동 절약 기술의 도입은 많은 사람의 일자리를 앗아갔다."라고 해도 거부감이 안 듭니다. 추상 명사가 주어 자리에 들어간 영문을 직역해도 별로 귀에 거슬리지 않을 만큼 번역체는 한국어 문체의 일부로 뿌리내렸습니다.

특히 간결함이 중시되는 신문 기사에서는 전통 한국어 문체만을 고집하면 오히려 유치해 보일 수 있습니다. "Germany's departure from the League of Nations intensified the mutual interest in an improved relationship." 같은 영문은 저처럼 직역보다는 의역을 고집하는 사람조차 "독일이 국제연맹에서 탈퇴하면서 두 나라 모두 관계 증진에 전보다 관심을 쏟았다."보다는 "독일의 국제연맹 탈퇴는 관계 증진을 위한 상호 관심을 증강시켰다."라고 옮겨야 더 힘차게 느껴질 정도입니다.

현대 한국어에서는 주어 자리뿐 아니라 목적어 자리에도 전보다 명사가 훨씬 많이 들어갑니다. 옛날 조선인은 "그 사람은 이제는 칭찬받고 싶어하지 않는다."라고만 썼을 테지만 요즘 한국인은 "그는 더는 칭찬을 바라지 않는다."라고도 씁니다. 아니, 이렇게 쓰는 사람이 더 많아졌는지도 모릅니다. 한국어 구조가 영어에 가까워졌다는 것은 한국어를 영어로 옮기는 번역가의 입장에서 보면 반가운 일일 수도 있겠지요. "He is no longer looking for praise."라는 자연스러운 영어 문장이 금세 떠오를 테니까요.

영어는 동사의 뜻도 그 안에 명사를 담아서 나타내야만 더 자연스러운 느낌을 줄 때가 있습니다. 가령 "He shouted triumphantly."도 좋지만 실생활에서는 "He gave a shout of triumph."를 더 많이 씁니다. 또 "They were drinking at the pub."도 좋지만 "They were having a drink at the pub."도 영어에서는 전혀 부자연스럽지 않습니다. 그런가 하면 "She cried when I came in."도 좋지만 "She gave a cry when I came in."도 아주 자연스러운 표현입니다. 일상 영어에서는 have a go, have a look, take a bath, make an attempt, make a promise, give a sigh가 go, look, bathe, attempt, promise, sigh 같은 한 단어로 된 동사 못지않게 많이 쓰입니다.

한국어보다 영어에서 명사의 활동 반경이 훨씬 더 넓은 것은 사실이지만 그것은 어디까지나 상대적입니다. 프랑스어에서는 명사의 활동 반경이 영어보다 더 넓습니다. 프랑스어는 영어보다 명사를 더 많이 써서 정적이고 추상적인 느낌을 줍니다. 반면에 영어는 동적이고 구체적인 느낌을 줍니다. 프랑스어는 무엇보다도 형식, 확정된 상태, 분석을 통해 현실에서 잘라낸 조각들을 나타내려는 성향이 강합니다. 프랑스어는 또 사건을 실체로 제시하려는 성향이 강합니다. 그래서 프랑스어를 영어로 번역할 때는 영어를 한국어로 번역할 때처럼 명사를 동사나 부사, 형용사 같은 다른 품사로 바꾸어줘야 할 때가 많습니다.

가령 프랑스어 "J'ai faim."은 영어로는 "I have a hunger."가 아니라 "I am hungry."가 제격이고 "J'ai froid."는 "I have a coldness."가 아니라 "I am cold."가 어울립니다. 또 "Je n'étais pas là à leur arrivé."는 "I wasn't there at his arrival."이 아니라 "I wasn't there when they arrived."라고 옮기는 쪽이 영어답습니다. 그런가 하면 "À sa naissance, il pesait 3kg."는 영어로는 "He weighed 3 kilos at his birth."가 아니라 "He weighed 3 kilos when he was born."이라고 해야 자연스러운 영어가 됩니다. 또 "Vous serez payé à l'achévement des travaux."는 "You'll be paid with the completion of the work."가 아니라 "You'll be paid when the work is finished."라고 하는 쪽이 영어다운 영어입니다.

명사를 좋아하는 프랑스어는 영어보다 정적이고 영어는 한국어보다 정적입니다. 동사를 좋아하는 한국어는 영어보다 동적이고 영어는 프랑스어보다 동적입니다. 그래서 내용이 같은 글이라도 명사가 들어간 프랑스어 문장을 그대로 영어로 직역하면 글이 딱딱해집니다. 마찬가지로 명사가 한국어보다 훨씬 많은 영어 문장을 한국어로 직역하면 글이 어려워집니다. 직역이라는 것은 본래 그 글이 주는 느낌까지도 비슷하게 전달해야 마땅한데 직역을 하다 보니까 원문이 주는 느낌에서 오히려 더 멀어지는 아이러니가 벌어지는 것입니다. 이것이 직역의 함정입니다. 일본어 문장을 한국어로 옮길 때도 비슷한 직역의 함정이 있습니다. 알다시피 일본어는 한자를 많이 씁니다. 그래서 일본어 문장을 그대로 직역해서 한국어 문장으로 옮기면 글이 필요 이상으로 어려워 보입니다.

번역체의 영향으로 한국어에서 명사는 전통적으로 동사가 차지하던 자리를 위협하기에 이르렀습니다. 가령 "When he died, his Hindu followers demanded cremation, while the Muslims urged burial." 같은 영문을 대부분의 현대 한국인 번역가는 "그가 죽자 힌두교도 제자들은 화장을 원했고 이슬람교도 제자들은 매장을 원했다."라고 번역할 것입니다. 조선 시대 같았으면 "화장하고 싶어했고"와 "매장하고 싶어했다"로 옮겼을 것입니다. 행동을 나타내는 명사가 목적어 자리에 오는 것을 부자연스럽게 여기지 않게 되었습니다.

하지만 한국어는 아직도 주어 자리에 딱딱한 추상 명사나 사물이 오는 것을 부담스러워합니다. 영어에서는 심지어 이렇게 시간 단위가 주어에 오기도 합니다. "**The next 25 years in science** will see the elimination of infectious disease as a cause of death." 그렇지만 이 영문을 "과학에서 향후 25년은 사망 원인으로서 전염병이 사라지는 것을 보게 될 것이다."라고 옮겼다가는 출판사에 독자의 항의 전화가 빗발칠 것입니다.

목적어 자리에 오는 명사도 동사로 풀어서 옮겨주는 것이 독자에게는 좋습니다. 특히 어린이 책을 번역할 때 유념해야 할 점입니다. 가령 "In 1581 the new state declared its **independence** from Spain." 같은 문장을 어른이 읽는 책이라면 "1581년 신생국은 스페인으로부터 독립을 선언했다."라고 옮겨도 무방하겠지만 어린이가 읽는 책이라면 "1581년 새 나라는 스페인에서 독립한다고 선언했다."라고 풀어서 옮겨주는 배려가 필요합니다. 마찬가지로 "One has to reduce the **use** of wood and metal to protect the environment." 같은 영문도 어른 책이라면 "환경을 지키려면 목재와 금속의 사용을 줄여야 한다."라고 옮겨도 좋겠지만 어린이 책은 일부러라도 "환경을 지키려면 나무와 쇠붙이를 적게 써야 한다."라고 옮기면 더 좋지 않을까요.

또 "In the era, Church-ordained virginity **had more than religious connotations**." 같은 영문에서도 had more than religious connotations를 "종교적 함의 이상을 갖고 있었다."라고 옮기면 얼른 머리에 와 닿지 않습니다. 서술어에 딱딱한 명사가 들어가면 한국 독자는 부담스러워합니다. 그럴 때는 역시 동사로 풀어주는 것이 좋습니다. "그 시대에 처녀가 교회에서 정결의 서원을 한다는 데는 종교의 차원을 넘어서는 뜻이 깃들어 있었다." 이렇게 말이지요.

추상적이지도 않고 주어 자리에 오지 않더라도 영어 명사에 동사를 덧붙여서 옮기면 한결 글이 쉬워집니다. 가령 "I thought I knew your **character** and your **thought**."라는 영문은 "너의 성격과 생각을 안다고 생각했는데."라고 옮기는 것보다는 "네가 어떤 사람이고 무슨 생각을 하는지 안다고 생각했는데."라고 나타내는 편이 한국 독자에게는 훨씬 쉽게 다가옵니다. 그런데 주어 자리의 명사를 동사로 바꿔주다 보면 정작 번역문에서 주어로 쓸 만한 것이 없어질 수가 있습니다. 이럴 때는 적절한 주어를 채워 넣으면 됩니다. 가령 "Brutal devastations of parts of Germany ended with the Peace of Westphalia." 같은 영문을 번역할 때 "독일 각지의 참혹한 유린은"이라고 시작하는 것보다는 "독일 각지는 참혹하게 유린되었지만"으로 시작하는 쪽이 한결 안정감을 줍니다. 하지만 주어가 없어졌으니까 채워 넣어야겠지요. 가령 이런 식으로 말이지요. "독일 각지는 참혹하게 유린되었지만 이 상황은 베스트팔렌 조약으로 종결되었다."

이번에는 좀 더 긴 문장을 예로 들어보겠습니다. "The initial scepticism, hesitancy, and misgivings of most business leaders immediately following Hitler's accession to the Chancellorship were not dispelled overnight." 이 문장에서 scepticism, hesitancy, misgivings처럼 추상도가 높은 명사는 특히 '회의, 주저, 염려'라고 그대로 명사로 번역하면 문장이 어색해집니다. 이럴 때는 일단 명사를 동사형으로 표현해준 다음, 명사를 동사로 바꾸는 바람에 주어가 없어졌으니까 앞에서와 마찬가지로 scepticism, hesitancy, misgivings라는 세 가지 느낌을 묶어주는 주어를 덧붙이면 좋겠지요. "히틀러가 총리에 오르니까 재계 지도자들은 처음에는 미심쩍어하고 시큰둥해하고 불안해했는데, 그런 느낌은 하루아침에 사라지지 않았다." 이런 식으로 말이지요.

영어와 한국어의 차이를 좀 더 긴 문장으로 확인해보겠습니다.

Hitler's later patronizing contempt for the submissiveness of women, the thirst for dominance, the inability to form deep personal relationships, and the cold brutality towards humankind must surely have had roots in the subliminal influences of the young Adolf's family circumstances.

영어가 명사의 비중이 높은 언어라는 사실이 실감이 나지요? 먼저 이 영문을 한국어로 직역해보겠습니다.

히틀러의 훗날의 여자의 순종에 대한 시건방진 경멸, 군림에 대한 욕구, 깊은 개인적 관계를 맺지 못하는 무능력, 인간에 대한 냉정한 잔혹성은 틀림없이 어린 아돌프의 가정 환경의 잠재의식적 영향에 뿌리가 있었을 것이다.

이렇게 번역했다가는 실력 있는 편집자한테 욕을 바가지로 먹을 것입니다. 1장에서 말씀드린 대로 거시적 관점에서 보았을 때 한국어는 과도한 직역주의 때문에 외국어에 너무 많이 물들었으므로 저는 균형을 잡는다는 뜻에서도 의역을 하는 것이 옳다고 생각합니다. 의역을 하면 가령 이렇게 되겠지요.

나중에 (어른이 되어서) 여자의 순종을 시건방지게 얕잡아보고 사람과 깊이 사귀지 못하고 군림하려 들고 인간에게 냉정하고 잔인하게 군 것도 그 뿌리를 거슬러 올라가면 암암리에 어린 아돌프가 가정 환경에서 받은 영향도 틀림없이 있었을 것이다.

이 직역과 의역에서 일관되게 나타나는 차이가 뭘까요? 명사는 동사로, 형용사는 부사로 바뀌었다는 점입니다. 아까 영어는 명사의 비중이 높은 언어라고 했지요. 그런데 영어에서 명사의 비중이 높다는 것은 형용사의 역할이 크다는 말도 됩니다. 형용사는 명사를 꾸미는 말이기 때문입니다. 마찬가지로 한국어에서 동사의 비중이 높다는 것은 부사의 역할이 크다는 말도 됩니다. 부사는 동사를 꾸미는 말이기 때문입니다. 그래서 위의 의역에서도 '경멸', '군림', '욕구', '관계', '무능력', '잔혹성', '뿌리' 같은 명사는 '얕잡아보고', '군림하려', '들고', '사귀지', '못하고', '잔인하게 군', '뿌리를 거슬러 올라가면' 같은 동사로 바꾸고, '훗날의', '시건방진', '깊은', '냉정한', '잠재의식적' 같은 형용사는 '나중에', '시건방지게', '깊이', '냉정하고', '암암리에' 같은 부사로 바꾸었습니다. 자연스러운 한국어 번역문을 만들려면 영어 형용사는 될수록 한국어 부사로 바꿔주는 것이 좋습니다.

가령 "**A careful comparison** of them will show you the difference."를 "그것들의 자세한 비교는 차이점을 드러낼 것이다."라고 옮길 번역자는 완전 초보자가 아닌 경우에는 없을 것입니다. 안정된 한국어로 나타내려면 역시 comparison 곧 '비교'라는 명사를 '비교하다'라는 동사로 바꿔주는 것이 좋습니다. "그것들을 자세히 비교하면 차이점이 드러날 것이다."처럼 말이지요. 또 "His father's **sudden death** forced him to give up school."도 "아버지의 갑작스러운 죽음으로 학교를 그만두어야 했다."보다는 "아버지가 갑자기 돌아가시는 바람에 학교를 그만두어야 했다."가 좋은 번역이라고 생각합니다. 주어 자리가 아니라 목적어 자리에 오는 형용사와 명사도 부사와 동사로 바꿔주면 좋습니다. "The president had **a sudden fall** in his popularity." 같은 문장도 "대통령은 지지도의 갑작스러운 하락을 경험했다."보다는 "대통령 인기가 뚝 떨어졌다."가 열 배는 더 친근한 한국어 문장입니다. 보어 자리에 오는 형용사도 마찬가지입니다. "The film was **a beautiful evocation** of traditional Korea."는 역시 "영화는 한국 전통의 아름다운 재현이었다."보다는 "영화는 한국의 전통을 아름답게 재현했다."고 하는 쪽이 한결 아름다운 한국어 문장이겠지요.

하지만 형용사를 무시해서는 안 됩니다. 형용사는 논리를 중시하는 영어에서는 참 중요한 품사입니다. 형용사는 명사를 정확하게 가리킵니다. 모호하지 않습니다. 반면에 부사는 조금 모호할 때가 있습니다. 형용사는 명사만 꾸미지만 부사는 동사, 형용사, 부사를 모두 꾸밀 수 있거든요. 어느 것을 가리키는지 모호할 때가 있습니다. 다음 문장을 한국어로 번역해볼까요.

In 1502, not long after his wedding, prince Arthur died, leaving his younger brother Henry as heir to the throne.

먼저 형용사 중심 문체로 번역하면 이렇게 됩니다. "결혼을 하고 얼마 안 지난 1502년 아서 왕자가 죽자 왕위 계승권은 동생 헨리에게 돌아갔다." 다음은 부사 중심 문체입니다. "1502년 결혼을 하고 얼마 안 지나서 아서 왕자가 죽자 왕위 계승권은 동생 헨리에게 돌아갔다." 1502년에 결혼을 한 것인지 왕위 계승권이 넘어간 것인지 불확실하지요? 물론 1502년을 문장 첫머리가 아니라 중간에 집어넣으면 뜻이 명료해집니다. "결혼을 하고 얼마 안 지나서 1502년 아서 왕자가 죽자 왕위 계승권은 동생인 헨리에게 돌아갔다." 하지만 자칫 방심하면 부사가 어느 것을 가리키는지 불확실할 때가 많습니다. 영어를 한국어로 번역할 때 조심해야 할 점의 하나입니다.

하나만 더 예를 들어보겠습니다. "Like all art, photography is communication." 이 문장을 먼저 형용사 문체로 번역해보겠습니다. "모든 예술이 그렇지만 사진도 결국은 교감이다." 다음은 부사 문체입니다. "예술이 모두 그렇지만 사진도 결국은 교감이다." 여러분은 어느 쪽이 더 마음에 드시나요? 저는 마음에 든다기보다는 뒤의 문장이 더 안정감 있게 보입니다. 하지만 앞의 문장이 더 세련된 문체라고 생각하는 분도 많을 것입니다. 앞 문장은 형용사 중심의 영어 문체를 직역한 문체라고 볼 수 있습니다. 부사가 자꾸만 형용사로 바뀐다는 것이 현대 한국어의 또 다른 변화입니다. 물론 저는 직역보다는 의역을 중시하는 번역자니까 이런 흐름에 맞서려고 노력하는 편입니다.

번역체는 번역문뿐 아니라 창작문에서도 확실히 뿌리를 내렸습니다. 현대 한국 작가는 "나는 마음을 굳게 먹고 방으로 들어갔다."보다 "나는 굳은 마음을 먹고 방으로 들어갔다."가 더 세련된 한국어 문장이라고 생각할지도 모릅니다. "나는 갑자기 참을 수 없이 화가 났다."보다는 "나는 갑자기 참을 수 없는 분노를 느꼈다."가 더 좋은 한국어 문장이라고 생각할지도 모릅니다. 한마디 덧붙이자면, 위의 한국어 의역을 여러분이 영문으로 옮길 때, 다시 말해서 한국어 원문의 동사와 부사를 영문에서도 그대로 동사와 부사로 살려주면, 세련된 번역이라는 평가를 못 받을 것입니다. 영어에서는 부사를 너무 많이 쓰면 글이 밋밋해지고 늘어지는 느낌을 줍니다.

하지만 저는 번역문에서 형용사보다는 부사를 더 많이 쓰려고 노력하는 편입니다. 그래서 "She looked at them with **a wistful smile**." 같은 문장은 "여자는 아쉬운 미소를 지으며 그들을 바라보았다."로 옮기기보다는 "여자는 그들을 바라보면서 아쉽게 웃었다."라고 옮기려고 노력합니다. 또 "Located at the foot of a mountain, the hotel overlooked the town." 같은 영문도 "산언저리에 자리 잡은 호텔은 시내를 굽어보고 있었다."라는 번역문 못지않게 "호텔은 산언저리에 시내를 앞에 두고 있었다."는 번역문도 좋아합니다. 그런데 나중 번역문은 사실은 번역문이 아니라 창작문입니다. 작가 최인훈의 《광장》에 나오는 한 구절입니다. 그리고 영문은 《광장》의 영어판에 나온 번역문입니다. 아마 여러분은 앞의 한국어 번역문이 뒤의 한국어 창작문보다 더 자연스러워 보일 것입니다. 그 정도로 형용사 중심 문체는 이미 한국어로 깊숙이 밀고 들어왔습니다.

번역은 원문과 더 같아지려고 노력하는 것이 아니라 원문과 덜 달라지려고 노력하는 것이라고 말한 사람도 있지만, 한국어의 개성이라는 것은 사실 한국어가 얼마나 다른 언어의 영향을 많이 받았는가를 말하면서 역설적으로 드러나는 것인지도 모르겠습니다.

한국어는 시제에서도 영어의 영향을 많이 받았습니다. 영어에는 과거, 현재완료, 대과거, 과거완료 등 과거를 나타내는 여러 시제가 있지만 한국어는 '-던'이나 '-었-' 같은 과거를 나타내는 어미로 이것을 모두 나타냅니다. 그런데 "John told me that he had met Jane three days before." 같은 문장을 상당수의 한국인 번역가는 "존은 사흘 전에 제인을 만났었다고 나에게 말했다."라고 옮길 것입니다. 과거와 대과거를 구분하는 것이지요. 저는 대부분의 경우 이런 구분은 불필요하고 문장을 지저분하게 만든다고 생각합니다. 그래서 "존은 사흘 전에 제인을 만났다고 나에게 말했다."로 충분하다고 봅니다. 하지만 거꾸로 이 한국어 문장을 영어로 옮길 때는 he met이 아니라 he had met이라고 시제를 정확히 구분해주어야 합니다. 도착어가 한국어일 때는 한국어 논리에 충실하게 따르고, 도착어가 영어일 때는 영어 논리에 충실해야 하기 때문입니다. 영어는 한국어보다 시제 구분을 엄격히 하는 언어니까 당연히 영작을 할 때도 그 점에 신경을 써야 합니다. 하지만 영어를 한국어로 번역할 때까지 영어 시제를 들이미는 것은 월권이라고 생각합니다.

동사의 명사화, 부사의 형용사화, 새로운 시제의 수용 못지않게 한국어가 겪은 커다란 변화는 '의'의 비중이 커졌다는 것입니다. 이 변화는 영어와 일본어에서 이중으로 영향을 받았습니다. 영어는 명사와 명사를 이어주는 전치사가 발달했고 그중에서도 of는 가장 애용되는 전치사입니다. 일본어는 한국어와 비슷한 점이 많지만 of에 해당하는 일본어 の는 한국어의 '의'보다 훨씬 많이 쓰입니다. 영어와 일본어 두 외국어에게 받은 이중의 압력 때문에 한국어에서 '의'가 차지하는 비중도 옛날보다 훨씬 커졌습니다. 이미 일제 시대에 나온 가곡 〈고향의 봄〉 가사도 '나의 살던 고향은'으로 시작합니다. 이것은 の가 많이 들어가는 일본어의 영향입니다. 한국어로는 '내가 살던 고향은'이라고 하는 것이 자연스럽습니다.

'의'가 너무 많이 쓰이는 것을 한국어는 아직 많이 낯설어합니다. 간결한 표현이 중요한 신문 기사 제목에서는 특히 그렇지요. "영국 정부, 그래머스쿨 폐지 주민 투표 절차 간소화 심의 중"을 영어로 번역하라고 하면 웬만큼 한국어에 능통하지 않은 외국인은 퍽 어려워할 것입니다. 명사들만 나열되어 있는데 어디서 끊어야 할지 여간해서는 감이 잘 안 오겠지요. 반면 일본어와 영어에서는 の와 of를 아주 많이 써줍니다. 나중에 8장에서 자세히 다루겠지만 특히 한국어는 '의'가 겹치는 것을 아주 싫어합니다. 한국어가 싫어하는 것이 또 있습니다. 다음 장의 주제인 대명사입니다.

■ 나의 번역 사례

■ **Lack of affection** might so warp the character that the person could not feel proper love for himself or others.

애정이 모자라면 성격이 비뚤어져서 자신은 물론 남도 제대로 사랑할 줄 모를 수가 있다.

■ But behind the bluster, he betrayed signs of **uncertainty, hesitancy,** and **inconsistency**.

그렇지만 허세는 그만큼 불안하고 흔들리고 어지러운 심경을 드러냈다.

■ Hitler's description of his **gradual exposure** through the antisemitic gutter press to deep anti-Jewish prejudice and its **impact** upon him while in Vienna has an authentic right about it.

빈에서 사는 동안 반유대주의를 부추기는 저질 언론을 통해서 유대인에 대한 뿌리 깊은 편견에 점점 노출되었고 거기서 영향을 받았다는 히틀러의 말은 어느 정도는 사실 같다.

■ He admires both authors, but with all his **careful measurements, scrutiny of details,** and **considered opinions** he also reveals their shortcomings, and comes to the conclusion, inevitably, that he is now writing the definitive book on the subject.

그는 두 저자를 다 높이 평가하지만 워낙 일일이 재보고 구석구석 살피고 요모조모 따지는 사람답게 두 사람의 부족한 점도 드러내며, 아니나 다를까, 나중에 가서는 이 주제에 관한 결정본은 자기가 쓰는 책이라고 결론 내린다.

- The **hypersensitivity** to personal criticism, the inability to engage in **rational argument** and, instead, **rapid resort to extraordinary outbursts** of uncontrolled temper, his **extreme aversion** to any institutional anchoring: these features of an unbalanced personality repeatedly manifested themselves to the end of his days.

남의 지적에 과민한 반응을 보이고 차분히 논쟁을 하기보다는 버럭 성질부터 내기 일쑤고 어떤 틀이든지 제도화하려는 발상에는 기를 쓰고 반대하고, 이런 불안한 성격은 죽는 날까지 사라지지 않았다.

- His **subsequent duties** as the supply officer of a division sharpened his political antennae and gave him experience in organizational matters.

나중에 사단 보급 장교를 맡으면서 그는 정치 감각이 날카로워졌고 조직 분야에서도 경험을 쌓을 수 있었다.

- Her **frugality** was almost miserly.

그 여자는 구두쇠 소리가 절로 나올 만큼 알뜰했다.

- For years, I had been trained in **absolute physical restraint**.

여러 해 동안 나는 육체를 억누를 대로 억누르는 훈련을 받았다.

### 3장
# 껄끄러운 대명사
#### '그'와 '그녀'를 모르는 한국어

다음은 어떤 한국 학생이 쓴 영어 에세이의 일부입니다.

First, pollution is made by numerous **cars**. Many people have their own **cars** because **cars** make them go everywhere very fast. But **cars** produce tremendous air pollution, which cause global warming. So we have to try to use **cars** less.

그리고 아래는 이인직의 《혈의 누》에 나오는 한 대목입니다.

옥련의 얼굴은 옥을 깎아서 연지분으로 단장한 것 같다. 옥련의 부모가 옥련의 이름을 지을 때에 옥련의 모양과 같이 아름다운 이름을 짓고자 하여 내외 공론이 무수하였더라.

굵은 글자에 유념하면서 한국인이 쓴 영문과 한국인이 쓴 국문에서 공통점을 찾아보시기 바랍니다. 그렇습니다. 문장 안에서 대명사를 좀처럼 안 썼다는 사실입니다. 앞의 영문이 영문으로서 어색한 까닭은 cars라는 명사를 계속 써주었기 때문입니다. 영어에서는 처음에 명사 cars라고 썼으면 그다음부터는 대명사 them으로 나타내는 것이 자연스럽습니다. 한국 학생은 명사를 대명사로 바꿔 써주는 영어식 사고에 익숙하지 않은 것이지요. 그다음 한국어 인용문을 보면 '옥련'이라는 이름이 계속 나오지요? 영어 같으면 처음에 옥련이라고 하고 그다음부터는 인칭 대명사 she로 나타냈을 것입니다. 여기서 우리는 전통적으로 한국어가 인칭 대명사를 별로 좋아하지 않는다는 사실을 눈치챌 수 있습니다.

물론 한국어에도 인칭 대명사는 있습니다. 1인칭을 가리키는 '나, 우리', 2인칭을 가리키는 '너, 너희', 3인칭을 가리키는 '그, 그녀, 그들, 그녀들'이 그것이지요. 그런데 3인칭을 나타내는 대명사는 원래 한국어에는 없었습니다. 물론 '그 부인, 그 노인, 그 소녀' 같은 식으로는 말했지만 여기서 '그'는 대명사가 아니라 the lady, the old man, the girl처럼 영어의 정관사 the에 해당하는 것으로 보아야 합니다. 영어에서 명사 대신 써주는 he, she, they 같은 3인칭 대명사는 한국어에 존재하지 않았습니다.

이런 3인칭 대명사는 일본에도 없었습니다. 일본에서는 서양 책을 번역하는 과정에서 he를 彼, she를 彼女로 나타냈습니다. 특히 객관성을 중시하는 자연주의 문학에는 아무래도 3인칭 시점으로 서술된 작품이 많습니다. 일본 유학을 하면서 일본어로 번역된 서양의 자연주의 소설과 일본의 자연주의 소설을 접하고 한국에서는 처음으로 자연주의 소설을 썼다고 평가받는 작가 염상섭의 단편소설 〈표본실의 청개구리〉를 보면 "그러나 평양이 가까워오는데 정신이 난 彼는"처럼 '彼'를 그대로 남성을 가리키는 3인칭 대명사로 쓰기 시작했습니다. 이것이 나중에 '그'로 바뀐 것이지요. 물론 '그녀'도 마찬가지입니다.

이렇게 한국어에 뒤늦게 생겨난 3인칭 대명사는 이제는 번역 소설뿐 아니라 창작 소설에도 주인공을 가리키는 이름으로 나올 만큼 한국어 안에서 확실히 제자리를 잡았습니다. 가령 작가 최인훈의 〈만가〉라는 단편소설은 이름을 밝히지 않고 여주인공을 시종 '그녀'로 부릅니다.

그녀의 구두는 뽀얗다. 그녀는 웃는다. 어머, 죽으러 가면서도 교태야. 그녀는 웃는다.

하지만 문어가 아닌 구어에서는 아직도 '그'와 '그녀'는 거의 쓰이지 않습니다. 가령 일상생활에서 대화를 하다가 "어제, 그 사람을 만났습니다."라고는 말해도, "어제, 그를 만났습니다."라고는 말하지 않습니다. 그러니까 같은 "I met him yesterday."라 하더라도, 만약 이것이 일기장에 적은 글이라면 "어제 그를 만났다."로 번역할 수 있겠지만, 친구에게 하는 말이라면 "어제 그 남자를 만났어."라고 번역해야 자연스럽습니다. 3인칭 대명사는 아직 한국어의 일상 회화 속까지는 들어오지 못했습니다. 영어를 한국어로 번역할 때는 이런 3인칭 대명사의 처리에 신경을 써야 합니다. 제 경우는 구어가 아니라 문어인 경우에도 3인칭 대명사는 될 수 있으면 대명사가 가리키는 고유 명사로 바꾸어주려고 노력하는 편입니다.

Maybe you've noticed by now that I haven't said much about Luther's beliefs! Did he really preach heresy? How did he differ from Rome?

아마, 이 영문을 한국어로 번역하라고 하면 보통은 "제가 루터의 믿음에 대해서는 별로 말을 많이 하지 않았다는 것을 여러분은 지금쯤 눈치채셨을 겁니다. 그는 정말로 이단설을 퍼뜨렸을까요? 그와 가톨릭 교회는 얼마나 달랐을까요?"라고 번역할 것입니다. 하지만 저라면 '그'라는 대명사를 '루터'라는 고유 명사로 바꾸어놓겠습니다. 이렇게요. "제가 루터의 믿음에 대해서는 별로 말을 많이 하지 않았다는 것을 여러분은 지금쯤 눈치채셨을 겁니다. 루터는 정말로 이단설을 퍼뜨렸을까요? 루터와 가톨릭 교회는 얼마나 달랐을까요?" 제가 이렇게 옮긴 이유는 대명사가 한국어에 지나치게 많이 들어왔다고 생각하기 때문입니다.

물론 거꾸로 이런 한국어 문장을 영어로 번역할 때는 처음에 나온 명사만 제외하고 그다음에 나오는 명사는 대명사로 바꿔주어야 영어다운 문장이 되겠지요. 가령 한국어 소설을 영어로 번역할 때 주인공 이름을 계속 반복해서 쓰면 영어권 독자들의 눈에 거슬릴 것입니다. 영어에서 대명사를 안 쓰고 똑같은 명사를 반복해서 쓰면 글이 유치해 보입니다. 대명사의 적절한 구사는 영어라는 언어의 개성입니다. 이런 영어의 전통적 표현 양식을 지켜야 한다는 암묵적 요구가 영어는 아주 강합니다. 제가 한국어 번역에서 대명사를 명사로 고쳐야 한다고 생각하는 것은 영어가 자기 정체성을 지키려는 의지의 몇 분의 일이라도 한국어가 자기 정체성을 지키기를 바라는 균형 감각 때문일 것입니다.

그런데 영어는 왜 이렇게 대명사를 좋아하는 것일까요? 영어의 특징은 똑같은 단어가 반복되는 것을 싫어한다는 것입니다. 그래서 글깨나 쓴다는 영미인은 책상 위에 《Thesaurus》라는 유의어사전을 놓아두고 늘 사전을 뒤집니다. 그래서 똑같이 '위선'이라는 뜻이라도 앞에서 hypocrisy라고 했으면 다음에는 deception이라고 하고 그다음에는 double standard라고 하면서 자꾸만 표현을 바꿉니다. 유일하게 반복해서 써주어도 되는 단어가 영어에서는 대명사입니다. 대명사를 제외한 나머지 단어는 영어에서는 될 수 있으면 다양하게 표현해야 합니다. 조금 길고 딱딱한 문장이지만 예를 들어보겠습니다.

The assertiveness of German nationalism at the turn of the century was in no small measure aggression born of fear—not just the traditional **antagonism towards** the French and the growing **rivalry with** Great Britain, but also the **presumed threat** seen in the Slavic east, and, internally, the **perceived** looming **menace** of Social Democracy, and culturally pessimistic worries about national degeneration and decline.*

...........................

* 19세기 말에서 20세기로 접어들면서 독일 민족주의가 목소리를 높이면서 공격적으로 나온 것은 그만큼 두려움이 적지 않았기 때문이었다. 프랑스와는 전통적으로 앙숙이었고 영국과도 점점 이해가 부딪쳤지만, 독일은 이제 동쪽에서도 슬라브라는 위협 세력을 감지했고 안에서도 날로 커지는 사회민주주의에 위기감을 느꼈다. 문화적으로도 나라가 시들고 기운다는 비관주의가 팽배했다.

이 영문에서 antagonism towards와 rivalry with은 비슷한 뜻을 다르게 표현한 것입니다. 사실은 서로 바꾸어 써도 괜찮을 정도입니다. 뿐만 아니라 presumed와 perceived도 그렇고 threat와 menace도 그렇습니다. 이것이 좋은 영어 문장입니다. 그런데 한국인이 영작을 할 때는 흔히 이렇게 합니다.

The assertiveness of German nationalism at the turn of the century was in no small measure aggression born of fear—not just the traditional **antagonism towards** the French and the growing **antagonism towards** Great Britain, but also the **presumed threat** seen in the Slavic east, and, internally, the **presumed** looming **threat** of Social Democracy, and culturally pessimistic worries about national degeneration and decline.

영어 에세이를 이렇게 쓰면 좋은 점수를 못 받습니다. 거듭 말하지만, 영어에서 무엇보다 중요한 것은 동어 반복을 피하는 것입니다. 영어가 동어 반복을 싫어하는 것은 수사학을 중시하는 서양의 전통과도 무관하지 않습니다. 동양과는 달리 서양에서는 일찍이 그리스 시대부터 수사학이 발전했습니다. 서양에서 수사학이 왜 발전했을까요? 수사학의 핵심은 남을 설득하는 것입니다. 재산을 두고 다툼이 벌어졌을 때 이기려면 재판관이나 구경꾼들이 자신의 논리를 수긍할 수 있게 만들어야 합니다. 수사학은 한마디로 정의하자면, 어떻게 하면 상대방이 꼼짝 못할 만큼 말을 잘 할 수 있을까, 글을 잘 쓸 수 있을까를 생각하는 기술입니다. 그러자면 무엇보다도 말이나 글이 지루하지 않아야 합니다. 아무리 논리적인 글이라도 지루하면 사람들이 읽지를 않거든요. 그래서 사람들이 지겨워하지 않도록 다양한 표현을 써주는 것이지요.

이를테면 서양 신문이나 잡지는 다짜고짜 어떤 구체적인 사람을 기사 첫머리에 등장시키는 경우가 많습니다. 불문곡직체라고나 할까요. 독자의 흥미를 끌어당겨서 기사를 계속 읽게 하려는 전략의 하나로 볼 수 있습니다. 요즘은 한국에서도 그런 불문곡직체 기사를 많이 볼 수 있습니다. 가령 기자 출신 작가인 고종석은 그라나다라는 도시를 회상하면서 글 첫머리를 이렇게 시작합니다.

> 그녀의 이름은 수사나 P. R. G.(성은 첫 알파벳만 적기로 하자. 스페인 사람들의 정식 성은 두세 단어로 이뤄지는 것이 예사다)였다. 수사나는 1980년 그라나다대학교 의과대학에 입학했다.

'그녀'라는 대명사는 보통 고유 명사를 받는 것이 원칙인데 다짜고짜 대명사부터 들이미니 독자는 글에 호기심을 느끼고 빨려듭니다. 작가는 이렇게 잔뜩 독자의 궁금증을 자아낸 뒤 "그녀는 내 젊은 시절의 펜팔이었다."라는 설명을 덧붙입니다.

반면에 동양의 고전에는 훈계에 가까운 글이 많지요. 그래서 서양에서처럼 수사학이 크게 발달하지 않았는지도 모릅니다. 한국어 문장에서는 똑같은 명사를 반복해도 별로 어색하지 않습니다. 아니, 오히려 그것이 자연스럽습니다. 똑같은 대상을 가리키는 영문의 다양한 표현을 원문 그대로 다르게 옮겨주면 한국 독자는 그것이 다른 대상을 가리키는 것으로 오해할 수도 있습니다.

Looking back just over a decade later, **Hitler** spoke of the fifteen months he spent in Munich before the war as "the happiest and by far the most contented" of his life. **The fanatical German nationalist** exulted in his arrival in "**a German city**", which he contrasted with the "Babylon of races" that, for him, had been Vienna.

이 영문을 아마 대부분의 한국인 번역자는 이렇게 옮기지 않을까요?

막 10년 전의 일을 되돌아보면서 히틀러는 전쟁이 터지기 전까지 뮌헨에서 보낸 15개월이 자기 인생에서 '가장 행복하고 가장 뿌듯한 나날'이었다고 말했다. 그 광신적 독일 민족주의자는 '인종들의 바빌론'으로밖에는 보이지 않았던 빈과 여러모로 다른 '독일 도시'에 입성한 것을 기뻐했다.

여기서 the fanatical German nationalist는 물론 히틀러를 가리킵니다. 그런데 저 같으면 두 번째 번역 문장 안에다 '히틀러'라는 단어를 어떤 식으로든 집어넣어주겠습니다. "광신적 독일 민족주의자였던 히틀러는"이라든가 "광신적 독일 민족주의자답게 히틀러는", 이런 식으로요. 아직은 이런 식으로 시침 뚝 떼고 똑같은 대상을 다르게 나타내는 표현법이 한국어 안에 자리 잡았다고 생각하지 않기 때문입니다. 또 '독일 도시' 다음에도 뮌헨을 덧붙여서 그 도시가 어느 도시를 가리키는지를 분명히 나타내는 것이 좋다고 생각합니다.

세상에 대한 지식이 많지 않은 어린이 독자를 위해서 번역할 때는 특히 이 점에 각별히 신경을 써야 합니다. 가령 "At last, Ankara noticed Egypt's collapse."라는 영문을 "결국 앙카라는 이집트의 몰락을 알아차렸다."라고 옮기기보다는 "결국 터키는 이집트의 몰락을 알아차렸다."라고 옮기는 것이 좋다는 말이지요. 영어에서는 보통 한 나라의 수도를 가지고 그 나라 전체를 나타내는 경우가 많지만, 앙카라가 터키의 수도라는 사실을 모르는 어린이들도 많을 테니까요.

하지만 저는 이렇게 똑같은 대상을 다르게 나타내는 표현법이 한국어에 들어오는 것이 나쁘지만은 않다고 생각합니다. 가령 나폴레옹이라고 하면 '코르시카 출신의 천재'라든가 '키 작은 장군'이라든가 하는 식으로 다채롭게 표현해주는 방식 말입니다. 영어를 배우는 한국인이 늘어나고 또 지금처럼 번역서가 계속해서 많이 나온다면 한국어 문체도 점점 그렇게 변해 가지 않을까요. 물론 거꾸로 한국어를 영어로 번역할 때는, 가령 "결국 터키는 이집트의 몰락을 알아차렸다."라는 한국어 문장을 영어로 번역할 경우 "At last, Ankara noticed Egypt's collapse."라고 해주면 더 세련된 영어가 될 것입니다. 물론 이렇게 하면 직역이 아니라 의역이 되겠지만 이것이 영어의 논리와 영어의 개성에 더 충실한 영문입니다.

영어에서는 명사가 먼저 나오고 그것을 대명사 또는 대명사에 준하는 다른 호칭으로 받아주는 것이 원칙입니다. 그런데 영어와 한국어는 어순이 다르니까 번역을 하다 보면 영문에 명사로 나오는 것을 한국어 대명사로 받아주고 대명사(또는 다른 호칭)로 나오는 것을 명사로 바꾸어야 하는 경우가 곧잘 생깁니다. 순서가 바뀌는 거지요.

This concern for where the bones of such a distinguished citizen of Florence should be laid to rest prefigures how, over a century later, the corpse of **Michelangelo** would be smuggled back to Florence in a bale of wool after **the great sculptor** died in Rome.

피렌체에서 이름을 날린 유명인의 유골을 어디에 묻어야 하는가에 대한 피렌체 시민의 뜨거운 관심은 한 세기 뒤 미켈란젤로가 로마에서 죽었을 때 이 위대한 조각가의 시신을 양털 뭉치 속에 숨겨 피렌체로 호송해 온 사건에서 재연되었다.

영어 문장에서는 Michelangelo가 먼저 나오고 나중에 the great sculptor로 받지만 번역문에서는 '이 위대한 조각가가 로마에서 죽었을 때'로 하지 않고 '미켈란젤로가 로마에서 죽었을 때'로, '미켈란젤로의 시신을'이라고 하지 않고 '이 위대한 조각가의 시신을'이라고 했습니다.

그런데 똑같은 명사를 반복해서 써주는 한국어의 방식이 꼭 나쁜 것만은 아니라는 생각이 들 때도 있습니다. 영문을 읽다 보면 대명사가 무엇을 가리키는지 잘 모를 때도 가끔 있습니다. 예전에 저는 에릭 홉스봄이라는 영국 역사가의 자서전을 번역했습니다. 그런데 번역을 하다가 아무리 읽어도 이해가 안 가는 대목이 있었어요.

62 번역의 탄생

De Gaulle was a man of the right, but one for whom the Republic, including its left, was an essential part of that "certain idea of France" which he recreated after the war. He was the first French politician since 1793 whose France had a place both for the monarchy and the Revolution. Indeed, he was presumably not entirely displeased to be compared with Louis XIV, who would have addressed his servants much as de Gaulle addressed the publisher who edited his memoirs, when the man admitted to a rather un-Gaullist past between 1940 and 1944. "I take it," said the great man (who may well have had the relevant files looked up), "that you have been inside one of my prisons." *

물론 이 문장에서 제가 오해한 the man은 대명사는 아니지만 넓은 의미로는 대명사로 볼 수도 있다고 생각합니다. 저는 the man admitted to a rather un-Gaullist past의 the man이 드골인 줄 알았습니다. 그다음에 바로 the great man이라고 나와서 더 그런 생각이

---

\* 드골은 우파였지만 그에게 공화국은 좌파도 포함하는 개념이었고 자신이 전후에 재건한 "프랑스라는 뚜렷한 관념"에서 빼놓을 수 없는 일부분이었다. 드골은 1793년 이후로 군주제와 혁명을 모두 끌어안는 프랑스를 지향한 유일한 정치인이었다. 아닌 게 아니라 드골은 자기가 허구한 날 절대군주 루이 14세처럼 그려지는 것을 그리 기분 나빠하지는 않았으리라는 생각이 든다. 루이 14세가 신하를 대했을 것처럼 드골도 자기 회고록을 내는 출판인을 대했던 것이다. 그 출판인이 자기는 1940년부터 1944년까지 부끄럽게 살았다고 고백하자 그 위대한 인간은(드골은 십중팔구 그 출판인의 행적을 알아보았을 것이다) "그러니까 내 감옥들에서 살다 나오셨다 이 말씀이로군요."라고 응수했다.

들었나 봅니다. 그래서 드골의 자서전을 내는 출판인이 드골의 드골답지 않은 어두운 과거를 알고서 드골한테 슬쩍 떠보니까 드골이 실토를 했다는 그런 식으로 해석했습니다. 유대인이 나치에 붙잡혀도 드골이 그냥 못 본 체한 게 아닐까 그런 추측까지 해보았습니다. 하지만 관련 자료를 아무리 찾아도 그런 내용은 없었습니다. 생각다 못해 저자한테 직접 이메일로 물어보았습니다. 그랬더니 고백을 한 사람은 드골이 아니라 출판인이었다더군요. 나치가 프랑스를 점령한 동안 그 출판인이 나치를 도왔던 거지요. 그리고 전후에 감옥에서 형을 살다가 나왔다고 합니다. 그러고 보면 대명사보다 명사를 쓰는 한국어가 좀 지루할지는 몰라도 글을 더 명료하게 해주는 장점이 있는 것 같습니다.

영어권에서 나오는 글쓰기 입문서에서도 대명사가 어떤 명사를 가리키는지 독자가 명확히 알 수 있도록 글을 써야 한다고 충고합니다. 가리키는 대상이 모호한 대명사는 차라리 쓰지 않는 것만 못합니다.

It is a natural impulse, when the manuscript is completed, to put it in an envelope and mail **it** to the editor.

원고가 완성되면 봉투에 넣어서 그것을 편집자에게 보내고 싶다는 생각이 저절로 든다는 뜻입니다. 그런데 굵은 글씨로 된 it은 정확히 무엇을 가리킬까요? 원고일 수도 있고 봉투일 수도 있습니다. 물론 원고가 봉투에 들어가니까 그게 그거 아니냐고 반문할 수도 있겠지요. 하지만 논리성이라는 면에서 이 문장은 좋은 점수를 받기 어렵습니다. 따라서 it이 원고를 가리킨다면 the manuscript로, 봉투를 가리킨다면

the envelope 같은 명사로 분명히 나타내주는 편이 좋습니다. 같은 서양어라도 프랑스어나 독일어는 대명사가 남성, 여성, 중성으로 세분되어서 어떤 명사를 가리키는지 헷갈릴 가능성이 영어보다는 적습니다. 그래서 특히 영작을 할 때는 대명사를 너무 적지도 않고 너무 많지도 않게 적재적소에 정확하게 쓰는 것이 중요합니다.

The church was surrounded by yew trees which seemed almost coeval with itself. Its tall Gothic spire shot up lightly from among them with crows generally wheeling about **it**.
교회는 자기하고 나이를 엇비슷하게 먹은 것처럼 보이는 주목들에 둘러싸여 있었다. 고딕 양식의 높다란 교회 뾰족탑이 주목 사이로 가볍게 솟았고 까마귀들이 그 주변을 이리저리 맴돌았다.

이 영문에서는 it이 교회를 가리키는지 뾰족탑을 가리키는지 헷갈릴 수도 있겠지만 앞에서 교회를 대명사 itself로 받았으니까 it을 church로 보기보다는 spire로 자연스럽게 받아들일 수가 있습니다. 이렇게 글을 잘 쓰는 영미인은 대명사를 쓰면서 지시 관계가 모호해지지 않도록 신경을 많이 씁니다. 그런데 아무리 영어 원문에서 대명사를 명쾌하게 썼다 하더라도 그것을 덮어놓고 한국어 대명사로 직역하면 독자는 혼란에 빠질 수 있습니다. 다음은 어떤 인문학서의 한국어 번역입니다.

같은 해, 그는 양아발과 함께 중국의 내륙 지역에서 250마일을 순회하며 그들의 동포들을 향해 기독교 지식을 전파하고 자신들이 펴낸 종교 소책자를 나누어주었다. 이들은 서남쪽 방향으로 가던 도중에 한 과거 시험관의 수행원이 되었고, 그 덕택에 그들은 도중에 아무런 장애 없이 젊은 문인들과 접촉할 수 있었다. 그들은 이들에게 가장 중요한 내용을 담은 소책자 7천여 권을 나누어주었다.

번역자는 원문의 대명사를 충실하게 옮긴 듯합니다. 그런데 이 짧은 문단 안에 '그들'이 세 번, '이들'이 두 번 나옵니다. '그들'은 물론 '그'와 '양아발'을 가리키는 대명사겠지요. 그런데 문장 중간에 다른 사람들이 나오고 '그들'처럼 3인칭 복수 대명사인 '이들'이 나오니까 대명사에 익숙하지 않은 한국인 독자는 머리가 핑핑 돌 수밖에 없습니다. 저 같으면 이렇게 고치겠습니다.

같은 해, 그는 양아발과 함께 중국의 내륙 지역에서 250마일을 순회하며 동포들을 향해 기독교 지식을 전파하고 자신들이 펴낸 종교 소책자를 나누어주었다. 그들은 서남쪽 방향으로 가던 도중에 한 과거 시험관의 수행원이 되었고, 그 덕택에 도중에 아무런 장애 없이 젊은 문인들과 접촉할 수 있었다. 그리고 문인들에게 가장 중요한 내용을 담은 소책자 7천여 권을 나누어주었다.

첫번째 '그들'은 뺐고 첫번째 '이들'은 '그들'로 바꿨으며 두 번째 '그들'도 뺐습니다. 그리고 세 번째 '그들'은 '그리고'라는 접속사로 바꾸었으며 두 번째 '이들'은 '문인들'이라는 명사로 바꿔주었습니다. 영어 대명사를 한국어로 옮길 때 도움이 되는 원칙은 두 가지입니다. 첫째는 지시 대상이 모호해질 것 같으면 대명사를 명사로 바꾸라는 것이요, 둘째는 문장 안에 없어도 한국어로 뜻이 통하는 불필요한 대명사는 과감히 빼라는 것입니다.

**They** expressed **their** confidence that **they** could entrust **their** souls to God for whatever arrangements **He** might make for **them** after **their** deaths.

그들은 죽은 다음에 어떤 대접을 받을지는 몰라도 하느님에게 영혼을 맡길 수 있다고 확신했다.

원문에 일곱 개나 나오는 대명사를 번역문에서는 한 개로 줄였습니다. 원문의 대명사를 번역문에서 그대로 살려주었다면 오히려 의미가 잘 전달되지 않았을 것입니다.

하지만 번역서가 아닌데도 현대 한국 작가들의 글에서는 대명사가 점점 늘어나고 있습니다. 대명사를 안 쓰면 불안한 모양입니다. 특히 주어 자리에 오는 대명사가 부쩍 늘어났습니다. 만약에 영국인이 한국어로 된 책을 많이 번역했다고 가정해볼까요. 그리고 의역보다는 한국처럼 직역으로 번역을 했다고 가정합시다. 그럼 아마 영어도 한국어의 영향을 많이 받았을 것입니다. 가령 "He said nothing."이라고 하지 않고 "Said nothing."이라고 쓰는 영국 작가가 많이 생겨났을 것입니다. 여러분은 상상이 안 갈 겁니다. 하지만 한국어에서는 실제로 그런 변화가 일어났습니다. 다음 장의 주제는 주어입니다.

# 4장
# 주어는 어디 갔지?
한국어와 주어

| | |
|---|---|
| Taking a walk | 산보하다 |
| I saw | 한 송이 들꽃을 |
| a wildflower. | 보았네. |
| | |
| Not knowing its name | 이름을 모르기에 |
| I saw | 그 고움만 |
| its beauty only. | 보았네.[1) |

강옥구 시인이 영어로 쓰고 직접 한국어로 번역한 시 〈그 고움만 보았네〉입니다. 간결한 표현을 가장 좋아하는 문학 형식은 시입니다. 영어든 한국어든 똑같습니다. 그런데 위에서 영어 원시와 한국어 번역시에는 한 가지 중요한 차이가 있습니다. 간결함으로 보자면 영어 원시도 그야말로 군더더기가 하나도 없습니다. 그러나 아무리 줄이고 줄여도 주어 I까지 없앨 수는 없습니다. 그런데 한국어 번역시에는 '나는' 이 들어가면 아마 시 같지 않을 것입니다.

영어는 아주 짧은 문장 안에도 주어가 들어가야 합니다. "I'm really hungry."라든가 "It's so cold."처럼요. 그렇지만 한국어는 "배고파 죽겠다."라든가 "너무 춥네."라고 하면 그만입니다. 물론 영어에서도 명령문은 주어를 안 씁니다. 명령을 받는 사람이 누구인지를 뻔히 알 수 있으니까 굳이 주어를 써줄 필요가 없는 거지요. 그렇지만 한국어는 명령문은 물론이거니와 다른 문장에서도 주어를 잘 안 쓰는 언어입니다. 이렇게 말이지요.

파티에 와주시면 너무 고맙죠.
I would be grateful if you would come to the party.

한국어도 주어를 쓰기는 합니다. 그렇지만 주어의 비중이 영어보다 훨씬 작습니다. 영어는 문장마다 주어가 있어야 하지만 한국어는 한 문단 안에 주어가 하나 있으면 그것으로 충분할 때가 많습니다.

총각은 사방을 돌아보았다. 그믐밤의 하늘은 그야말로 머루 속 같았다. 더듬더듬 숲을 헤치며 산자락을 내려갔다. 멀리 반딧불 같은 불빛 하나가 깜박거렸다. 반가웠다. 불빛이 흐르는 쪽으로 걸음을 재우쳤다. 어둠 속의 빛이 실제보다 몇 곱 더 밝아 보인다.[2]

따라서 번역을 할 때도 주어에 별로 기대지 않는 한국어의 개성을 살리는 쪽이 바람직합니다. 그런데 문장이 계속 이어지면 아무래도 주어 없이는 흐름이 불안해질 수 있습니다. 똑같은 주어로 이어지는 여러 문장에서 뒤의 주어들을 생략해서 좀 허전하다 싶을 때는 '그래서'나 '그러면서', '그런데' 같은 문장 접속 부사를 덧붙이면 좋습니다. 문장 접속 부사는 영어로 말하면 접속사와 비슷하겠지요.

There is one famous graffiti artist who should have known better. Giovanni Belzoni was an ex-circus strongman from Italy. In the early 1900s, he discovered many ancient Egyptian ruins, including a statue of Ramses II. Instead of carefully preserving the ruins, **Belzoni** carved his name into many of them. **Belzoni** said that there was no better place to carve his name. These structures had lasted thousands of years, **he reasoned**, so they would most likely last for thousands more, carrying his name into the future!

어처구니없는 낙서를 한 사람도 있었다. 조반니 벨초니는 서커스단에서 기운을 쓰던 이탈리아 출신의 차력사였는데 1900년대 초에 람세스 2세의 조각 같은 고대 이집트 유물을 많이 접했다. 그런데 이런 유물을 잘 간수하기는커녕 자기 이름을 새겨 넣기에 바빴다. 그러면서 자기 이름을 새겨 넣기에 그보다 좋은 것이 없었다고 둘러댔다. 수천 년을 견딘 유물이니 앞으로도 수천 년은 더 갈 것이고 자기도 그 덕을 좀 보자는 것이었다!

영문 주어 Belzoni가 문장 안에서 떠맡는 역할을 '그런데'와 '그러면서'로 나타냈습니다. 이 번역문에서는 주어가 한 번밖에 안 나옵니다. 전형적인 한국어 문장이지요. 여기서 he reasoned라는 표현을 '-는'이라는 한국어 어미로 간결하게 나타낸 데 주목합시다. 한국어는 어미가 발달한 언어입니다. 그래서 이렇게 어미로 주어를 절묘하게 나타낼 수도 있습니다. 가령 "**They said** your watch would take about a month to repair." 같은 영문은 "네 시계는 고치는 데 한 달쯤 걸린대." 로 간결하게 나타낼 수도 있습니다. 또 "If that is the case, I will not press the matter."도 "만약 그것이 사실이라면 나는 그 일을 강요하지 않겠다." 굳이 이렇게 안 옮겨도 됩니다. '겠'이라는 어미에 이미 나의 의지가 반영되어 있으므로 '나'는 필요 없습니다. 아울러 '만약'도 군더더기입니다. '-면'에 if의 뜻이 들어가 있기 때문입니다. 한국어의 중요한 특징인 어미를 번역에서 활용하는 방법은 10장에서 자세히 다룰 예정입니다.

한국어는 주어를 별로 안 쓰지만 설령 쓴다고 해도 주어 자리에 오는 것은 대부분 사람이라든가 동식물이라든가 목숨이 있는 생명체입니다. 반면에 영어는 주어 자리에 삼라만상이 다 올 수 있습니다. 특히 문어에서 그런 경향이 훨씬 강합니다. 생명체는 물론이거니와 관념, 욕망, 심지어 시간까지도 주어 노릇을 할 수 있습니다. 2장에서 간단히 살펴보았지만 이렇게 사물이나 관념이 주어로 들어간 영문을 한국어로 번역할 때는 주어를 바꿔주는 것이 좋습니다. 여기에는 크게 두 가지 방법이 있습니다. 하나는 그런 주어를 이유를 나타내는 부사어로 바꿔주는 것입니다.

His words shocked me.
그의 말에 가슴이 철렁했다.

The investment paid off handsomely.
그 투자로 톡톡히 재미를 보았다.

또 하나는 사람이 아닌 주어를 사람 주어로 바꿔주는 것입니다. 특히 목적어 자리에 사람이 오는 문장은 그런 식으로 바꿔주면 좋습니다.

Even after seventy years of metropolitan-based life, the size and incoherence of London still astonishes **me**.
대도시에서 산 지 70년이 넘었지만 런던의 크기와 변화무쌍한 모습에 아직도 나는 깜짝깜짝 놀란다.

또는 이 두 가지를 결합하는 방법도 있습니다. 주어 자리에 오는 내용을 이유를 나타내는 부사어로 바꾸고 목적어를 주어로 삼는 방법이지요. 이렇게요.

Southeast Asia's geographical location made **it** a natural crossroads and meeting point for world trade, not to mention migration and cultural exchange.
동남아시아는 지리적 위치 덕분에 이민과 문화 교류는 물론이지만 세계 무역의 길목과 접점으로 자연스럽게 자리 잡았다.

영어에는 I think, I believe, I remember, I discover, I feel 처럼

인식이나 지각을 나타내는 동사 앞에도 반드시 주어를 써줍니다. 그런데 한국어에서는 '나는'이라는 말을 꼬박꼬박 집어넣으면 오히려 어색합니다. I discover 같은 경우에는, '내가 발견했다'라고 하기보다는 '눈앞에 나타났다'라고 하는 것이 한국어로는 더 자연스럽습니다. '나'를 가급적 드러내지 않는 것이 한국어다운 문장입니다.

I think leaders like Ken Livingston and others who oppose the legislation have a deeper understanding.
켄 리빙스턴 같은 지도자나 법안에 반대하는 사람이 더 잘 안다는 생각이 든다.

'생각하다'라든가 '짐작하다' 같은 동사도 사실은 '나'를 전제한 표현입니다. 전통 한국어에서는 '나'를 덜 드러내는 표현을 선호합니다. 그래서 가령 '생각이 든다'나 '짐작이 간다' 같은 표현을 좋아합니다.

한국어는 주어를 좋아하지 않는다고 했습니다. 그런데 정말로 그럴까요? 사실은 그렇지 않습니다. 눈에 보이는 주어가 적을 뿐이지, 눈에 안 보이는 주어는 사실은 영어보다 한국어에 더 많습니다. 그것은 한국어가 능동적 표현을 좋아하기 때문입니다.

His face, **with its bushy sideburns**, reminded me of my father.
구레나룻이 덥수룩한 그의 얼굴을 보니 아버지가 떠올랐다.

영어 원문을 그대로 따라가다 보면 '덥수룩한 구레나룻을 가진 그의 얼굴'로 번역하기 쉽습니다. 그런데 이것을 주어로 삼으면 그다음 부분을 처리하기가 골치 아픕니다. "덥수룩한 구레나룻을 가진 그 얼굴은 나로 하여금 아버지를 떠올리게 만들었다."처럼 문장이 지저분해집니다. '덥수룩한 구레나룻'은 구이고 "구레나룻이 덥수룩하다"는 절입니다. 한국어는 절을 좋아합니다. 절과 구는 모두 단어들을 모아놓은 것이지만 절에는 반드시 주어가 들어가야 합니다. 한국어가 절을 좋아한다는 것은 사실 주어를 좋아한다는 말과 통합니다. 영어와는 달리 문장 전체의 주어를 안 쓸 뿐이지요.

어떤 동작이 있을 때 한국어는 그것을 주체의 능동적 행위로 보려는 경향이 강합니다.

a big school with over 2,300 **pupils**

1. 2,300명이 넘는 학생을 가진 학교

2. 학생이 2,300명이 넘는 학교

The conversational style **reminds one** of Rabelais at times, at other times of Sir Thomas Browne, a near-contemporary of Burton's.

1. 자연스러운 대화체는 어떨 때는 라블레가 떠오르게 하고 또 어떨 때는 버튼과 엇비슷한 시대를 살았던 토머스 브라운 경이 떠오르게 한다.

2. 자연스러운 대화체를 따라가노라면 어떨 때는 라블레가 떠오르고 또 어떨 때는 버튼과 엇비슷한 시대를 살았던 토머스 브라운 경이 떠오른다.

한국어는 이렇게 능동적으로 표현할 때 안정감이 듭니다. 둘째 영어 예문에서는 '떠오르고'라는 능동태를 써주기 위해서 그 앞에 원문에는 없는 '따라가노라면'이라는 동사를 번역문에 집어넣었습니다. 영어 동사를 형용사처럼 쓰는 분사의 경우에도 한국어로 번역할 때는 수동의 뜻을 지닌 과거분사라도 능동의 뜻을 지닌 현재분사처럼 번역하는 것이 더 자연스럽습니다. 영문을 한국어로 번역할 때 각별히 유념해야 할 점입니다.

In London I often passed **churches** that had been **converted** into warehouses, theatres or art galleries.
런던에서는 창고, 극장, 화랑으로 개조한 교회를 자주 보았다.

물론 '개조된 교회'라고 해도 어색하지는 않습니다. 하지만 저는 한국어의 개성은 수동태보다는 능동태를 선호하는 쪽이라고 생각하기 때문에 번역문에서도 될수록 능동형을 많이 써주려고 노력합니다.

한국어에는 눈에 보이지 않는 주어가 있습니다. 그 주어는 사람의 관점입니다.

This giant dome is fitted with a small flap-window that offers Florence's loftiest panorama.
이 거대한 돔에 뚫린 작은 들창으로 피렌체의 웅장한 자태를 한눈에 내려다볼 수 있다.

영어 원문은 "창문이 피렌체의 웅장한 자태를 (사람에게) 제공한다."는 구조로 되어 있습니다. 그런데 번역문은 이것을 "(사람이) 창문으로 피렌체의 웅장한 자태를 내려다본다."로 바꾸었습니다.

I came to Korea when the Seoul Olympic Games were held and have lived here for almost twenty years.
서울 올림픽을 치른 해에 한국에 왔으니 벌써 스무 해가 다 돼 간다.

영어식으로 썼다면 "서울 올림픽이 치러진 해에 한국에 왔으니 벌써 스무 해가 다 돼 간다."라고 했을 겁니다. 실제로 요즘은 이런 식의 수동태를 더 많이 쓰지요. 그러나 능동형이 더 자연스러운 것이 한국어 문장입니다. 또 앞의 문장에서 영어 원문은 들창이라는 사물이 장관을 제공한다는 형식으로 되어 있지만 한국어 번역문에서는 사람이 장관을 바라본다는 형식으로 바꾸었습니다. 가령 "The hotel overlooks the town." 같은 영문도 "호텔은 시내를 내려다보았다."는 사물의 관점이지만 "호텔에서는 시내가 내려다보였다."는 사람의 관점입니다. 좋은 한국어 번역을 위해서는 이렇게 겉으로 드러나지는 않지만 사물의 시각을 사람의 시각으로 끊임없이 바꾸려는 발상의 전환이 필요합니다.

겉으로 드러나지 않는 사람의 시각을 끄집어내려면 번역자가 꽤 많이 연구하고 고민해야 합니다. 다음 영문을 한국어로 번역해볼까요.

These shoes rub your heels.

직역하면 "이 신발은 당신의 뒤꿈치를 까지게 한다."입니다. 한국어로는 좀 어색하지요. 타동사가 들어간 문장을 직역해서 어색할 때 가장 무난하게 바꾸는 방법은 목적어를 주어로 삼는 것입니다. 타동사는 주어가 목적어에게 어떤 작용을 가했는지를 나타내는 동사이니까 결국은 주어 때문에 목적어가 어찌어찌 되었다는 뜻입니다. 그러니까 대부분은 "목적어는 주어 때문에 어찌어찌 되었다."라는 구조로 나타낼 수 있다는 말입니다. 그런 방식을 적용하면 "이 신발 때문에 네 뒤꿈치가 까진다."가 되겠지요. 좀 더 적극적으로 사람의 관점을 고려해 이 문장을 고치면 가령 "이 신발을 신으면 네 뒤꿈치가 까진다." 정도가 무난하겠지요. 더 한국어다운 문장으로 바꿀 수는 없을까요? 있습니다. "이 신발은 뒤꿈치가 까진다."로 하면 능동성을 좋아하는 훌륭한 한국어 문장이 됩니다. "이 신발은 뒤꿈치를 까지게 한다."보다는 훨씬 자연스럽지 않습니까.

다음 문장은 어떻습니까?

The Tower of London has held many famous prisoners since it was built in 1066.

역시 목적어가 사람이니까 "이름난 죄수를 많이 가두었다."라거나 "이름난 죄수가 많이 갇혔다."라고 하기보다는 사람을 주어로 처리하고 능동성을 살려서 "이름난 죄수가 많이 거쳐 갔다."라고 하는 편이 한결 낫습니다. 가령 "런던탑은 1066년에 지어졌는데 그동안 이곳을 거쳐 간 이름난 죄수가 많다."라고 말이지요.

한국어는 '의'가 들어가는 소유의 표현이 발달하지 않았습니다. 그런데 주어를 이용하면 소유격도 자연스럽게 번역할 수 있습니다. 다음 문장을 볼까요?

Meditation, which implied the emptying of the mind, wasn't easy, the production manager said: the **beginner's thoughts** ran too easily to family, job, and things like that.

명상은 마음을 비우는 것인데 이것이 쉽지가 않다고 생산부장은 말했다. 초보자는 마음이 자꾸만 가족, 일 같은 데로 흘러간다.

여기서 beginner's thoughts를 '초보자의 마음'이 아니라 '초보자는 마음이'라고 해준 데 주목합시다. 물론 영작을 할 때는 거꾸로 소유격을 써주면 더 자연스러운 영문이 되겠지요. 목적어도 무조건 '을' 아니면 '를' 같은 목적격 조사를 넣어 번역하지 않아도 됩니다. '이'나 '가'를 붙여 옮겨주는 것이 더 자연스러울 때가 많습니다.

I like movies.
영화가 좋아.
I dislike studying.
공부하기가 싫어.
Can you see the sea?
바다가 보이니?
This school has few teachers.

이 학교는 교사가 적다.

한국어는 겉으로 드러나지는 않아도 주어는 사람이라는 의식이 확고하기 때문에 여간해서는 수동문을 쓰지 않습니다. 주어가 겉으로 드러나야 하는 언어일수록 수동태가 발달합니다. 영어가 그렇습니다. 독일어나 프랑스어와 비교해도 그렇습니다. 주어 자리에 사물을 놓으려는 경향은 독일어나 프랑스어보다 영어가 더 강합니다. 독일어의 경우 man, 프랑스어의 경우 on이라는 부정 대명사를 주어 자리에 넣어서 수동의 뜻을 나타낼 때가 많습니다. 물론 영어도 one이라는 부정 대명사를 쓸 수 있지만 그 빈도는 훨씬 적습니다.

영어는 주어 자리에 사람이 아닌 사물이나 관념이 자유롭게 올 수 있습니다. 그래서 타동사가 발달했습니다. 어떤 욕망이 나로 하여금 어떤 행동을 하게 만들었다는 식으로요. 그런 동사를 사람 주어와 함께 쓸 때 자연스럽게 수동태 문장이 되는 것이지요. 당연히 영어에는 수동문이 한국어보다 훨씬 많습니다. 그런 영어 수동문을 어떻게 한국어로 옮길 것인가? 다음 장의 주제입니다.

■ 나의 번역 사례

- **The rough rock** has abraded my skin.

  거친 바위에 살갗이 벗겨졌다.

- **The bad weather** upset our plans completely.

  악천후로 우리 계획이 완전히 틀어졌다.

- **The inheritance** enabled him to indulge his passions for art.

  마크는 유산 덕분에 미술에 대한 열정을 마음껏 불사를 수 있었다.

- Hitler's hesitancy and reluctance to act **frustrated** and **annoyed Goebbels**.

  괴벨스는 히틀러의 소극성과 수수방관이 답답하고 짜증스러웠다.

- **The growing number of the party and improvements made** in its organization and structure now allowed more extensive coverage.

  당원 수가 늘어나고 당 조직과 구조도 개선되니까 언론도 보도를 더 많이 해주었다.

- Hitler's readiness to renounce German claims on South Tyrol in the interest of an alliance with Italy had seen him attacked **by German nationalists** as well as being accused **by socialists** of taking bribes from Mussolini.

  히틀러는 이탈리아와 잘 지내기 위해서는 남부 티롤에 대한 영유권도 포기할 뜻이 있었으므로 독일 민족주의자들은 반발했고 사회주의자들도 히틀러가 무솔리니한테서 뇌물을 받았다고 비난했다.

- **The sea** toils for its fish. **It** labours everyday to polish the moon and the sun. For the people on the land, **it** works without pause. **It** sweats double, treble of people. So **the sea** always tastes salty.

바다는 바다 속 물고기를 위해 애쓴다. 날마다 해님과 달님을 닦아주느라 땀을 흘린다. 뭍에서 사는 사람을 위해 쉬지 않고 일을 한다. 사람들보다 몇 곱이나 땀을 더 많이 흘린다. 그래서 늘 짜다.

- In despair, **my father** walked out of the city and some ten miles into the country, on the chance of being able to borrow money from a distant cousin. When **he** arrived he found that the cousin had given up the neverending struggle to live and had joined the ranks of the dead, leaving a wife and several small children to be looked after. **My father** had not the heart to ask for anything. Having paid his last respects, **he** set out mournfully on the road to London, resigned to his fate. It was getting late when **he** met a strange-looking man with a long beard tied in a knot, holding a lantern as round as the moon. The stranger told him he had been robbed by a highwayman who had taken all he had owned, leaving him just the lantern. **My father** felt sorry to hear of this misfortune and offered him his cloak to keep the chill off. The stranger accepted it with thanks.

다급해진 아버지는 먼 사촌한테 돈을 빌릴 수 있을지 모른다는 실낱같은 희망을 품고 도시를 떠나 몇십 리를 걸어서 시골로 가셨다. 그런데 막상 가서 보니 생활고에 지친 사촌은 아내와 어린 자식들을 남기고 벌써 저세상 사람이 되어 있었다. 아버지는 차마 아쉬운 소리를 할 수가 없었다. 장례식까지 참석하고 모든 것을 운명에 맡기고 우울한 심정으로 런던으로 떠났다. 긴 수염을 묶고 달덩이처럼 둥그런 등잔불을 든 사내를 만난 것은 밤이 이슥해서였다. 사내는 강도한테 다 털리고 등잔불만 달랑 남았다고 했다. 아버지는 마음이 약해져서 몸이라도 녹이라고 망토를 내주었다. 사내는 고맙다면서 그것을 받았다.

- I still remember the tales of werewolves **told** me **by a child minder** from Slovenia.

슬로베니아 출신의 **보모가** 들려준 늑대 인간 이야기는 지금도 기억이 난다.

- A sailor came in and made a report to the captain. He seemed to be saying that there was something wrong in the engine room, but I was not able to understand the flood of language **interspersed** with the name of the machine.

선원이 들어와서 선장에게 보고를 했다. 엔진에 무슨 이상이 있다는 말인 듯 했으나 기계 이름을 섞어 가면서 빠르게 주워섬기는 이야기는 나에겐 요령부 득이었다.

- In my generation what Marc Bloch called the trade of the historian **was not taught** in any systematic way in Britain.

우리 때만 하더라도 마르크 블로흐의 말마따나 역사가라는 업종은 영국 어디 에서도 제대로 가르치지를 않았다.

- Few Germans had Hitler on their minds in Weimar's golden years of the mid-1920s. The internal developments within his party were of neither interest nor concern to the overwhelming majority of people. **Little attention was paid** to the former Munich troublemaker who now seemed no more than a fringe irritant on the political scene.

1920년대 중반 바이마르 공화국이 황금기를 맞이했을 때 독일 국민은 히틀러는 안중에도 없었다. 독일 국민의 압도적 다수는 히틀러의 당 안에서 무슨 일이 벌어지는지 관심도 흥미도 없었다. 전에는 뮌헨에서 소란을 피우더니 지금은 정치판 언저리에서 자극적 발언이나 일삼는 이에게 시선을 줄 사람은 거의 없었다.

5장
# 수동태 길들이기
### 문장을 오염시키는 과잉 수동문

영어에 수동태가 많은 이유는 타동사를 많이 쓰기 때문입니다. 수동태의 주어는 타동사의 목적어 자리에 오는 말이거든요. "그 소식을 듣고 놀랐다."는 능동태로는 "The news surprised us."이지만 수동태로는 "We were surprised at the news."가 됩니다. 물론 한국어에서는 감정에 관련된 표현을 워낙 능동으로 나타내니까 큰 어려움 없이 자연스럽게 번역을 할 수 있습니다.

영어 수동문에서 by 다음에 오는 행위의 주체가 사람일 때도 한국어 능동문을 떠올리기가 비교적 쉽습니다. 가령 "The Rake's Progress has been made into a ballet by Gavin Gordon and an opera by the collaboration of W. H. Auden and Stravinsky." 같은 수동태 문장은 "〈난봉꾼의 진보〉는 개빈 고든이 발레로 만들었고 오든과 스트라빈스키가 함께 오페라로 만들었다."처럼 능동태 국문으로 바꾸면 한결 한국어다운 문장이 됩니다.

행위의 주체인 사람이 안 나올 때도 사람을 드러내주면 좋을 때가 있습니다. 다음은 카슨 매컬러스라는 미국 소설가가 쓴 〈손님(The

Sojourner》이라는 단편에 나오는 대목입니다.

Ferris rested his head on the chair back and closed his eyes. In the following silence a clear, high voice came from the room down the hall.
"Daddy, how could Mama and Mr. Ferris—" **A door was closed.**

페리스라는 주인공이 전처의 집으로 가서 전처가 들려주는 피아노 연주를 듣고 있는데, 어디선가 카랑카랑한 목소리가 들립니다. 다른 방에서 아빠와 저녁을 먹고 있던 전처의 어린 아들이 엄마가 전남편이라는 사람하고 둘이서 오붓한 시간을 보내는 것을 보고 화가 나서 아빠한테 따지는 장면입니다. 그러자 페리스가 들을까봐 아빠가 얼른 문을 닫지요. 여기서 원문을 "A door closed."라고 했어도 문법상으로는 틀리지 않았을 것입니다. close는 자동사로도 타동사로도 쓸 수 있으니까요. 하지만 여기서 굳이 타동사의 수동태형을 쓴 것은 결국 누군가가 일부러 문을 닫았다는 사실을 드러내기 위해서라고 볼 수 있습니다. 주인공 입장에서는 누가 닫았는지 모르지만 하여간 문이 닫혔습니다. 그래서 굵은 글씨로 나타낸 마지막 문장은 가령 "누군가가 문을 닫았다."라고 주어를 집어넣은 능동태로 옮기면 좋겠습니다.[1]

영어는 부득이 수동태를 쓸 수밖에 없는 경우가 많습니다. 가령 "모임을 알리는 벽보와 전단을 만드는 데 엄청난 노력을 쏟아부었다. 집회에서 발표할 공약도 인쇄하여 배포했다."라는 문장을 봅시다. 여기서 노력을 쏟아부은 것이 나인지, 우리인지, 그들인지 모른다고 칩시다. 그렇다면 영문에서는 I, we, they를 주어로 삼을 수가 없습니다. 이럴 때는 수동태를 써줄 수밖에 없겠지요. "A good deal of effort was put into designing posters and leaflets advertising the meeting. The party's programme, to be announced at the meeting, was also printed and distributed." 이런 식으로 말입니다.

하지만 영어에서도 수동태보다는 능동태를 써야 글에 힘이 생깁니다. 영어 글쓰기 지침서에서도 작문을 할 때는 가급적 능동태를 많이 쓰라고 권합니다. 그렇지만 영어에서는 수동태가 그 나름의 역할을 할 때가 많습니다. 수동태는 무엇보다도 객관적이라는 느낌을 줍니다. 가령 "They say that ……" 같은 능동태보다는 "It is said that ……" 같은 수동태가 더 객관적으로 보입니다. "They have increased the price."(그들은 가격을 인상했다)보다는 "The price has been increased."(가격이 인상되었다)가 더 객관적으로 느껴지지요.

그래서 객관적이라는 인상을 주어야 하는 과학 분야에서는 수동태 문장을 많이 써줍니다. 가령 이런 식으로요. "Predators have been observed to avoid attacking brightly coloured species." 하지만 이런 수동태 영문도 한국어로는 "육식 동물은 몸 빛깔이 화려한 동물은 잘 공격하지 않는 것으로 관찰된다."라고 하기보다는 "육식 동물을 관찰해보면 몸 빛깔이 화려한 동물은 잘 공격하지 않는다."처럼 능동문으로 옮기는 쪽이 한결 자연스럽습니다. 영어에서 수동태는 법조문에서도 애용합니다. 하지만 역시 한국어로는 능동문으로 바꿔서 옮기는 쪽이 좋습니다. 가령 "The measures **taken** for the suppression of state treasonable attacks are legal." 같은 영문도 "반국가 행위의 진압을 위해 취한 조치는 적법하다." 내지는 "반국가 행위 진압 조치는 적법하다."처럼 능동성을 드러내도 한국어에서는 괜찮습니다. 영문에서 taken이라고 하지 않고 we took이라고 하면 책임 주체가 명확히 드러나 부담스러워집니다. 그래서 나중에 빠져나갈 구멍을 만들어놓으려고 수동태를 써주는 것이지요. 하지만 한국어는 주어를 밝히지 않아도 되니까 굳이 수동태를 그대로 따를 필요가 없습니다.

영어로 된 제품 설명서나 요리법도 수동태를 애용하지만 이때도 번역문은 가급적 능동태로 바꿔주는 것이 좋습니다.

The solution **is heated** slowly until the sugar dissolves, and then the syrup **is boiled** until it reaches 115°C. The hot, sticky, clear solution **is** then **poured** out and left to cool to 38°C, when it becomes a mass of tiny sugar crystals.

설탕이 녹을 때까지 용액을 서서히 가열하여 115도까지 시럽을 끓인다. 끈끈하고 투명한 뜨거운 용액을 부어서 38도까지 식히면 작은 설탕 결정이 된다.

영어에서는 상대에게 기분 나쁜 느낌을 주지 않으면서 할 말을 하고 싶을 때도 수동태를 즐겨 씁니다. 상대방을 주어로 놓고 "네가 이러이러한 일을 해서 문제가 생겼다." 같은 식으로 직접 비판하는 듯한 문장보다는 수동태가 불만을 완곡하게 전하는 데 알맞습니다. 회사에 항의 편지를 보낼 때도 공격적으로 나가는 것보다는 점잖게 하는 것이 상대방으로부터 호의적 반응을 끌어낼 가능성이 높습니다. 그래서 이럴 때 수동태를 많이 씁니다. 가령 "You didn't send us the cassettes we ordered, and we've paid you for them." 같은 능동태 문장보다는 "We have not yet received the cassettes, which were ordered and paid for." 같은 수동태 문장이 훨씬 온건한 느낌을 줍니다. 그런데 한국어는 주어를 안 써도 되니까 영어 수동태를 한국어 능동태로 자연스럽게 나타낼 수 있습니다. 가령 두 번째 영문을 "카세트를 주문하고 돈도 냈는데 아직 못 받았습니다." 정도로 옮길 수 있습니다. 아니면 한 발 더 나아가 돈이나 물건까지도 주어로 오는 능동태 번역문을 만들 수도 있습니다. "카세트를 주문하고 돈도 지불했는데 물건이 아직 안 왔습니다."라고 말이지요. 주어를 안 밝혀도 되니까 능동태로도 수동태 효과를 내면서 훌륭한 완곡어 문장을 만들 수 있는 것입니다. 한국어가 얼마나 능동태를 좋아하는지 여기서도 알 수 있습니다.

여기서 수동태 번역의 중요한 원칙을 깨닫습니다. 영문 수동태는 국문 능동태로 바꾼다는 것입니다. 그래서 가령 "Beer is made from barley."는 "맥주는 보리로 만든다."로, "I am overwhelmed with worries." 같은 수동태 영문은 "걱정이 태산이다." 또는 "걱정이 앞을 가린다." 정도로 옮길 수 있습니다. "맥주는 보리로 만들어진다." 같은 수동태 번역이 틀렸다는 것은 아닙니다. 하지만 영어에서는 주어를 드러내지 않으려고 수동태를 써줄 때가 많다는 점을 감안할 때, 주어를 안 써도 되는 한국어는 굳이 수동태를 안 쓰고 능동태만으로도 수동태의 효과를 얼마든지 낼 수 있다는 점을 말씀드리고 싶습니다.

In Hebraic mythology, God **is said** to have fashioned Adam from the clay of the earth.

이 문장을 "히브리 신화에서는 신이 진흙을 빚어서 아담을 만든 것으로 이야기된다."라고 곧이곧대로 옮기는 번역자도 꽤 될 겁니다. '이야기되다', '일컬어지다', '언급되다', '운위되다' 같은 수동형은 썩 좋은 표현이 아닙니다. "히브리 신화에서는 신이 진흙을 빚어서 아담을 만들었다고 말한다."라고 하든가 "히브리 신화에는 신이 진흙을 빚어서 아담을 만든 것으로 나온다."라고 능동형으로 말해야 한국 독자는 잘 알아듣습니다. 동사의 과거분사는 수동의 뜻을 지니는데 이 과거분사도 한국어로는 최대한 능동의 뜻으로 옮겨주는 것이 좋습니다.

Three days later, **unsolicited** and **unprompted** by Hitler, he wrote a lengthy letter to Kahr.
사흘 뒤 그는 히틀러가 시키지도 않고 부추기지도 않았는데 카르에게 편지를 보냈다.

능동태도 사람을 주어로 삼느냐 사물을 주어로 삼느냐에 따라서 다양하게 나타낼 수 있습니다.

A good deal of **effort was put** into designing striking red posters and leaflets advertising the meeting.
1. 집회를 알리는 붉은 벽보와 전단을 만드는 데 엄청난 노력이 기울여

졌다.

2. 집회를 알리는 붉은 벽보와 전단을 만드는 데 엄청난 노력을 기울였다.

3. 집회를 알리는 붉은 벽보와 전단을 만드는 데 엄청난 노력이 들어갔다.

2번은 사람 주어가 생략되었지만 3번처럼 사물을 주어로 삼으면서도 자동사를 써서 자연스러운 문장을 만들 수 있습니다. 저 개인적으로는 영어 수동태의 뉘앙스를 전달하는 데는 행위를 가하는 사람이 주어로 작용하는 2번 문장보다 그 행위의 결과(여기서는 노력)가 주어로 나오는 3번 문장이 더 낫지 않나 생각합니다.

The concrete slabs represent the millions of Jewish people **killed by the Nazis** during World War II.

1. 콘크리트 덩이는 2차 세계대전 때 나치에게 죽임을 당한 수백만의 유대인을 나타낸다.

2. 콘크리트 덩이는 2차 세계대전 때 나치가 죽인 수백만의 유대인을 나타낸다.

3. 콘크리트 덩이는 2차 세계대전 때 나치 손에 죽은 수백만의 유대인을 나타낸다.

여기서도 2번은 행위에 초점을 맞추었다면 3번은 행위 결과에 초점을 맞추었지요. 영어 수동태 문장을 늘 이렇게 두 가지 방식으로 옮길 수 있는 것은 아니지만 가급적이면 3번처럼 번역하는 것이 수동의 뉘앙스를 좀 더 잘 전달한다고 생각합니다. 하여간 핵심은 한국어 자동사를 잘 활용하자는 것입니다. 가령 "A lot of potatos **are produced** in this area."는 "이 지방에서는 감자가 많이 생산된다."보다는 "이 지방에서는 감자가 많이 난다."라고 하는 것이 한결 안정감을 줍니다. 또 "The Israel Stela **was discovered** in 1896 in the tomb of King Merenptah."라는 문장도 굳이 '발견되었다'고 할 것이 아니라 "이스라엘 전승비는 1896년 메르엔프타하 왕 무덤에서 나왔다."라고 하면 더 자연스럽습니다.

서술어가 여럿 나올 때 수동태로 하면 호응 관계가 맞지 않아 능동태로 바꾸어야 할 때도 있습니다. 가령 다음 영문을 볼까요.

Reich President Ebert **was booed**, **whistled** at, **insulted**, and **spat** upon by Nazi demonstrators when he visited Munich in summer 1922.

나치 시위대는 1922년 여름 뮌헨에 온 에베르트 독일 대통령한테 휘파람을 불면서 야유를 하고 욕을 하고 그것도 모자라 나중에는 침까지 뱉었다.

만약 was booed만 생각하면 '욕을 얻어먹었다'가 자연스럽지만 was spat upon은 한국어 수동태로 나타내기가 쉽지 않고 그냥 '침을 뱉었다'라고 해줄 수밖에 없으므로 부득이 다른 서술어들도 능동으로 바꿔서 통일할 필요가 있습니다. 예를 하나만 더 들어보겠습니다.

Rococo architecture is charming and beguiling in small structures and, when tastefully **done**, even in larger buildings.

로코코 건축은 작은 건물이 제격이지만 잘만 지으면 규모가 큰 건물에서도 참맛을 느낄 수 있다.

직역을 하면 "로코코 건축은 작은 건물이 제격이지만 잘만 지어지면 규모가 큰 건물에서도 참맛을 느낄 수 있다."가 되겠지만 '지어지면'이라는 수동형과 '느낄 수'라는 능동형이 삐걱거립니다. 번역을 할 때는 이렇게 술어를 수동태면 수동태, 능동태면 능동태로 통일하는 균형 감각이 필요합니다. "앞의 서론적 논의는 동서양의 종잡기 힘든 다양한 역사적 문제들을 제기하기 위해 이루어졌다."처럼 수동태와 능동태가 어지럽게 뒤섞인 문장은 피하는 것이 좋습니다.

거듭 강조하지만, 수동태 문장은 될수록 능동태 문장으로 바꾼다는 것이 자연스러운 한국어 번역문을 만드는 데 가장 중요한 원칙입니다. 일본어와 한국어는 주어를 잘 안 써준다는 면에서 비슷한 면이 많지만 바로 이런 점에서 결정적으로 다릅니다. 한국어는 주어는 안 쓰더라도 문장은 될수록 능동문으로 하려는 경향이 강합니다. 그래서 역동적이고 힘찹니다. 일본어는 될수록 수동문으로 만들려는 경향이 두드러집니다. 일본어 같으면 수동태가 자연스러운 "先生にしかられました" 같은 문장도 한국어는 "선생님한테 야단을 맞았습니다." 또는 "선생님한테 꾸지람을 들었습니다."라고 능동문으로 나타내줍니다.

일본어는 자동사를 타동사로 만들어주는 한국어의 '시키다'에 해당하는 사역형 어미가 '사세루'이고 타동사를 자동사로 만들어주는 한국어의 '되다'에 해당하는 피동형 어미가 '라레루'인데 이 둘을 결합하여

수동문도 그냥 수동문이 아니라 '사세라레루' 같은, 굳이 번역하자면 '시켜지다' 같은 사역 수동형이라는 극단적 수동태 형식까지 발달했습니다. "接待でお酒を飲ませられました"하면 접대를 하느라고 자기 의지와 무관하게 어쩔 수 없이 술을 마셨다는 뜻입니다. 어색하지만 한국어로 직역을 하면 "접대를 하느라고 술이 먹여졌습니다."가 됩니다.

"처음으로 그리스도교 선교사가 이 땅에 발을 붙이게 된 것은 임진 왜란 때로 거슬러 올라가게 된다." 같은 지저분한 문장이 많아진 것도 일본어 번역투의 영향으로 보입니다. '-되고 있다'라든가 '-되게 되었다', '-지게 되었다' 같은 수동문이 현대 한국어에서 많아진 것도 역시 일본어 문체의 영향과 무관하지 않습니다. '소원이 이루어지게 되는 날'은 '소원이 이루어지는 날'로 고쳐야 합니다. '되어지다' 같은 이중 수동태도 많이 늘어났습니다. 물론 수동태가 많은 영어 번역투의 영향도 있겠지만 일본어 번역투의 영향도 무시 못합니다. "배경 이미지는 반복되어져서 화면에 나옵니다.", "IMQ 마크가 부착된 제품은 시장에서 추출되어져서 검사되어진다." 같은 지저분한 문장이 현대 한국어에는 너무나 많습니다. 글이 지저분하면 생각도 지저분해집니다. "배경 이미지는 반복해서 화면에 나옵니다."와 "IMQ 마크가 부착된 제품은 시장에서 추출해서 검사한다."로 바꿔야 합니다.

단순히 번역투이기 때문에 안 된다는 것은 아닙니다. 이미 존재하는 한국어로 같은 뜻을 얼마든지 정확하고 간결하게 나타낼 수 있는데 이런 질서까지 허물어뜨리는 것은 용납하기 어렵다는 뜻입니다. "한국은 일제로부터 독립되었다."라든지 '강요되어진 자백' 같은 과잉 수동문은 "한국은 일제로부터 독립했다."와 '강요된 자백'처럼 담백한 문체로 고치려는 노력이 필요합니다. 한국어를 어지럽히는 것은 이런 과잉 수동문만은 아닙니다. "군고구마 냄새가 식욕을 자극시킨다."나 "너무 자세한 설명은 혼란을 일으키게 한다." 같은 과잉 사역문 역시 한국어를 어지럽힙니다.

과잉 수동문의 범람이 영어와 특히 일본어 직역투의 남용 탓이라면 과잉 사역문이 현대 한국어에 많아진 것은 영어 직역투의 영향이 큽니다. 영어는 목적어를 거느리는 타동사가 많습니다. 심지어 수동의 뜻도 타동사로 나타내곤 합니다. 가령 "어쩌다 보니 이탈리아 대사관저에서 열린 만찬에 초대를 받았다." 같은 문장은 영어로 "I found myself invited to a reception at the Italian ambassador's residence."로 나타낼 수 있습니다. 타동사 find를 쓰고 목적어에 myself를 넣어서 초대를 받았다는 수동의 뜻을 나타낸 것이지요. 영어에는 목적어를 거느리는 타동사가 한국어보다 훨씬 많아서 그 타동사가 목적어에 작용을 가하여 어떻게 만든다는 뜻으로 쓸 때가 많습니다. 그런데 영어에는 왜 타동사가 많을까요? 그리고 그런 타동사를 어떻게 한국어로 번역하면 좋을까요? 다음 장에서는 그 점을 한번 따져 보려 합니다.

■ 나의 번역 사례

■ It is not the painting or sculpture that is abstract—it can be **seen** and **touched**.

그림이나 조각은 볼 수 있고 만질 수 있으니까, 추상적이라고 말할 수 없다.

■ Germania of Tacitus was **exhumed** once more to define the Germanic 'race'.

게르만 '인종'을 정의하는 데 타키투스의 게르마니아를 또다시 우려먹었다.

■ Language therefore must be **studied** not only for its changes through time, but also for its state at any time.

그러므로 언어는 통시적으로도 연구해야 하지만 공시적으로도 연구해야 한다.

■ When a shipwreck is being excavated, artifacts are **taken** from the site and **catalogued**. Some are **exhibited** in museums. Others are **sold**.

난파선에서 끌어올린 유물은 번호를 매겨 정리를 한다. 박물관에서 전시하기도 하지만 팔기도 한다.

■ The Reich Chancellor **remained the appointee** of the Kaiser.

독일 총리는 여전히 독일 황제가 임명했다.

■ The Israel Stela is a ten foot tall stone block carved with hieroglyphs. It was **discovered** in 1896 in the tomb of King Merenptah.

1896년 메르엔프타하 왕 무덤에서 나온 이스라엘 전승비는 3미터 높이의 돌판에 상형문자를 새겨 넣었다.

- This fear can only be **driven** out by a strong awareness of the value of life.

삶의 가치에 대한 확고한 자각만이 이런 두려움을 몰아낼 수 있다.

- As well as on grave sites, Viking rune symbols have been **found** in churches and on statues throughout Europe.

바이킹족의 룬 글자는 묘비만이 아니라 유럽 여기저기의 교회와 조각품에서도 나온다.

- The Statue of Liberty was a gift from France to the United States. The statue was **built** in Paris and **shipped** to the United States.

자유의 여신상은 프랑스가 미국에게 준 선물이다. 파리에서 만든 것을 미국으로 실어갔다.

- His rude manner was **frowned** at by those present.

그의 무례한 태도에 참석자들은 눈살을 찌푸렸다.

- She was **haunted** by the image of the dead child.

죽은 아이의 모습이 자꾸만 어른거렸다.

- Political life has been **infected** by growing nationalist sentiment.

점증하는 국수주의는 정치 풍토에도 영향을 끼쳤다.

6장
# 우리를 슬프게 하는 사동문
영어는 타동사를 좋아한다

어느 나라 말에서나 동사가 가장 중요합니다. 영어도 문법의 절반이 동사에 관한 것이라고 볼 수 있습니다. 영어 문장의 주인은 언뜻 보면 주어처럼 보입니다. 영어는 주어가 반드시 필요한 말이기 때문입니다. 하지만 영어 문장에는 주어 말고 동사도 꼭 필요합니다. 그렇다면 주어와 동사 중에서 어느 것이 더 중요할까요? 단연 동사입니다.

영어 문장 안에서 주어는 목적어가 있어야 하는지, 목적어가 하나 있어야 하는지 둘 있어야 하는지, 보어가 있어야 하는지, 보어도 있고 목적어도 있어야 하는지에 대해서 아무런 발언권을 행사하지 못합니다. 아무런 힘이 없지요. 그런 힘은 누가 갖고 있을까요? 당연히 동사입니다. 어떤 동사가 오느냐에 따라서 문장의 종류가 달라집니다. 영어 문장에서 동사는 문장 전체의 모양을 좌지우지할 수 있는 힘이 있습니다.

가령 "딱따구리는 속이 빈 나무에서 산다."를 영어로 나타내면 "Woodpeckers inhabit hollow trees."가 됩니다. "-에 산다"라고 해서 in이라는 전치사를 쓰면 안 됩니다. inhabit은 목적어가 바로 붙어야 하는 타동사이기 때문입니다. "모든 평론가가 그 책을 걸작으로 여긴다."는 영문으로는 "All the critics consider the book a masterpiece."가 됩니다. '여기다'를 regard로 나타내면 a masterpiece 앞에 as가 와야겠지만 여기서는 그러면 안 됩니다. 영어 consider는 목적어와 보어를 함께 거느리는 동사이기 때문입니다.

한국어는 동사의 비중이 영어보다도 더 큽니다. 한국어는 영어와는 달리 주어의 비중이 아주 작은 말이기 때문입니다. 영어는 감탄문과 명령문을 제외하고는 문장 안에 주어가 꼭 있어야 하지만 한국어는 주어에 별로 기대지 않는 언어입니다.

영어에서도 한국어에서도 동사는 크게 둘로 나눌 수 있습니다. 하나는 목적어가 필요 없는 자동사이고 또 하나는 목적어가 필요한 타동사입니다. 자동사의 '자'는 '스스로 自', '동'은 '움직일 動', '사'는 '품사 詞', 그러니까 '스스로 움직이는 품사'라는 뜻입니다. 타동사의 '타'는 '남 他'이고 나머지 '동'과 '사'는 똑같습니다. 그러니까 '남을 움직이는 품사'라는 뜻이지요.

"The girl screamed." 하면 소녀가 비명을 질렀다는 뜻입니다. '스스로' 비명을 지른 것이지요. 목적어가 필요 없습니다. 하지만 "They punished the girl."은 '소녀를' 벌주었다는 뜻입니다. 남을 벌주었다는 뜻이지요. 목적어가 필요합니다.

영어로는 타동사를 transitive verb라고 하고 자동사는 intransitive verb라고 합니다. trans-는 '옮긴다'는 뜻입니다. 그래서 번역을 translation이라고 하지 않습니까. transitive는 주어에 있는 에너지를 목적어로 옮긴다는 뜻입니다. intransitive는 그렇게 하지 않는다는 뜻이고요.

자동사와 타동사가 똑같은 경우도 많습니다. 영어에서 eat 같은 동사가 그렇습니다. eat은 자동사와 타동사로 모두 쓰입니다. "I am eating."과 "I am eating an apple."이 모두 가능합니다. 한국어에서는 '움직이다' 같은 동사가 그렇습니다. "몸이 움직인다." 하면 자동사지만 "몸을 움직인다." 하면 타동사입니다. 하지만 자동사와 타동사는 뜻은 비슷해도 모습은 다를 때가 많습니다. 이 경우 영어에서도 한국어에서도 자동사면 자동사, 타동사면 타동사를 기본으로 삼아서 새로운 타동사나 자동사를 만들어 갑니다.

영어는 타동사를 기본으로 삼을 때가 많습니다. 가령 deceive는 '속이다'라는 뜻이니까 타동사입니다. 그래서 "The lawyer deceived me." 하면 변호사가 나를 속였다는 뜻입니다. 그럼 내가 속았다는 자동사의 뜻은 어떻게 나타낼까요? "I was deceived by the lawyer."라고 수동태로 나타냅니다. 다시 말해서 영어에서 자동사는 타동사 앞에 be 동사를 붙여서 수동태로 나타낼 때가 많습니다. 감정을 나타내는 동사만 하더라도 그렇습니다. 한국어는 '놀라다', '흥분하다' 같은 자동사를 그대로 써서 나의 감정을 나타내지만 영어는 기본 출발점이 타동사인 surprise, excite입니다. 그래서 나의 감정을 자동사 형식으로 나타내고 싶으면 "I was surprised."나 "I was excited."라고 해줍니다. 한국어와 달리 영어에 수동태가 많은 이유는 영어에 타동사가 그만큼 많기 때문입니다. 타동사가 발달했다는 것은 어떤 행위나 작용의 주체를 따지는 데 민감하다는 뜻입니다. 한국어는 사람을 중심에 놓고서 가령 "너 어떻게 여기 왔니?" 할 것을 영어에서는 흔히 "What brings you here?"라고 합니다. 한국어는 "우리는 그 소식을 듣고 놀랐다."라고 사람이 느끼는 놀라움의 감정을 자동사로 나타내는 것이 자연스럽지만 영어는 "The news surprised us."처럼 타동사가 기본입니다. 물론 일상생활에서는 한국어처럼 "We were surprised at the news."라고 타동사의 과거분사형으로 바꾸어서 써줄 때가 더 많기는 하지만, surprise라는 타동사로 감정을 잘 나타낸다는 사실은 아득한 옛날에 영어를 쓰던 사람들이, 단순히 자기의 놀라움을 나타내기보다는 무엇이 그런 놀라움을 만들어냈는지 그 작용의 주체를 드러내는 방식으로 말하는 데 더 익숙했다는 것을 말해줍니다.

한국어는 그냥 '걱정했다', '화났다'라고 사람을 주어로 삼아서 자동사로 나타내지만 영어는 그런 감정을 느끼는 사람을 목적어 자리에 두고 무엇이 그런 감정을 그 사람에게 일으켰는지 그 인과 관계를 타동사로 나타내는 데 익숙하다는 뜻입니다. 그래서 '걱정시키다'라는 뜻을 지닌 worry, '화나게 만들다'라는 뜻을 지닌 anger 같은 타동사를 써줍니다. 영어는 걱정이나 노여움의 감정을 불러일으키는 주체가 무엇인지를 주어로 드러내려는 의지가 무척 강합니다.

그렇지만 특별히 번역 경험이 많지 않은 사람이라도 "The cold doesn't worry me."나 "It infuriates us to have to deal with this corrupt President." 같은 문장을 각각 "나는 추위는 걱정하지 않는다."라든가 "우리가 이런 부패한 대통령을 상대해야 하다니 분노가 치민다."라는 식으로 영어의 목적어를 주어로 삼아서 능동문으로 번역하는 데 별 어려움을 느끼지 않습니다. 한국어를 모국어로 쓰는 사람은 사람을 주어로 삼는 것이 자연스럽게 몸에 뱄기 때문입니다. 특히 감정을 나타내는 표현은 일상적으로 써 왔으므로 이렇게 타동사가 들어간 사역문을 능동문으로 바꾸는 것이 별로 어렵지 않습니다.

그런데 한국어에서는 자동사와 타동사를 어떻게 만들까요? 두 가지 방식이 있습니다. 하나는 타동사에서 출발하는 것이고 또 하나는 자동사에서 출발하는 것입니다. 먼저 타동사에서 출발하여 자동사를 만드는 경우를 보겠습니다. '쌓다', '잡다', '밀다', '담다'는 모두 타동사입니다. 이 기본형에다 '-이, -히, -리, -기'를 집어넣어서 자동사로 만듭니다. 타동사 '쌓다'에 '-이'를 넣으면 자동사 '쌓이다'가 됩니다. '놓다'는 '놓이다', '섞다'는 '섞이다', '쓰다'는 '쓰이다'가 됩니다. 타동사 '잡다'에 '-히'를 넣으면 자동사 '잡히다'가 됩니다. '닫다'는 '닫히다', '뽑다'는 '뽑히다', '묻다'는 '묻히다'가 됩니다. 타동사 '밀다'에 '-리'를 넣으면 자동사 '밀리다'가 됩니다. '물다'는 '물리다', '풀다'는 '풀리다', '열다'는 '열리다', '뚫다'는 '뚫리다'가 됩니다. 타동사 '담다'에 '-기'를 넣으면 자동사 '담기다'가 됩니다. '끊다'는 '끊기다', '쫓다'는 '쫓기다', '안다'는 '안기다'가 됩니다.

다음은 자동사에서 출발하는 경우를 따져볼까요. '속다', '익다', '돌다', '웃다', '깨다', '낮다'는 모두 자동사입니다. 이 기본형에다가 '-이, -히, -리, -기, -우, -추'를 집어넣어서 타동사로 만들어줍니다. 자동사 '속다'에 '-이'를 넣으면 '속이다'가 됩니다. '죽다'는 '죽이다', '줄다'는 '줄이다', '높다'는 '높이다'가 됩니다. 자동사 '익다'에 '-히'를 넣으면 타동사 '익히다'가 됩니다. '넓다'는 '넓히다', '좁다'는 '좁히다'가 됩니다. 자동사 '돌다'에 '-리'를 넣으면 '돌리다'가 됩니다. '얼다'는 '얼리다', '울다'는 '울리다'가 됩니다. 자동사 '웃다'에 '-기'를 넣으면 타동사 '웃기다'가 됩니다. '숨다'는 '숨기다', '남다'는 '남기다'가 됩니다. 자동사 '깨다'에 -우를 넣으면 타동사 '깨우다'가 됩니다. '비다'는 '비우다'가 됩니다. '낮다'에 '-추'를 넣으면 타동사 '낮추다'가 됩니다. '맞다'는 '맞추다'가 됩니다.

여기서 좀 색다른 타동사에 대해서 생각해봅시다. 영어에서 가령 "They built the house."라고 하면 어떤 행동이나 작용을 하는 것은 주어인 they이지 목적어인 the house는 아닙니다. 다시 말해서 목적어가 어떤 능동적인 행위나 작용을 하지 않습니다. 그런데 "The money let them build the house."라는 문장은 성격이 좀 다릅니다. 앞 문장의 build처럼 이 문장의 let도 타동사이지만 앞 문장의 목적어 the house와는 달리 이 문장의 목적어 them은 build라는 또 다른 동사의 주어 노릇을 합니다. 즉 어떤 행위나 작용을 하는 것이지요. 여기서 동사 let 다음에 나오는 목적어 them의 행위를 나타내는 동사 build는 타동사입니다. 타동사 중에서 let, make, have, get처럼 목적어로 하여금 어떤 행동이나 작용을 하게 만드는 타동사를 '사역동사'라고 합니다. 사역동사 자체는 타동사이지만 사역동사가 거느리는 목적어 다음에 오는 동사는 반드시 타동사일 필요는 없습니다. "The poverty made them cry."처럼 자동사인 cry를 얼마든지 목적어의 행동을 나타내는 동사로 쓸 수 있습니다.

한국어에서는 이런 사역의 의미를 어떤 모양으로 나타낼까요? 먼저 '-게 하다'의 형태로 나타낼 수 있습니다. 가령 앞에서 나온 문장 "The money let them build the house."를 직역하면 "돈이 그들을 집을 짓게 했다."가 됩니다. 그런데 한국어에서는 '그들을'과 '집을'이 겹치면 어지러우니까 '그들을'은 '그들로 하여금'이라고 해주는 것이 좋겠지요. 그럼 "돈이 그들로 하여금 집을 짓게 했다."가 됩니다. 영어 build가 타동사이고 let이 사역동사인 것처럼 한국어 '짓다'는 타동사이고 '-게 하다'는 사역문을 만드는 표현입니다. 타동사 '짓다'와 '-게 하다'가 합쳐져서 '짓게 하다'가 되는 것이지요. "The poverty made them cry."는 어떻게 한국어로 옮길 수 있을까요? 직역하면 "가난이 그들을 울게 했다."입니다. 이 경우는 '울다'의 사역동사인 '울리다'로 써주면 더 간단할 수도 있습니다. 그럼 "가난이 그들을 울렸다."라고 할 수 있겠지요.

'-게 하다'로 나타내는 사역의 뜻은 타동사에다 '-이, -히, -기, -리, -우'를 붙여서 만든 사역동사로 나타내기도 합니다. 그래서 '먹다'는 '먹이다'로, '입다'는 '입히다'로, '알다'는 '알리다'로, '맡다'는 '맡기다'로, '지다'는 '지우다'로 나타냅니다. 그렇다면 '먹이다'와 '먹게 하다', '입히다'와 '입게 하다', '알리다'와 '알게 하다', '맡기다'와 '맡게 하다', '지우다'와 '지게 하다'는 똑같은 뜻일까요? 약간 차이가 있습니다. '먹이다'는 직접 먹여주는 것, '입히다'는 직접 입혀주는 것을 뜻하지만, '먹게 하다'는 먹어도 좋다고 허락하는 것, '입게 하다'는 입어도 좋다고 허락하는 것을 뜻합니다. 직접성과 간접성의 차이라고나 할까요.

지금까지는 토박이 동사에 해당하는 이야기였습니다. 그런데 한국어 동사에는 중국과 일본에서 들어온 한자어에 뿌리를 둔 동사도 많습니다. '절약하다', '감소하다', '생산하다', '준비하다', '대비하다', '처벌하다', '침략하다' 같은 동사들이지요. 우리는 별 생각 없이 습관적으로 쓸 때가 많지만 이런 한자어 동사에도 엄연히 자동사와 타동사가 따로 있습니다. 가령 '절약하다', '생산하다' 같은 동사는 타동사입니다. "생활비를 절약했다."라든가 "자동차를 생산한다."처럼 목적어가 와야 합니다. 그런데 이런 타동사를 자동사로 쓰고 싶으면 어떻게 해야 할까요? '되다'를 붙여주면 됩니다. 그럼 "생활비가 절약되었다."라든가 "자동차가 생산된다."가 되겠지요.

자동사로 쓰이는 한자어 동사도 많습니다. '감소하다', '발전하다' 같은 동사는 자동사입니다. "지원액이 감소했다."거나 "경제가 발전했다."라고 쓸 수 있겠지요. 그럼 이런 자동사를 타동사로 써주려면 어떻게 해야 할까요? '-시키다'를 덧붙이면 됩니다. "지원액을 감소시켰다."라든가 "경제를 발전시켰다." 이런 식으로요.

'고립되다', '고립하다'처럼 자동사이면서 '되다' 꼴과 '하다' 꼴이 모두 가능한 말도 있긴 하지만 일반적으로 자동사에는 '-되다'를 못 쓰는 것이 원칙입니다. '-되다'는 타동사를 자동사로 써줄 때 필요하니까, 원래 자동사인 동사에는 덧붙일 수가 없는 거지요. 그런데 자동사인 '감소하다'를 "수출이 크게 감소되었다."라고 써주는 사람이 작가와 기자 중에도 많습니다. 마찬가지로 타동사에는 자동사를 타동사로 만드는 '-시키다'를 못 쓰는 것이 원칙입니다. '배제하다', '노출하다'는 모두 타동사입니다. 따라서 '학생을 배제시킨 교육'이나 "햇볕에 맨살을 노출시켰다." 같은 표현은 과잉입니다. '학생을 배제한 교육'이나 "햇볕에 맨살을 노출했다."라고만 해도 됩니다.

고유어 동사의 사역형을 '-게 하다'로 썼던 것과 마찬가지로 한자어 동사의 사역형도 똑같이 '-게 하다'로 나타낼 수 있습니다. 그렇지만 더 간단하게는 '-시키다'를 덧붙이면 됩니다. 이런 경우에는 타동사에 '-시키다'를 붙일 수 있습니다. 그럼 타동사인 '노출하다'와 사역동사인 '노출시키다'는 어떻게 구분해야 할까요? "여배우는 알몸을 노출시켰다."가 아니라 "여배우는 알몸을 노출했다."라고 해야 옳습니다. 노출하는 행위의 주체가 여배우이지 알몸이 아니기 때문입니다. 하지만 흔히 말하는 여배우가 벗는 연기를 하게 했다는 뜻으로 쓸 때는 "감독은 여배우를 노출시켰다."라고 해야지 "감독은 여배우를 노출했다."라고 해서는 안 됩니다. 감독이 여배우로 하여금 노출하게 만드는 사역의 뜻이 분명히 들어갔기 때문입니다. 물론 "감독은 여배우를 노출했다."라고 쓸 수 있는 경우가 있습니다. 감독이 영화를 만들면서 주연을 맡을 여배우를 줄곧 숨겨 오다가 전격 공개했다는 뜻으로 쓸 때는 그렇게 말할 수가 있습니다. '공무원에게 책임을 전가시키는 지도자'라고 하면 "지도자가 공무원으로 하여금 잘못을 제3자의 탓으로 돌리게 한다."는 뜻입니다. "지도자가 자기의 잘못을 공무원 탓으로 돌린다."는 뜻을 나타내려면 '공무원에게 책임을 전가하는 지도자'라고 해야 맞습니다.

현대 한국어에서는 수동이나 자동의 뜻을 안 써도 될 상황에서 '-되다' 같은 표현을 남용합니다. "아프리카 경제가 눈부시게 발전했다.", "집값이 크게 하락했다." 하면 될 것을 "아프리카 경제가 눈부시게 발전되었다.", "집값이 크게 하락되었다."라고 씁니다. 마찬가지로 사역의 뜻이 아닌 그냥 평범한 타동사의 뜻으로 자꾸만 '-시키다' 같은 표현을 남발하는 경향이 있습니다. 그래서 "무분별한 개발이 환경을 훼손한다.", "저항 의식을 고무했다." 하면 될 것을 "무분별한 개발이 환경을 훼손시킨다.", "저항 의식을 고무시켰다."라고 씁니다. 그냥 점잖게 '-하다'만 써서는 성이 안 차는 것일까요? 물론 말이라는 것을 꼭 어떤 틀에 붙들어 매는 것은 좋지 않습니다. '고립'이라는 말은 '고립하다'라는 말은 없고 '고립되다'와 '고립시키다'를 자동사와 타동사로 쓰며 '무산' 역시 '무산하다'라는 말은 없고 '무산되다'와 '무산시키다'를 각각 자동사와 타동사로 써줍니다. 그렇지만 대체로 현대 한국어 동사가 한쪽으로는 너무 수동적으로 '-되다' 일변도로 나가고 다른 한쪽으로는 너무 강압적으로 '-시키다' 일변도로 나간다는 느낌이 많이 듭니다. 표현이 극단화된다고나 할까요? 이것을 좀 바로잡았으면 좋겠습니다.

한국의 작가와 독자는 '-게 하다'라는 사역 표현에 무척 익숙합니다. 번역서에서 워낙 그런 문장을 많이 보았기 때문이지요. 대표적인 예가 옛날에 국어 교과서에 실려 많은 이의 사랑을 받았던 독일 작가 안톤 슈나크의 수필 〈우리를 슬프게 하는 것들〉입니다.

제목부터 그렇지만 이 수필에는 '-게 하다'는 사역의 표현이 많이 나옵니다. 첫 문장이 "울음 우는 아이들은 우리를 슬프게 한다."로 시작되는 이 아름다운 수필에는 '슬프게 한다'라는 표현이 그다음에도 여러 번 나옵니다. "울음 우는 아이들은 우리를 슬프게 한다." 이 문장 하나만 놓고 보면 "우는 아이를 보면 슬퍼진다."라고 간결하게 옮기는 것이 좋지 않을까 싶기도 합니다. 하지만 다른 문장들과의 연관성을 생각하면 이렇게 '슬프게 한다'라고 사역형을 쓰는 것이 어느 정도는 불가피하다는 사실을 깨닫게 됩니다.

> 동물원에 잡힌 범의 불안 초조가 또한 우리를 **슬프게 한다.** 언제 보아도 철책가를 왔다 갔다 하는 범의 그 빛나는 눈, 그 무서운 분노, 그 괴로운 부르짖음, 그 앞발의 한없는 절망, 그 미친 듯한 순환, 이 모든 것이 우리를 더없이 **슬프게 한다.**

인용문에서 굵게 나타낸 단어에서 알 수 있듯이 '슬프게 한다'의 주어에 해당하는 것들이 죽 나열됩니다. 따라서 이런 공통 분모를 한꺼번에 이어주려면 역시 '슬프게 한다'라는 사역형을 써줄 수밖에 없겠지요.

그런데 이 수필에 나오는 또 다른 '-게 하다'는 조금 과용된 듯합니다. "너의 소행이 내게 얼마나 많은 불면의 밤을 가져오게 했는가."라는 표현은 과잉입니다. "너의 소행이 내게 얼마나 많은 불면의 밤을 가져왔는가."라고 하면 충분합니다. 불면의 밤을 가져온 것은 '내'가 아니라 '너의 소행'이므로 타동사 '가져오게 하다'는 불필요하고 그냥 '가져오다'로 쓰면 됩니다. 사역형이 아니라 그냥 타동사로 충분하다는 말이지요.

"이것은 항상 나에게 창 앞에 한 그루의 늙은 나무가 선 내 고향을 생각하게 한다." 이 문장은 조금 다릅니다. 이 문장은 원문의 사역동사를 정확하게 살려 번역한 문장입니다. 하지만 꼭 이렇게 써야만 할까요? 한국의 번역 문화는 그동안 너무 원문에 충실한 번역을 선호해 왔습니다. 다시 말해서 한국어 논리보다는 영어 논리에 충실한 번역을 해 왔습니다. 이제는 균형을 맞추기 위해서라도 한국어 논리를 중시하는 번역을 시도해야 한다고 봅니다. 한국어 논리에 충실한 번역은 어떤 것일까요?

가령 이렇게 해주면 어떨까요. "이것을 보면 항상 나는 창 앞에 한 그루의 늙은 나무가 선 내 고향이 생각난다." 원문에 충실한 번역에서는 주어가 사물인 '이것'이지만 한국어에 충실한 번역에서는 주어가 사람인 '나'로 바뀝니다. 물론 경우에 따라서는 이 '나'를 지워야 더 자연스러운 한국어가 되기도 합니다. 사물이 주어로 오는 영어 타동사 문장을 사람이 주어로 오는 자동사 문장으로 바꾼다, 이것이 좋은 한국어 문장을 만드는 비결의 하나입니다.

■ 나의 번역 사례

- Velásquez makes you forget that the portrait is mere artifice, a flick of the brush, a touch of paint.

벨라스케스가 그린 초상화를 보다 보면 이것이 붓질과 물감으로 이루어진 인공품이라는 사실을 나도 모르게 깜박깜박 잊는다.

- The issues that consumed the religion's earliest converts and proselytizers were the nature, process, and meaning of Christ's birth.

기독교 초창기에 개종자와 회심자가 무엇보다도 골몰했던 문제는 예수 탄생의 성격과 과정, 의미였다.

- His attitude was enough to cool down our ardor for it.

그의 태도를 보고 우리는 완전히 김이 샜다.

- Imperative economic interdependence compelled both Ottoman and Persian sides to maintain close relations even during wartime.

숙명과도 같은 상호 의존 경제로 인해 오스만과 페르시아는 전시에도 긴밀한 관계를 유지할 수밖에 없었다.

- His increasing hypochondria made him ever more reliant on drugs and injections.

쓸데없는 병 걱정이 잦아지면서 그는 점점 약물과 주사에 기댔다.

- The intoxication of the crowds made Hitler feel like a god.

군중이 열광하니까 히틀러는 신이라도 된 듯한 느낌이었다.

7장

# 죽은 문장 살려내는 부사

추상에 강한 영어, 구체성에 강한 한국어

2장에서 한국어는 영어보다 상대적으로 부사를 좋아한다고 말씀드렸습니다. 한국어가 얼마나 부사를 좋아하는가 하면 주어도 마치 부사처럼 써줄 정도입니다. "Most English dictionaries indicate stress marks for each entry."라는 영문을 "대부분의 영한사전은 올림말마다 강세를 나타낸다."라고 하는 것보다 "대부분의 영한사전에서는 올림말마다 강세를 나타낸다."라고 하는 것이 더 자연스럽습니다. "대기업이 눈독을 들인다는 소문이 자자하다."라고도 많이 쓰지만 "대기업에서 눈독을 들인다는 소문이 자자하다."도 그에 못지않게 많이 쓰는 표현입니다.

영어에서는 명사 감각으로 받아들이는 것도 한국어에서는 부사로 받아들이는 경향이 강합니다. 다음 영문과 한국어 번역문의 차이점이 무엇인지 잠시 생각해보시기 바랍니다.

The heavy rock fell with **a thump**.

무거운 바위가 쿵 떨어졌다.

영어 thump는 "He thumped the report down on my desk.(그는 보고서를 내 책상에 탁 내려놓았다)"에서처럼 동사로도 쓰이지만 앞의 예문에서는 명사로 쓰였습니다. 앞에 a라는 관사가 붙었으니까요. 반면 한국어 '쿵'은 명사가 아니라 부사입니다. 영어도 한국어도 큰 소리를 내면서 물체가 떨어지는 똑같은 상황을 묘사했지만 영어는 그 소리를 명사로 받아들였고 한국어는 부사로 받아들였습니다. 이 차이는 자못 의미심장합니다.

앞에서 영어는 한국어에 비해 명사와 형용사의 비중이 상대적으로 크고, 한국어는 영어에 비해 동사와 부사의 비중이 크다고 말씀드렸습니다. 다른 식으로 표현하면 영어는 한국어보다 추상성과 보편성을 담아내는 데 강하고, 한국어는 영어보다 구체성과 특수성을 나타내는 데 강하다는 뜻이기도 합니다. 왜 그럴까요?

명사는 사물의 항구적 상태를 부르는 이름입니다. 보통 명사도 고유 명사도 추상 명사도 모두 그렇습니다. 사람들은 '배'라고 불리기에 족한 물리적 상태가 안정적으로 유지되고 있다고 믿기에 어떤 물체를 '배'라는 보통 명사로 부릅니다. '템스 강'도 템스 강이라는 물줄기가 변함없이 흐르기에 '템스 강'이라는 고유 명사로 불립니다. '속도'라는 추상 명사도 자동차나 배나 강물 같은 구체적 사물의 움직임을 비교하는 물리적 척도가 있다고 전제하고 씁니다. 그러니까 명사는 대상을 항구적 실체로서 파악하는 데서 나온 말입니다.

형용사는 이런 실체의 다양한 속성을 묘사하는 데 씁니다. 배가 큰지 작은지, 템스 강이 긴지 짧은지, 자동차의 속도가 빠른지 느린지를 형용사로 자세히 나타냅니다. 그러니까 형용사도 실체의 항구적 속성을 나타내는 데 알맞은 것이지요. 영어에서 명사와 형용사의 비중이 상대적으로 크다는 것은 영어가 대상을 고정된 실체로 분석하고 추상화하고 일반화하는 데 그만큼 강한 언어라는 사실을 보여줍니다. 물론 한국어에 비해서 그렇다는 뜻입니다. 프랑스어는 영어보다 명사의 비중이 더 높습니다. 그래서 프랑스어를 영어로 직역하면 평이한 문장도 굉장히 딱딱하고 어려워 보입니다.

동사는 어떤가요? 동사는 말 그대로 움직임을 담아내는 말입니다. 동적이지요. 배가 떠났는지 멎었는지, 템스 강이 넘쳤는지 말랐는지, 속도가 빨라졌는지 느려졌는지를 나타냅니다. 부사는 동사가 가리키는 변화를 좀 더 자세히 묘사할 때 씁니다. 배가 '꾸물꾸물' 떠났는지 '느릿느릿' 멎었는지, 템스 강이 '콸콸' 넘쳤는지 '바짝' 말랐는지, 속도가 '확' 빨라졌는지 '뚝' 떨어졌는지를 구체적으로 나타내고 싶을 때 부사를 씁니다. 동사처럼 부사도 정적이지 않습니다. 동사와 부사는 시간 속에서 어떤 대상이 나타내는 변화를 순간순간 구체적으로 나타내는 데 알맞은 말입니다. 동사와 부사의 비중이 한국어에서 상대적으로 높다는 것은 한국어가 대상이 변화 과정에서 드러내는 순간의 모습을 총체적으로 파악하여 구체적이고 개별적으로 나타내는 데 상대적으로 강한 언어라는 뜻입니다.

동사의 비중으로 따지면 영어나 한국어나 사실은 큰 차이가 없습니다. 어느 언어에서나 동사는 압도적으로 큰 비중을 차지하니까요. 그런데 부사는 영어보다 한국어에서 비중이 훨씬 큽니다. 영어에서 부사는 보통 형용사 뒤에 -ly를 붙여서 나타냅니다. 영어사전을 보면 exactly나 seriously처럼 부사이면서 올림말로 오른 것도 있지만 대개는 형용사형이 올림말로 오르고 부사형은 그 항목 맨 뒤에 살짝 밝혀줍니다. 형용사 complete를 자세히 설명해주고 부사 completely는 군식구처럼 끝에다 덧붙입니다. 영어사전에서 부사를 좀 괄시한다는 것은 영어에서 부사의 역할이 그만큼 작다는 뜻입니다.

한국어는 다릅니다. 한국어를 보면 오히려 부사가 기본형이고 여기서 동사형이 만들어지는 경우가 적지 않습니다. '두근두근'이라는 부사에서 '두근거리다'라는 동사가 나오고 '찰랑찰랑'이라는 부사에서 '찰랑대다'라는 동사가 나옵니다. 한국어에도 '곱다, 밉다, 밝다, 어둡다'처럼 원래부터 독립적으로 쓰이는 형용사가 물론 많지만 '지혜롭다, 공교롭다, 자랑스럽다, 사랑스럽다'처럼 명사에서 나온 형용사도 많습니다. 부사가 영어에서 들러리 취급을 받는 것처럼 형용사는 한국어에서 조연 취급을 받는다고나 할까요. 더구나 이런 형용사 끝에 부사형 어미 '-게'를 붙여서 '지혜롭게, 공교롭게, 자랑스럽게, 사랑스럽게'처럼 부사어로 써주는 경우까지 생각하면 한국어에서 부사의 활동 영역은 훨씬 넓어집니다.

한국어에서 부사는 영어에서보다 섬세하게 쓰입니다. 그것은 부사의 종류가 많다는 뜻이기도 합니다. 가령 "A dog suddenly attacked me."라는 영문을 한국어로는 "개가 나한테 갑자기 덤벼들었다." 정도로 옮길 수 있겠지요. 무난한 번역입니다. 하지만 아쉬움이 남는 번역이기도 합니다. 한국어가 지닌 장점을 제대로 살리지 못했기 때문입니다. 뜻은 같더라도 누구한테 갑자기 덤벼드는 상황을 묘사할 때는 '휙 덤벼들었다'라고 하면 더 실감이 나지 않을까요. 또 "Dark flames suddenly rose up." 같은 문장은 "검은 연기가 갑자기 치솟았다."도 괜찮겠지만 "검은 연기가 확 치솟았다."라고 하면 연기가 꾸역꾸역 치솟는 모습이 정말 눈에 선하게 그려지겠지요. 마찬가지로 "A policeman suddenly appeared."는 "경찰이 갑자기 나타났다."보다 "경찰이 불쑥 나타났다."라고 옮기면 읽는 사람은 가슴이 더 콩닥콩닥 뛰지 않겠습니까. 그뿐입니까. '갑자기 껴안았다'보다는 '와락 껴안았다'가, '갑자기 낚아챘다'보다는 '덥석 낚아챘다'가, '기온이 갑자기 떨어졌다'보다는 '기온이 뚝 떨어졌다'가, '갑자기 겁이 났다'보다는 '덜컥 겁이 났다'가, '갑자기 울음을 터뜨렸다'보다는 '왈칵 울음을 터뜨렸다'가, '갑자기 화를 냈다'보다는 '버럭 화를 냈다'가 그때그때 상황을 구체적으로 실감나게 그려내는 부사를 많이 거느린 한국어의 강점을 잘 살린 번역일 것입니다.

이번에는 completely라는 부사가 들어간 영문을 한국어로 옮겨보지요. 가령 "They were completely absorbed in each other." 같은 문장은 "두 사람은 서로에게 홀딱 빠졌다."로, "I am completely bankrupt."는 "난 쫄딱 망했다."로, "The cat was completely soaked in rain."은 "고양이는 비에 흠뻑 젖었다."로, "The product's future completely depends on content and price."는 "제품의 미래는 어디까지나 내용과 가격에 달려 있다."로, "The fire completely burned the house."는 "불이 나서 집이 홀라당 타버렸다."로 옮기는 것이 '완전히'를 무미건조하게 기계적으로 집어넣은 번역보다 낫습니다. 그뿐이 아니지요. '완전히 속았다'는 '감쪽같이 속았다'로, '완전히 잊어버렸다'는 '까맣게 잊어버렸다'로, '완전히 잃어버렸다'는 '송두리째 잃어버렸다'로, '카메라에 완전히 담았다'는 '카메라에 고스란히 담았다'로, '큰물이 완전히 빠졌다'는 '큰물이 쭉 빠졌다'로, '닭을 완전히 삶았다'는 '닭을 푹 삶았다'로, '불고기를 완전히 익혔다'는 '불고기를 바싹 익혔다'로 표현하는 것이 개별 상황을 구체적으로 묘사하는 데 강한 한국어의 강점을 살리는 길입니다.

영한사전에 풀이어로 나온 한국어 부사는 빙산의 일각입니다. 영한사전에서 automatically를 찾으면 보통 '자동적으로'나 '기계적으로'가 나옵니다. 하지만 영한사전의 풀이에 얽매이지 말고 맥락에 알맞게 automatically를 때로는 '알아서'로, 때로는 '척척'으로, 때로는 '저절로'로 옮길 수 있어야 합니다. blindly는 영한사전을 맹목적으로 좇아 '맹목적으로'라고만 옮기지 말고 때로는 '무작정'이나 '마구' 또는 '함부로'나 '덮어놓고'로 옮겨주어야 합니다. literally는 영한사전을 문자 그대로 좇아서 '문자 그대로'라고만 옮길 것이 아니라 '그야말로'나 '영락없이', 또는 '곧이곧대로'나 '거짓말 안 보태고'로 옮겨주어야 합니다. 포괄적인 뜻을 지닌 영어 부사는 구체적인 뜻을 지닌 한국어 부사로 옮겨주자, 이것이 이 장에서 첫째로 말씀드리고 싶은 원칙입니다.

한국어 부사의 정수는 뭐니뭐니 해도 의성어와 의태어입니다. 물론 영어에도 의성어는 있습니다. 카메라를 '찰칵' 누르는 소리는 click, 기차가 '칙칙폭폭' 달리는 소리는 chug chug, 마개를 '펑' 따는 소리는 cloop, 그릇이 '달그락'거리는 소리는 rattel, 물방울이 '똑똑' 떨어지는 소리는 drip-drip, 가슴이 '콩닥콩닥' 뛰는 소리는 pit-a-pat, 자동차가 '끼익' 급정거하는 소리는 screech로 나타냅니다. 물론 같은 의성어라도 한국어는 모음을 이용하여 변형된 의성어를 만들어낼 수 있으니까 좀 더 섬세하게 표현할 수 있습니다. 무거운 카메라라면 '찰칵'이 아니라 '철컥'으로, 묵직한 그릇이라면 '덜그럭'으로, 커다란 물방울이라면 '뚝뚝'으로, 가슴이 더 크게 뛴다면 '쿵덕쿵덕'으로 나타낼 수 있으니까요.

동물의 울음소리를 나타내는 의성어는 영어도 한국어 못지않게 다양합니다. 염소나 양이 우는 소리는 한국어로는 그저 '매애'라고 하지만 영어에는 bleat도 있고 baa도 있습니다. 말이 우는 소리도 한국어는 보통 '히힝'으로 통하지만 영어는 크게 우는 소리는 neigh라고 하고 작게 우는 소리는 whinny라고 합니다. 소가 우는 소리도 한국어는 '음매' 하나로 통하지만 영어는 low라고도 하고 moo라고도 하고 bellow라고도 합니다. 개가 짖는 소리는 더 많습니다. 개가 멍멍 짖는 소리는 bark, woof, bowwow라고 하고, 개가 '끼잉끼잉' 하고 우는 것은 yelp라고 하고 약간 공격적으로 짖는 것은 yap이라고 합니다. 또 여러 마리가 사냥을 하면서 시끄럽게 짖는 소리는 bay라고 하며, 달밤에 멀리까지 울려퍼지도록 길게 늘여서 청승맞게 우는 소리는 howl이라고 합니다.

그런데 앞의 동물 울음소리를 나타낸 영어는 모두 동사로 쓰인다는 공통점이 있습니다. 한국어는 '멍멍 짖는다', '왈왈 짖는다', '컹컹 짖는다'처럼 '짖다'라는 동사를 기본 요소로 삼고 거기에다 '멍멍', '왈왈', '컹컹'이라는 부사를 덧붙여서 소리의 특징을 나타냅니다. 다시 말해서 영어는 의성어를 '동사' 하나로 나타내는데 한국어는 '부사 + 동사'로 나타낸다는 것이지요. 따라서 이렇게 정리할 수 있겠습니다. 한

7장 죽은 문장 살려내는 부사 119

국어는 부사가 정교하게 발달했다면, 영어는 상대적으로 동사가 정교하게 발달했다고요. 그렇다면 영어 동사를 한국어로 번역할 때는 그 동사에 담겨 있는 '부사'의 뉘앙스를 살려주는 번역을 할 필요가 있지 않을까요.

가령 "The wind was howling around the house."라는 영문을 한국어로 어떻게 옮기면 좋을까요? "바람이 집을 휘감으며 울부짖었다."라고 해도 좋지만 의성어 부사를 넣어서 "바람이 집을 휘감으며 우우 울부짖었다."라고 하면 더 좋지 않을까요.

좋은 번역의 기준을 도착어인 한국어가 아니라 출발어인 영어에 얼마나 충실한가로 따지는 사람일수록 그냥 '울부짖었다'보다는 '우우 울부짖었다'라고 해야 원어에 더 충실한 번역이 됩니다. 원문에 동사가 하나뿐이라고 해서 번역문에서도 동사를 달랑 하나로 번역해주어야만 충실한 직역은 아니라는 뜻입니다. 영어는 동사 하나로 한국어 동사와 부사의 뜻을 한꺼번에 나타내는 경우가 많다는 두 언어의 구조적 차이를 감안하면 '우우 울부짖었다'는 의역이긴커녕 오히려 원문에 더 충실한 직역이라고 말할 수 있습니다. 마찬가지로 가령 "Music blared out from the open window."라는 영문은 "열린 창문으로 음악이 꽝꽝 터져나왔다."라고 하면 blare라는 동사에 담긴 의성어 부사의 뉘앙스를 충실하게 담아낼 수가 있습니다. 영어 동사를 한국어로 번역할 때는 달랑 한국어 동사 하나로만 번역하지 말고 한국어 부사를 덧붙일 수 있으면 과감히 덧붙여라, 이것이 이 장에서 제가 말씀드리고 싶은 둘째 원칙입니다.

그럼, 거꾸로 소리를 나타내는 부사, 다시 말해서 의성어가 들어간 한국어 문장을 영어로 옮기려면 어떻게 해야 할까요? "학생들은 우당탕탕 계단을 내려갔다."를 영어로 번역하면 어떻게 될까요? '우당탕탕'이라는 의성어 부사에만 신경을 쓰면 고민스러울지 모르지만 영어는 한국어 부사와 동사의 뜻을 모두 담은 의성어 동사가 많다는 점을 생각하면 clatter라는 적확한 단어를 떠올릴 수 있을 것입니다. 영어에서는 '내려가다', '올라가다', '가로지르다' 같은 한국어 동사에 해당하는 움직임을 down, up, across 같은 기본적 전치사나 부사로 나타내 줄 수 있으니까 앞의 한국어 문장은 "The students clattered down the stairs."라고 하면 되겠지요.

지금까지 우리는 의성어에 대해서 알아보았지만 의태어도 마찬가지입니다. "아이들은 강당 안으로 우르르 모여들었다."는 '우르르'라는 의태어 부사만 놓고 고민할 것이 아니라 '우르르 모이다'를 하나의 관념으로 생각할 필요가 있습니다. 영어에는 '우르르'라는 부사와 '모이다'라는 동사를 한 몸에 지닌 throng이라는 동사가 있습니다. 그래서 "The children thronged into the hall."이라고 번역할 수 있지요. "관중이 경기장으로 꾸역꾸역 모여들었다."는 "Spectators crowded into the stadium."으로 옮길 수 있습니다. 의태어나 의성어 같은 부사가 들어간 한국어 문장을 영어로 번역할 때는 부사에만 매달리지 말고 그 부사의 뜻과 한국어 동사의 뜻을 한몸에 지닌 영어 동사를 찾아라, 이것이 이 장에서 제가 말씀드리고 싶은 셋째 원칙입니다.

흔히 영어에는 의태어가 없다고 말합니다. 하지만 정확히 말하면 의태어가 없는 것이 아니라 의태어라는 부사 성분을 지닌 동사가 많다고 말해야 옳습니다. 이런 일인이역 동사를 한국어로 옮길 때는 앞에서 의성어 성분이 들어간 영어 동사를 번역할 때 한국어 의성어 부사를 집어넣어준 것과 마찬가지로, 한국어 의태어 부사를 과감히 집어넣어줄 필요가 있습니다. 동사 wade를 콜린스 영영사전에서 찾아보면 "물이나 진창 같은 데를 힘들게 뚫고 걸어가다."로 나옵니다. 다시 말해서 wade는 크게 세 가지 요소로 이루어져 있습니다. 첫째는 '걷는다'는 뜻이고, 둘째는 '힘들게' 걷는다는 뜻이고, 셋째는 '물이나 진창' 같은 데를 걷는다는 뜻입니다. 번역을 할 때 이 세 요소를 전부 다 살리지는 못하더라도 적어도 둘 이상은 살려야 하지 않을까요. 가령 "He waded into the water to push the boat out."은 "배를 밀어내려고 강으로 첨벙첨벙 걸어 들어갔다."로 해줄 수 있겠지요. 만약에 물이 아니라 진창으로 들어가는 것이라면 표현이 조금 달라져야 합니다. 가령 "Animals have to wade into the mud to reach the water." 같은 영문은 "질퍽거리는 진창으로 들어가야만 동물들은 물 구경을 할 수 있다."로 옮길 수 있을 겁니다.

영한사전에 나오는 뜻 풀이에만 기대어서는 이렇게 생동감 있는 번역을 하기 어렵습니다. 물론 기존 영한사전에도 영어 동사를 부사와 동사로 풀이한 예는 꽤 있습니다. 가령 대부분의 영한사전에서 toddle은 '아장아장 걷다'로, stroll은 '어슬렁어슬렁 걷다'로, plod는 '터벅터벅 걷다'로, lumber는 '쿵쿵 걷다'로 풀이합니다. 하지만 영한사전에서 섬세하게 포착하지 못한 영어 동사가 더 많습니다. 이런 영어 동사는 번역자가 좀 더 적극적으로 한국어 부사를 집어넣어서 번역할 필요가 있습니다. 가령 waddle은 '뒤뚱뒤뚱 걷다'로, strut은 '으쓱으쓱 걷다'

로, trudge는 '허위허위 걷다'로, shuffle은 '어기적어기적 걷다'로, stride는 '성큼성큼 걷다'로 적절한 부사를 넣어서 풍성하게 표현할 필요가 있습니다.

    결국 영어를 한국어답게 잘 번역하려면 한국어 어휘를 많이 알아야 한다는 당연한 결론이 나옵니다. 한국어를 영어로 번역할 때도 마찬가지입니다. 한국어 부사와 동사의 뜻을 한꺼번에 지닌 영어 동사를 떠올릴 수 있으려면 풍부한 영어 어휘가 번역자의 머릿속에 들어 있어야 합니다. 어휘력이 빈약하면 틀에 박힌 한국어 문장과 영어 문장밖에 나오지 않습니다. 단어를 많이 알아야 독해도 잘하고 번역도 잘할 수 있습니다. 영어는 특히 동사를 많이 알아야 하고 한국어는 특히 부사를 많이 알아야 합니다.

■ 나의 번역 사례

- People were **craning** out of the window and waving.

사람들은 창 밖으로 목을 쑥 내밀고 손을 흔들었다.

- Her eyelids **fluttered**.

여자의 눈꺼풀이 파르르 떨렸다.

- Tanks **rumbled** through the streets.

전차들이 거리를 쿠르르 질주했다.

- Tears **streamed** down their faces.

얼굴에서 눈물이 주르르 흘러내렸다.

- The branches were **swaying** in the wind.

바람에 가지가 살랑살랑 흔들렸다.

- She **tugged** his sleeve to get his attention.

여자는 나 좀 보라고 남자의 소매를 확 당겼다.

- Oil prices have **tumbled**.

기름 값이 뚝 떨어졌다.

- Tears **brimmed** in her eyes.

여자의 눈에 눈물이 그렁그렁 맺혔다.

- I sat just **puffing** my cigarette.

나는 앉아서 담배만 뻐끔뻐끔 피웠다.

- He sat **nodding** in front of the fire.

그는 난로 앞에서 꾸벅꾸벅 졸았다.

- "Congratulations!" my teacher said, **slapping** me on the back.

선생님은 내 등을 탁 치면서 축하한다고 말씀하셨다.

- He **flicked** the dust off his trousers.

남자는 바지에서 먼지를 **툭툭** 털어냈다.

- He **flipped** the keys on to the desk.

남자는 열쇠를 책상 위로 휙 던졌다.

- The snake's tongue **flicked out**.

뱀이 혀를 날름날름 내밀었다.

- I **crept up** the stairs, trying not to wake my parents.

부모님이 깨실까봐 계단을 살금살금 올라갔다.

■ 영한사전에 없는 풀이말 — 부사

abruptly 다짜고짜, 버럭, 불쑥, 쑥, 뚝, 울컥
aimlessly 훌쩍
allusively 넌지시
ambiguously 어물쩍, 얼렁뚱땅
apparently 보아하니
articulately 또박또박, 조목조목, 또랑또랑, 빠릿빠릿
bitterly 뼈저리게
blindly 무작정, 무턱대고, 함부로
bluntly 야멸차게, 단도직입적으로
carefully 살살
carelessly 무심코, 허투루, 아무렇게나
categorically 딱, 단호히
cautiously 살그머니
ceaselessly 면면히, 하염없이
certainly 하기야, 아무렴
considerably 어지간히, 엔간히
consistently 시종일관
constantly 툭하면, 걸핏하면
constitutionally 워낙
continually 부단히, 두고두고
continuously 내리, 죽
deeply 푹
definitely 단연
deliberately 짐짓, 부러
demonstratively 여봐란듯이

deservedly 의당, 마땅히
desperately 죽어라고, 한사코
diagonally 어슷하게
directly or indirectly 알게 모르게
easily 가뿐히, 너끈히, 호락호락, 만만히
effectively 영락없이
endlessly 마냥
entirely 몽땅, 깡그리, 고스란히
eternally 길이, 영영
evasively 어물쩍
evenly 고루, 가지런히
extremely 더없이
fairly 어지간히, 깨나, 제법
firmly 꼭, 꾹
flatly 단칼에
fortunately 마침
frequently 곧잘, 뻔질나게, 누누이
generously 두둑이
gently 살살, 지그시
gradually 야금야금
habitually 으레
half-jokingly 농반진반
handsomely 톡톡히
hardly 좀처럼, 여간해서는
harmoniously 오순도순
hastily 부랴부랴
hesitatingly 주춤주춤, 주뼛주뼛

hurriedly 총총히
immediately 대뜸, 득달같이, 썩
impatiently 이제나저제나
increasingly 차차
indiscriminately 싸잡아, 함부로
inherently 애당초, 워낙
instinctively 엉겁결에
invariably 어김없이, 세상없어도
irresolutely 엉거주춤
lingeringly 시름시름, 꾸물꾸물
literally 그야말로, 영락없이
markedly 부쩍
mechanically 건성으로
methodically 차근차근
minutely 미주알고주알
namely 이름 하여
narrowly 가까스로, 아깝게
nearly 그럭저럭
necessarily 딱히
needlessly 공연히
occasionally 더러, 간간이
ominously 청승맞게
only 딱
openly 대놓고
overwhelmingly 파죽지세로
particularly 딱히, 뾰족이, 유독, 유달리
perfectly 딱

persistently 추근추근
poorly 엉망으로
predictably 과연, 아니나 다를까
quickly 후다닥, 냉큼, 퍼뜩
rapidly 무럭무럭, 쑥쑥
readily 선뜻, 흔쾌히, 선선히
really 정녕, 정, 영, 바야흐로
recklessly 무작정, 함부로, 무턱대고
regularly 꼬박꼬박
remarkably 부쩍, 몰라보게
repeatedly 거듭
ridiculously 터무니없이
rightly 응당
severely 톡톡히, 호되게, 된통, 단단히
sharply 뚝
steadily 착착
strongly 극력, 극구
stubbornly 한사코, 부득부득, 굳이
tenaciously 추근추근
tentatively 일단
thoroughly 푹, 바싹, 샅샅이
typically 보통
unfortunately 딱하게도
uniformly 가지런히
unsparingly 호되게
vaguely 어렴풋이
violently 냅다

8장
# '적(的)'이라는 문장의 '적(賊)'
### 형용사는 부사로 잡는다

"여자가 남자의 팔을 세게 꼬집었다."라는 문장을 영어로 옮기면 어떻게 될까요? '꼬집다'를 영어로는 pinch라고 하니까 "She pinched his arm as hard as she could." 정도가 되겠지요. 그런데 영어에서는 pinch를 명사로 써서 똑같은 뜻을 나타낼 수도 있습니다. 이렇게 말이지요. "She gave him a hard pinch." 영어 hard는 부사로도 쓰이고 형용사로도 쓰이는데 앞 문장에 쓰인 hard는 부사고 뒷 문장에 쓰인 hard는 형용사입니다. 앞의 hard는 pinched라는 동사를 꾸며주고 뒤의 hard는 a pinch라는 명사를 꾸며주기 때문입니다.

영어의 특징은 이렇게 똑같은 모습으로 동사로도 쓰고 명사로도 쓰는 단어가 많다는 것입니다. '보다'는 영어로 look이라고도 하지만 have a look이라고도 합니다. '가다'는 go라고도 하지만 have a go라고도 합니다. 하지만 한국어는 명사의 비중이 영어보다 상대적으로 낮습니다. 명사의 비중이 낮으니까 명사를 꾸며주는 형용사의 비중도 당연히 낮습니다. 따라서 명사를 꾸며주는 영어 형용사를 그대로 한국어 형용사로 옮기기 곤란할 때가 많습니다. 다음 세 문장을 한국어로 옮겨볼까요.

> I searched the **entire** palace.
> Only wealthy medieval people took **regular** baths.
> We had worked together for two **solid** years.

첫째 문장은 직역하면 "온 궁궐을 뒤졌다."라고 옮길 수 있겠지요. 혹시 다른 가능성은 없을까요? "궁궐을 샅샅이 뒤졌다."도 괜찮겠네요. 둘째 문장은 직역하면 "중세에는 부자만 규칙적인 목욕을 했다."가 됩니다. 조금 어색하지요? "중세에는 부자만 규칙적으로 목욕을 했다."라고 하면 더 좋고 "중세에는 부자만 꼬박꼬박 목욕을 했다."라고 하면 한결 자연스럽습니다. 마지막 문장에서 형용사 solid는 그대로 형용사로 번역하기가 거의 불가능합니다. "꼬박 이 년을 같이 일했다."라고 하면 무난할 듯합니다.

세 번역의 공통점은 무엇일까요? 형용사 entire, regular, solid를 각각 부사 '샅샅이', '꼬박꼬박', '꼬박'으로 옮겼다는 것입니다. 여기서 영어 형용사를 자연스러운 한국어로 옮길 때 요긴한 원칙 하나가 나옵니다. 영어 형용사는 한국어 부사로 옮긴다는 것입니다. 뒤집어 말하면, 한국어 부사는 영어 형용사로 옮기면 좋겠지요.

개별 단어가 아니라 절도 마찬가지입니다. 복잡한 문장일수록 영어의 형용사절을 한국어에서 부사절로 바꾸어주면 독자는 읽기가 한결 편합니다. 조금 딱딱한 내용이긴 하지만 다음 영문과 한국어 번역문을 굵은 글씨로 된 부분에 초점을 맞추어 비교해봅시다.

In the dome's unquestionable brilliance the writers of the Renaissance found their proof that modern man was as great as—and could in fact surpass—**the ancients from whom they took their inspiration**.

1. 나무랄 데 없이 찬란한 돔을 보면서 르네상스 시대의 저술가들은 자기들에게 영감을 준 고대인만큼이나 자기들도 위대하다는, 아니 자기들이 고대인을 능가할 수도 있겠다는 자신감을 얻었다.

2. 나무랄 데 없이 찬란한 돔을 보면서 르네상스 시대의 저술가들은 비록 근대인이 고대인으로부터 영감을 얻긴 했지만 근대인도 고대인 못지않게 위대하다는, 아니 고대인을 능가할 수도 있겠다는 자신감을 얻었다.

1번 번역문이 그나마 머릿속에 들어오는 것은 from whom they took their inspiration이라는 원문을 '자기들이 영감을 얻은 고대인'이라고 하지 않고 '자기들에게 영감을 준 고대인'이라고 약간 시점을 바꾸었기 때문이지 안 그랬으면 '자기들'이 누구를 가리키는지 몰라서 어지러웠을 것입니다. 반면 2번 번역문은 그렇게 힘들이지 않아도 편하게 읽힙니다. 형용사절을 양보의 뜻을 지닌 부사절로 바꾸어주었기 때문입니다.

어린이 책을 번역할 때는 특히 형용사절은 될수록 부사절로 바꾸는 것이 좋습니다. "살려 달라는 소리를 들은 나무꾼이 다가와서 말했다." 보다는 "살려 달라는 소리를 듣고 나무꾼이 다가와서 말했다."가 한결 안정된 한국어 문장입니다. "엄마를 잃은 어린 양을 본 늑대가 군침을 흘렸다."보다는 "엄마를 잃은 어린 양을 보고 늑대가 군침을 흘렸다."가 좋습니다.

위에서 "엄마를 잃은 어린 양을 본 늑대가 군침을 흘렸다."라는 문장이 더 어색한 까닭은 '-은'과 '-ㄴ'이라는 관형사형 어미가 잇따라 왔기 때문입니다. 영어와 달리 한국어는 특히 관형사형 어미가 겹치는 것을 부담스러워합니다. 그래서 a melon that is big, sweet, and cheap 같은 표현도 '크고 달고 값싼 참외'라고 옮기지요. 영문에는 형용사가 여럿 나열되었더라도 한국어로 옮길 때는 명사를 꾸며주는 마지막 말을 빼고 앞의 꾸밈말은 모두 부사형으로 처리하는 것이 좋습니다. 형용사구나 형용사절도 마찬가지로 '-고'로 처리하면 좋습니다.

San Sebastián is a huge storehouse of Art Nouveau and Jugendstil, odd-looking bridges with lamps of the kind that you find nowhere nowadays, hotels **that**, in Brussels, would have been demolished long ago, wrought-iron railings a collector would like to be hanged from.

위 영문을 일단 이렇게 번역해보지요. "산세바스티안은 아르누보와 유겐트 양식의 거대한 창고다. 지금은 어디에서도 볼 수 없는 가로등이 달린 희한한 다리도 있고, 수집가가 보면 거기 매달려 죽겠다고 나설 만큼 희귀한 연철 난간이 있는, 브뤼셀 같았으면 진작 헐렸을 호텔도 아직 있다." 영문에서는 굵은 글씨로 된 that 이하가 hotels라는 명사를 꾸며주는 형용사절입니다. 그리고 번역문도 어미를 '-는'으로 처리해서 그대로 관형사형 어미로 옮겨주었지요. 그런데 이것을 '-고'라는 부사형 어미로만 바꾸어주어도 한국어 문장이 한결 자연스러워집니다. 해당 부분만 다시 옮겨보면 이렇게 됩니다. "수집가가 보면 거기 매달려 죽겠다고 나설 만큼 희귀한 연철 난간이 있고 브뤼셀 같았으면 진작 헐렸을 호텔이 아직 있다." 한결 안정감이 들지 않습니까.

Inside the Qin's tomb there were 8,000 life-sized terra-cotta figures of warriors and horses.

1. 진시황 무덤에서는 진흙을 구워서 만든, 몸집도 실제 크기와 똑같은 8천 개의 병사와 말 인형이 무더기로 나왔다.

2. 진시황 무덤에서는 진흙을 구워서 만들었고 몸집도 실제 사람과 똑같은 8천 개의 병사와 말 인형이 무더기로 나왔다.

3. 진시황 무덤에서는 진흙을 구워서 만들었고 몸집도 실제 사람과 똑같은 병사와 말 인형이 8천 개나 무더기로 나왔다.

'의'도 명사를 꾸미는 관형격 조사라는 것을 생각하면 1번 번역문은 '인형'을 꾸며주는 관형어가 셋입니다. 2번 번역문은 둘이고 3번 번역문은 하나입니다. 저는 1번보다는 2번이, 2번보다는 3번이 좋은 번역이라고 생각합니다. 길들이기 번역을 지향하는 저는 3번이 전통 한국어 문체에 가장 가까운 문장이라고 생각하기 때문입니다. 물론 들이밀기식 번역이 아직도 더 중요하다고 생각하는 번역자는 1번이 제일 좋다고 생각할 것입니다. 선택은 각자에게 달렸습니다.

수사도 명사를 꾸며준다는 점에서 넓게 보면 형용사에 들어갑니다. 위의 번역문에서 '8천 개의'는 영어에 충실한 표현이고 '8천 개나'는 한국어에 충실한 표현입니다. 수사도 부사처럼 번역할 수 있습니다. '모든'은 '모두'로, '많은'은 '많이'로, '적은'은 '적게'로, '대부분의'는 '대부분'으로 나타낼 수 있습니다. 따라서 "Most classical music sends me to sleep."는 "대부분의 고전 음악은 졸리다."보다 "고전 음악은 대부분 졸리다."로 옮기자는 것이 저의 번역 방식입니다. "I know every student in the school."은 "나는 그 학교의 모든 학생을 안다."보다 "나는 그 학교 학생을 모두 안다."가 전통 한국어를 기준으로 보자면 한결 나은 번역입니다. 가끔은 기분 전환 삼아 좀 더 새로운 회로를 뚫는 모색도 해볼 만합니다. 가령 저는 'Every Russian knows the novel War and Peace by Tolstoy."를 "러시아 사람치고 톨스토이의 전쟁과 평화를 모르는 사람은 없다."로 번역하는 것이 지나친 의역은 아니라고 생각합니다.

형용사를 명사로 옮기면 좋을 때도 있습니다. 요리 이름에 특히 그런 것이 많지요. 요리 이름에 들어간 fried, pickled, steamed, stewed, assorted, roasted 같은 영어 형용사는 '볶음', '절임', '찜', '졸임', '모듬', '구이' 같은 한국어 명사형으로 옮기는 것이 좋습니다. 요리에 들어가는 재료도 마찬가지입니다. 양식장에서 기르는 farmed mussels는 '양식 홍합'이라고 옮기며 해녀가 직접 들어가서 손으로 따는 dived scallops는 '채취 가리비'라고 합니다.

요리 이름만이 아닙니다. 가령 acting prime minister는 '총리 서리'라고 합니다. "My daughter is an **aspiring** novelist." 같은 문장은 "딸아이는 소설가 **지망생**이다."라고 옮기는 것이 자연스럽습니다. '지망하는'이라는 뜻을 지닌 형용사 aspiring을 명사 '지망생'으로 바꾼 것이지요. 또 "Democrats are looking for a **political** messiah, and many of them think they've found one in Illinois junior senator, Barack Obama." 같은 문장은 "민주당원들은 메시아 정치인을 찾고 있는데 일리노이 주의 젊은 상원의원 버락 오바마가 바로 그렇다고 생각하는 사람이 많다."라고 옮길 수 있습니다. political이라는 형용사를 '정치인'이라는 명사로 옮긴 것이지요. "You are a **consummate** liar." 는 "너는 세상에 둘도 없는 거짓말쟁이."라고 해도 좋겠지만 "너는 거짓말의 명수."라고 해도 좋습니다. 역시 형용사 consummate를 명사 '명수'로 바꾸었습니다. 마찬가지로 "He is a consummate politician." 은 "그이는 정치의 달인."이라고 해도 좋겠지요. 영어 원문 품사에 얽매이다 보면 좋은 번역을 할 수가 없습니다.

형용사를 다음에 오는 명사와 동격으로 처리하면 좋을 때도 있습니다. 특히 추상적 개념을 지닌 형용사는 이렇게 명사라는 실체로 나타내는 것이 자연스럽습니다.

This chapter examines the circulatory system through which the **monetary blood** flowed and how it connected, lubricated, and expanded the world economy.

이 장에서는 화폐라는 혈액을 실어 나른 순환계가 세계 경제를 어떻게 연결하고 자극하고 확대했는지도 검토한다.

여기서 만일 monetary blood를 '화폐의 혈액'이나 '화폐 같은 혈액'이라고 했으면 독자는 낯선 표현을 이해하느라고 시간을 쓸데없이 허비할 것입니다. '형용사+명사'가 짝을 이루었을 때 앞의 형용사를 명사로 처리하고 다음에 '-라는' 또는 '-라고 하는'을 넣어주어 '명사라는 명사'로 옮기면 요긴할 때가 많습니다.

영어 '형용사+명사'를 자연스러운 한국어로 옮기는 또 다른 방법이 있습니다. 바로 명사를 작은 주어로 삼고 형용사를 작은 서술어로 나타내는 것입니다. 몇 가지 예를 들어보겠습니다.

He always has a **cheerful character** and fits in well with others.
그이는 언제 보아도 성격이 밝아서 남과 잘 어울린다.
The houses had to be built closely together due to **limited space**.
공간이 비좁다 보니 집을 다닥다닥 붙여서 지어야 했다.
He has **bad teeth**.
그이는 이가 안 좋다.

물론 영어 형용사는 한국어 관형어로 옮겨줄 때가 역시 가장 많습니다. 가령 miserable condition은 '딱한 처지'로, mundane reality는 '허접한 현실'로, nasty weather는 '구질구질한 날씨'로, notorious villain은 '희대의 악당'으로, obedient servant는 '충직한 종'으로, outstanding person은 '난 사람'으로, plaintive voice는 '청승맞은 목소리'로, poor excuse는 '군색한 변명'으로, ardent love는 '애틋한

사랑'으로 옮기는 것이 제격입니다.

하지만 어떤 한국어 관형어는 조심할 필요가 있습니다. 끝이 '-적'으로 끝나는 관형어입니다. 특히 딱딱하고 어려운 내용을 담은 명사에 접미사 '-적'이 많이 붙는데, 이것은 어느 정도 불가피합니다. 19세기 후반에 서양어에 대응하는 한자어를 일본과 중국에서 만들어내면서 추상 명사의 관형사형은 끝에 무조건 접미사 '-적'을 붙이다시피 하여 만들었기 때문입니다. culture, science, concept, abstraction, aesthetics, philosophy, theory, politics, economics, society, subject, object를 '문화, 과학, 개념, 추상, 미학, 철학, 이론, 정치, 경제, 사회, 주관, 객관'으로 번역하고 나서 관형사형에는 모두 '-적'을 붙여서 '문화적, 과학적, 개념적, 추상적, 미학적, 철학적, 이론적, 정치적, 경제적, 사회적, 주관적, 객관적'이라는 말을 파생어로 썼기 때문입니다.

'-적'은 한국어에 너무 깊숙이 들어왔기 때문에 현실적으로 안 쓰기가 어렵습니다. 방금 앞 문장에도 '-적'이 들어갔지요. 그렇더라도 '-적'을 남발하는 글은 좋지 않습니다. 글의 내용으로 승부를 거는 것이 아니라 쓸데없이 글을 어렵게 꾸며서 독자가 주눅 들게 만드는 글은 비겁한 글입니다. 말하는 중에도 '보편적으로', '일반적으로', '대체적으로', '인간적으로'처럼 '-적'이 들어간 말을 많이 쓰는 사람이 있습니다. 특히 머릿속에 든 게 많은 것처럼 꾸미려고 '-적'이 들어간 말을 남용하는 정치인이나 연예인을 텔레비전에서 가끔 봅니다.

딱딱한 인문·사회과학서일수록 '-적'이 들어간 말은 피하는 것이 좋습니다. 사실 글의 주인공은 주어와 서술어이지 관형어나 부사어가 아닙니다. 그런데 '-적'이 들어가는 딱딱한 말로 써주면 독자는 글의 중요한 내용이 담긴 서술어와 주어에 집중을 할 수가 없습니다. 특히 한국어는 명사와 명사의 결합력이 높은 언어라서 꼭 '-적'에 기대지 않고 그냥 명사만 갖다 붙여도 관형어 역할을 충분히 해낼 때가 많습니다. 가령 ecological succession은 '생태적 천이'보다는 '생태 천이'로 충분하고 essential elements는 '필수적인 요소'가 아니라 '필수 요소'로 족합니다. unique culture는 '이색적인 문화'가 아니라 '이색 문화'가 한국어로는 더 자연스럽고 unexpected accident도 '돌발적 사고'가 아니라 '돌발 사고'라고 하면 충분합니다.

'-적'을 안 집어넣어도 한국어에는 '-롭다'와 '-답다'처럼 명사를 형용사로 만들어주는 좋은 접미사가 있습니다. '야만적인 짓'은 '야만스러운 짓'으로, '굴욕적인 패배'는 '굴욕스러운 패배'로, '남성적인 매력'은 '남성다운 매력'으로, '지도자적 풍모'는 '지도자다운 풍모'로 써주면 좋겠습니다. '-적'이 들어간 관형어를 동사를 써서 바꾸어주는 방법도 있습니다. '매력적인 미소'는 '매력이 깃든 미소'로, '자극적인 발언을 삼가라'는 '(사람을) 자극하는 발언을 삼가라'로 바꾸면 좋지 않을까요.

'-적'을 불가피하게 집어넣어야 하는 경우에도 꼭 '-적인'이라고 하지 않고 그냥 '-적'으로만 써도 뜻이 통하면 그렇게 하는 것이 더 간결하고 힘찬 글을 만들어줍니다. '-적인'은 일본어 的な에서 들어온 말인데 일본어에서도 형용사의 뜻은 的 하나로 충분한 경우가 대부분입니다. 그런데 な라는 군말까지 그대로 따라서 '-적인'이라고 할 필요가 없지요. 그래서 '창조적인 해법이 필요하다'보다는 '창조적 해법이

필요하다'로, '긍정적인 기여를 했다'보다는 '긍정적 기여를 했다'로, '역사적인 쾌거를 이루었다'보다는 '역사적 쾌거를 이루었다'라고 쓰는 것이 좋겠습니다. 물론 처음에는 좀 허전한 느낌이 들지도 모릅니다. 하지만 말이라는 것은 습관이어서 곧 익숙해지기 마련입니다.

형용사는 아니지만 내친 김에 of와 소유격 이야기도 해볼까 합니다. 전치사 of와 소유격도 명사를 꾸며준다는 점에서 형용사와 비슷한 역할을 하니까요. 영어 of는 한국어 '의'에 해당합니다. 그런데 한국어는 '의'에 별로 기대지 않는 언어입니다. 앞에서 말씀드린 대로 한국어는 '의'를 넣지 않고 그냥 명사를 나열하는 것만으로도 얼마든지 소유 관계나 수식 관계를 나타낼 수 있습니다. 가령 the length of the swimming-pool은 '수영장의 길이'가 아니라 그냥 '수영장 길이'라고 하면 됩니다. 또 the plays of Shakespeare는 '셰익스피어의 작품'이 아니라 '셰익스피어 작품'이라고 해도 됩니다.

물론 of가 소유격을 나타내는 데만 쓰이는 것은 아닙니다. 목적격도 나타냅니다. 가령 the murder of Queen Min은 민비를 살해한다는 뜻인데 이것도 '민비의 시해'가 아니라 '민비 시해'로 충분합니다. 그런가 하면 주격도 나타냅니다. 가령 the abdication of Kojong은 고종이 퇴위한다는 뜻인데 이것도 꼭 '고종의 퇴위'라고 하지 않고 그냥 '고종 퇴위'라고 하면 됩니다. 한국어에서 '의'가 차지하는 비중이 영어의 of나 일본어 の보다 훨씬 낮다는 것은 요즘 들어서 한국인들이 '의'를 써야 하는 곳인데도 자꾸 '에'로 잘못 쓰는 경향을 보인다는 데서도 알 수 있습니다. 가령 "나는 나만의 원칙이 있다."라고 쓰지 않고 "나는 나만

에 원칙이 있다."라고 쓰는 사람이 많아졌습니다. "주머니 속의 카메라를 꺼내 들었다."라고 하지 않고 "주머니 속에 카메라를 꺼내 들었다."라고 쓴다거나 '눈앞의 이익보다는'이라고 하지 않고 '눈앞에 이익보다는'이라고 쓰는 사람이 많아졌습니다. 한국어에서도 '의'를 꼭 써야 할 때가 많습니다. 꼭 써야만 할 때는 맞춤법대로 정확히 '의'라고 써주어야 합니다. 소리 나는 대로 쓰면 되지 번거롭게 왜 맞춤법을 만들어서 그렇지 않아도 고달픈 인생살이를 더 복잡하게 만드냐고요? 그 이유는 나중에 맞춤법을 다룬 장에서 자세히 말씀드리겠습니다.

일본어는 많이 다릅니다. 일본어는 한국어 '의'에 해당하는 の를 영어의 of 못지않게 즐겨 씁니다. 일본어가 영어를 직역하면서 영어 of에 해당하는 の가 일본어로 깊숙이 들어왔기 때문일까요? 꼭 그렇지는 않습니다. 일본어에서 の는 아주 일찍부터 널리 쓰였습니다.

오노 스스무라는 일본 언어학자에 따르면 の는 고대 일본 시가를 모아놓은 《만엽집》에서 이미 많이 쓰였습니다. 가령 越の海の手結の浦처럼 の가 심심치 않게 튀어나옵니다. 이것은 '고시(越)라는 나라의 바다에 있는 다유히(手結)라는 곳에 있는 만'이라는 뜻입니다. 고대 일본어에서 벌써 이렇게 여러 번 겹쳐 써도 아무 문제가 없었습니다. 그런가 하면 の는 日の暮るるまで처럼 한국어 '가'에 해당하는 주격 조사의 뜻으로도 쓰였습니다. 이 일본어 문장은 '해가 질 때까지'라는 뜻입니다. 일본어에는 주격 조사를 나타내는 が가 있지만 원래는 주격 조사로도 이 が보다 の를 압도적으로 많이 썼다고 합니다. 가깝고 친근한 대상을 가리킬 때는 が를 썼고 외경심을 불러일으키는 대상을 가리킬 때는 の를 썼다고 합니다. 그런데 사회가 복잡해지고 가까운 대상의 범위가 넓어지면서 が가 차츰 の를 소유격 조사의 자리로 밀어내고 주격 조사의 자리를 꿰어 찼다고 합니다.¹⁾ 그러나 の는 여전히 일본어에서 한국어의 '의'와는 비교할 수 없는 중요한 역할을 맡습니다.

소유격을 나타내는 の의 역할이 크기 때문에 영어를 일본어로 옮기는 것이 영어를 한국어로 옮기는 것보다 상대적으로 쉽다고 말할 수 있는지도 모르겠습니다. 일본어는 영어 of를 の로 처리해도 일본어로서 자연스러운 문장이 될 때가 많지만, 한국어는 아직도 '의'를 부담스러워하기 때문입니다. 그렇다고 해서 그냥 '의'를 넣지 않는 것만으로 문제가 쉽게 해결되느냐 하면 그런 것도 아닙니다. 그럴 때는 어떻게 해야 할까요? 몇 가지 방법이 있습니다.

앞에서 형용사를 동격의 명사로 옮기는 요령을 말씀드렸습니다. 그것을 of 번역에도 써먹을 수 있습니다. "They are completely clueless about the concept of democracy." 같은 문장은 "민주주의의 뜻을 도대체 모르고들 있다."라고 해서 나쁠 것은 없지만 "민주주의라는 뜻을 도대체 모르고들 있다."라고 해도 좋겠습니다.

또 of로 이어진 두 명사 중에서 주연 노릇을 하는 둘째 명사에다 '은/는'을 붙여서 주제어로 삼고 조연 노릇을 하는 첫째 명사를 주어로 삼아서 한국어 특유의 주제어 문장으로 만들어주는 방법도 있습니다. 가령 "The contents of this book are very good."은 "이 책의 내용은 참 좋다."라고 하기보다는 "이 책은 내용이 참 좋다."로 번역하면 더 좋습니다. 마찬가지로 "The elephant's nose is long."은 "코끼리는 코가 길다."라고 하면 딱 맞지요. 꼭 '은/는'만 와야 하는 것은 아닙니다. "The king's armor is of much plainer than that of the knight's."

같은 영문은 "왕이 기사보다 갑옷이 훨씬 수수하다."라고 옮기면 자연스럽습니다.

이런 원리를 응용하면 앞의 "민주주의라는 뜻을 도대체 모르고들 있다."보다는 "민주주의가 무엇인지를 도대체 모르고들 있다." 내지는 "민주주의가 무엇을 뜻하는지를 도대체 모르고들 있다."가 더 좋은 번역이라고 말할 수 있습니다.

내친 김에 하나만 더 말씀드리면, of로 이어진 두 명사 중에서 뒤의 것은 작은 주어로 삼고 앞의 것은 술어로 옮겨도 좋은 번역이 됩니다. 가령 "Chomsky's view on the **inadequacy of corpora**, and the adequacy of intuition, became the orthodoxy of a succeeding generation of theoretical linguists." 같은 영문은 "말뭉치의 부적절성과 직관의 적절성에 대한 촘스키의 생각"이라고 직역하면 독자는 아마 머리가 띵할 겁니다. 그렇지 않아도 어려운 내용인데 원문의 명사를 그대로 명사로 옮겨주는 것은 독자를 고문하는 것이나 다를 바 없습니다. 명사 중에서도 술어로 풀어줄 수 있는 것은 풀어주는 것이 좋습니다. 가령 이렇게 말이지요. "말뭉치는 안 맞고 직관이 맞다는 촘스키의 생각을 후대의 이론 언어학자들은 금과옥조로 떠받들었다."

'명사 of 명사'는 '형용사 + 명사'로 바꿔도 좋을 때가 있습니다. 특히 추상성이 강한 영어 명사는 한국어 형용사나 동사의 관형사형으로 바꿔주면 한결 안정되어 보입니다. 가령 the **fluency** of his reaction은 '몸짓의 세련됨'보다는 '세련된 몸짓'이라고 하는 편이 훨씬 자연스럽습니다. "The morning sun cast a golden, impressionistic veil over the **horror** of gasworks and smog." 같은 문장은 "아침 해는 흉

물스러운 가스 공장과 스모그를 인상파 그림 같은 황금빛 베일로 덮었다."로 옮길 수 있습니다. 또 'Ideas of austerity which originated in the **desolation** of the desert found their way to other, more fertile regions." 같은 문장도 "삭막한 사막에서 생겨난 내핍 정신은 풍요한 땅으로도 퍼졌다."라고 옮길 수 있겠습니다. 그런가 하면 "The dissolution was directly occasioned by the **discovery** by the police of material indicating the SA's readiness for a takeover of power by force." 같은 문장도 "해산령의 직접적 계기는 돌격대가 무력에 의한 정권 탈취도 불사한다는 내용이 적힌 경찰이 발견한 문건이었다."라고 옮기는 것이 자연스럽습니다. 영어 원문에는 '문건의 발견'으로 나오지만 번역문에서는 '발견된 문건', 아니 능동형인 '발견한 문건'으로 했습니다. 이처럼 추상성을 지닌 영어 명사는 한국어 형용사나 동사의 관형사형으로 나타내면 좋습니다.

사실 번역가들이 '의'나 '-적', '-적인'을 남용하는 것은 영한사전에서 이런 표현이 남발되는 현실과도 무관하지 않습니다. 영한사전부터 군더더기 없이 간결하고 살아 있는 풀이말을 올려야 합니다. 가령 real을 영한사전에서 찾으면 대부분 '진짜의'가 앞에 나옵니다. 어떤 영한사전은 '진실의, 정말의, 진짜의, 진품의, 진심의'처럼 전부 '의'를 붙여 주었습니다. 저는 지금까지 살아오면서 '정말의'나 '진짜의' 같은 말이 쓰이는 것을 '진짜로', '정말로' 한 번도 본 적이 없습니다. 실제로 안 쓰는 말을 영한사전에 풀이말로 올리는 것은 문제가 있습니다. 영한사전에서 영어 형용사의 풀이말이라고 해서 꼭 '의'를 집어넣을 필요는 없습니다. 형용사라는 문법 범주가 앞에 표시되었으면 모국어 사용자는 알아서 그 말을 형용사처럼 쓸 수 있습니다. 그런데도 굳이 형용사라는 것을 밝히기 위해서 '의', '-적', '-적인', '-성의'를 덧붙이는 것은 지면 낭비가 아닐까요. 사전은 불필요한 글자를 단 한 글자라도 줄이는 것이 중요하니까요. 글자 수를 줄이면 남아도는 자리를 그만큼 요긴하게 써먹을 수 있을 것 아닙니까.

불영사전에서는 실제로 그렇게 합니다. 가령 프랑스어 foncier를 불한사전에서 찾으면 앞에 a라고 형용사라는 문법 범주를 표시해놓고 풀이어도 형용사처럼 '토지의, 부동산의'라고 해놓았습니다. 그런데 똑같은 단어를 콜린스 불영사전에서 찾으면 앞에 ADJ라고 형용사 문법 범주만 표시해놓고 풀이는 명사인 land, property라고 해놓았습니다. 한국어는 프랑스어나 영어보다 명사의 결합력이 훨씬 강하므로 영어 형용사의 풀이어로 한국어 명사를 대응시켜도 아무 문제가 없습니다.

가령 financial은 '재무의, 재정의, 금융상의'라고 굳이 토를 안 달아주어도 앞에 형용사 문법 범주 표시만 해주면 '재무, 재정, 금융'이라고만 해도 얼마든지 뜻이 통합니다. 또 acute는 그냥 '급성'으로 하면 충분합니다. 그런데 영한사전에서는 '급성의'라고 굳이 '의'를 덧붙입니다. 또 intangible은 영한사전에 '무형의'라고 나오지만 그냥 '무형'이라고 해도 됩니다. '무형 문화재'도 intangible cultural assets라고 할 수 있으니까요. 이렇게 불필요한 군더더기를 달아주는 것도 사실은 암암리에 일본에서 만든 영일사전의 영향을 받은 탓입니다. 이제는 영한사전도 한국어의 개성을 살려서 만들어주어야 합니다. 언제까지 일본에서 만든 영일사전에 질질 끌려가야만 할까요.

영어 형용사를 군더더기 없이 간결하고 깔끔하게 번역하는 또 다른 방법이 있습니다. 〈Secret Sunshine〉이라는 제목을 가진 미국 영화가 있다고 하면 여러분은 이것을 한국어로 어떻게 옮기겠습니까? 비밀스러운 햇빛? 숨은 빛? 으슥한 빛? 사실 〈Secret Sunshine〉이라는 영화 제목은 한국 영화 〈밀양〉을 영어로 번역한 것입니다. 밀양의 陽은 햇볕을 가리키며 密이라는 한자어에는 촘촘하다는 뜻과 비밀스럽다는 뜻이 있는데 여기서는 비밀스럽다는 뜻을 택해서 secret으로 옮긴 것이지요. secret이라는 형용사를 '비밀스러운'도 아니고 '숨은'도 아니고 '으슥한'도 아니고 '밀'이라고 해주니 얼마나 간결합니까. 여기서 '밀' 같은 말을 접사라고 합니다. 접사는 어떤 단어의 앞이나 뒤에 와서 뜻을 풍성하게 만들어주는 말입니다. 한국어에는 이런 접사가 참 많습니다. 형용사를 번역할 때 이런 접사를 아주 요긴하게 써먹을 수 있습니다. 가령 class for **absolute** beginners는 '생기초반'이라고 하면 어떨까요. **active** braking distance는 '실제동거리'로, **actual** survey는 '실측'으로, **all** means는 '만책'으로, **lingering** aroma는 '잔향'으로, **old** enemy는 '숙적'으로, **potential** president는 '대통령감'으로, **solid** line은 '실선'으로 옮길 수 있습니다. 다음 장에서는 바로 이런 접사를 활용한 번역에 대해서 좀 더 자세히 알아보겠습니다.

■ 영한사전에 없는 풀이말 – 형용사

abnormal 비정상
abortive 무산된, 무위로 끝난
absent-minded 넋이 나간, 얼이 빠진, 무심한
absorbed 골몰한, 정신이 팔린, 푹 빠진
absurd 황당한, 턱없는, 어림없는
abundant 푸짐한
acceptable 무난한
accomplished 경지에 오른
acute 절실한, 급박한
adept 도가 튼, 도통한
adequate 변변한, 온당한
admirable 장한, 가상한, 신통한, 용한, 갸륵한
adverse 기구한
affable 서글서글한
affected 거들먹거리는, 아니꼬운
affectionate 다정한, 살가운, 자애로운
affluent 여유로운, 윤택한, 흥청거리는
aged 묵은
ageless 만고불변의
agitated 어수선한, 뒤숭숭한
all-purpose 전천후
all-time 전무후무한
ambiguous 알쏭달쏭한, 두루뭉술한, 막연한

ambitious 뜻있는, 꿈 많은
amiable 애교스러운
animated 팔팔한, 들뜬
antique 예스러운
apocalyptic 망조가 든
ardent 애틋한, 절절한, 간절한
arrogant 도도한
artificial 작위적
ashamed 켕기는, 남부끄러운
attached 정이 든
attentive 자상한, 세심한
august 지엄한
auspicious 경사스러운
awkward 거북한, 쑥스러운, 민망한
bald 헐벗은
baleful 고약한
barren 척박한
bewitching 요염한
bitter 뼈아픈, 서운한, 고까운
bizarre 엽기적인
blameless 애꿎은
bland 담백한
blank 얼빠진
bleak 살풍경한, 스산한
bloody 살벌한
blunt 적나라한, 노골적인
boisterous 왁자지껄한

bored 질린, 물린
boundless 가없는
brutal 무도한
callous 목석같은
candid 진솔한
carefree 홀가분한, 가뿐한
careless 산만한, 허술한, 엉성한
casual 홀가분한
catchy 쌈박한
chancy 미덥지 못한
checkered 기구한, 굴곡이 있는, 기복이 심한
clumsy 어설픈
coarse 껄끄러운, 상스러운
coherent 수미일관한, 한결같은
cold 야멸찬
colorful 오색찬란한, 아기자기한
commanding 늠름한
common 예사로운
compact 옹골찬, 다부진, 오달진
competent 수완이 있는
complacent 방심한, 마음을 놓은
conceited 우쭐한
concerned 의식 있는
confounded 어리벙벙한
confused 난감한, 심란한, 어수선한
connected 일맥상통하는
consecutive 내리
conscientious 착실한
considerable 어지간한

conspicuous 돋보이는, 발군의, 출중한
contemptible 우습지도 않은, 시시한
contradictory 앞뒤가 안 맞는
controversial 시끄러운
conventional 기존의
cordial 융숭한
cosy 오붓한
courteous 깍듯한, 경우가 바른
crafty 요망한, 요사스러운
crazy 환장한
creepy 징그러운
crisp 빳빳한, 아삭아삭한
crude 우악스러운
curious 괴상한, 묘한
cute 앙증맞은, 예쁘장한
dauntless 의연한, 꿀리지 않는
dazed 얼떨떨한
decent 어엿한, 버젓한, 변변한
deceptive 허울 좋은, 번지르르한
defective 덜 된
defiant 당찬
deflated 시들한
delightful 흥겨운
demanding 버거운, 깐깐한
demure 참한, 얌전한, 다소곳한
deplorable 통탄할, 한심한
deranged 발광한
deserted 휑한
desolate 삭막한, 살풍경한

desperate 악에 받친
despicable 빈축을 사는
destitute 군색한
detestable 지겨운, 역겨운
dim 은은한, 아련한, 어슴푸레한
dirty 구질구질한, 치사한
disagreeable 못마땅한
disgraceful 불미스러운, 망신스러운
disgusting 넌더리 나는, 신물 나는, 치
  떨리는
dishonest 표리부동한
dismal 암담한
distinct 완연한
disturbing 찜찜한
dizzy 아찔한
docile 고분고분한
doubtful 미심쩍은, 석연치 않은
drab 칙칙한, 우중충한
dramatic 파란만장한
dreadful 섬뜩한
dull 미욱한, 김빠진
earnest 절절한, 간곡한
easy-going 수더분한, 털털한
edgy 신경이 곤두선
eerie 을씨년스러운
effective 주효한, 듣는
elaborate 공들인, 오밀조밀한
elusive 종잡기 어려운
embarrassed 무안한, 쑥스러운, 겸연
  쩍은, 멋쩍은, 머쓱한

eminent 빼어난
emotional 다정다감한
encouraging 고무적
equal 맞먹는, 필적하는
equivocal 어정쩡한
erotic 육감적
esoteric 오묘한
established 확고한
estranged 껄끄러워진, 서먹서먹해진
evasive 얼버무리는
evident 빤한
evil-minded 심보가 고약한
exaggerated 거창한
exceptional 파격적
excessive 턱없는
excited 열띤
exciting 가슴 떨리는, 짜릿한, 아슬아
  슬한
exhaustive 철저한
experienced 중견
faithful 충직한
familiar 밝은
famous 알아주는
fascinated 심취한
fastidious 까탈스러운
feeble 가냘픈, 빈약한
feisty 괄괄한, 팔팔한
ferocious 표독스러운, 악랄한
fierce 치열한, 통렬한, 격한
flagrant 악질적인

flat 펑퍼짐한, 밍밍한
flawless 말짱한
flexible 나긋나긋한
foolish 얼빠진, 못난
formidable 벅찬, 녹록치 않은
foul 구질구질한, 고약한
fragile 불안한, 아슬아슬한
frank 진솔한
fresh 싱그러운
fretful 투정을 부리는, 짜증을 부리는, 보채는
friendly 돈독한, 화기애애한
frightful 몸서리치는
frivolous 경솔한, 방정맞은, 촐싹거리는
frugal 알뜰한
fruitful 알찬
full-fledged 어엿한
futile 부질없는, 공연한
fuzzy 흐리멍덩한
genial 사근사근한
genuine 영락없는
gloomy 을씨년스러운, 암울한, 음산한
glorious 장렬한
glossy 번지르르한
graceful 단아한
grand 장엄한, 으리으리한, 성대한
grandiose 거창한
graphic 적나라한, 실감 나는
gratuitous 쓸데없는

greasy 느끼한
groundless 허무맹랑한
gullible 어수룩한
hackneyed 고리타분한
half-hearted 뜨뜻미지근한, 어설픈
haphazard 산만한, 두서없는
hapless 기구한
harmonious 단란한, 모나지 않은
harsh 모진, 가시 돋친
hateful 가증스러운
hazy 어슴푸레한
heartbreaking 애틋한, 애절한, 처절한
heartless 몰인정한, 야박한
heartwarming 흐뭇한
heavenly 영묘한
helpless 속수무책
heroic 호쾌한, 장렬한, 의협심이 있는
high-minded 고매한
honorable 남부끄럽지 않은
hopeful 꿈 많은, 희망찬
hopeless 암담한, 글러 먹은
hospitable 융숭한
hot-tempered 괄괄한, 성깔 있는, 욱하는
humiliating 구차한
hungry 출출한
idle 공연한, 실없는
ignorant 우매한
ill-fated 팔자가 센
ill-mannered 막돼먹은

impartial 엄정한
impertinent 무엄한, 고얀
implicit 은근한
imposing 위풍당당한
impoverished 피폐한
impregnable 삼엄한, 철통같은
impudent 방자한
inactive 부진한
inadequate 미흡한
incoherent 앞뒤가 맞지 않는
indecent 망측한, 해괴한, 민망한, 상스러운
indecisive 흐리멍덩한
indulgent 물러터진, 오냐오냐하는
ineloquent 어눌한
inevitable 불가항력의
inexplicable 석연치 않은
informative 알찬
innumerable 하고많은
insatiable 못 말리는
inspired 신들린, 귀신 같은
intact 멀쩡한
interested 솔깃한
intimate 속 깊은, 막역한
intolerable 묵과할 수 없는
involved 휘말린, 말려든, 걸린
irreconcilable 불구대천의
irregular 들쭉날쭉한
irrelevant 생뚱맞은, 엉뚱한
irresistible 파죽지세

jaundiced 삐딱한
laudable 갸륵한, 대견한, 가상한, 장한
liberating 홀가분한, 후련한
listless 심드렁한
lively 발랄한
loose 성긴, 헤픈
lucrative 짭짤한
magical 신묘한
major 굴지의, 굵직한
many 뭇
marginal 빠듯한
matchless 희대의
mature 농익은, 여문, 영근, 숙성한
meandering 꼬불꼬불한, 굽이도는
mischievous 고약한
miserable 딱한
misplaced 빗나간
morbid 엽기적
mundane 허접한
naive 단세포적, 어수룩한, 안이한
nominal 허울 좋은
noncommittal 어정쩡한
nondescript 별 볼 일 없는, 평범한
obstructive 거추장스러운
omnipresent 무소부재
opaque 혼탁한
organized 조리 있는
outstanding 빼어난
oval 갸름한
overbearing 고자세

partial 치우친
pathetic 딱한, 한심한
peerless 독보적
perfect 감쪽같은
persistent 집요한, 줄기찬
pertinent 정곡을 찌르는
pleasant 쾌적한
plentiful 푸짐한
plump 토실토실한, 복스러운
practical 실속 있는
presentable 번듯한
prevalent 성행하는, 판치는, 들끓는, 설치는
pristine 때 묻지 않은
radiant 휘황한
ragged 남루한
rampant 난무하는, 준동하는
rapacious 그악스러운
rare 모처럼의
rash 덤벙거리는
ready 마다하지 않는
reasonable 온당한, 적정한
relaxed 느긋한
remote 외진, 궁벽한, 으슥한
resonant 우렁찬, 쩌렁쩌렁한
respectable 번듯한
restless 뒤숭숭한
revealing 뜻깊은, 의미심장한
revolting 아니꼬운, 메스꺼운
rich 유복한, 윤택한

rigorous 엄정한
rugged 험준한
sardonic 짓궂은
scandalous 불미스러운
scattered 단편적인, 산발적인
sceptical 시큰둥한
secluded 호젓한, 후미진
seditious 불온한
selective 까다로운
selfish 타산적인
senile 망령이 든
serene 온유한, 온화한
shallow 얄팍한
shrewd 영악한
shrill 카랑카랑한
sleepy 나른한
sober 맑은, 말짱한
soggy 후줄근한
solemn 숙연한
sparse 듬성듬성한
spooky 으스스한
sterile 척박한
stern 꼬장꼬장한
stimulating 짜릿한
stingy 짠
straightforward 화끈한, 시원시원한
sudden 느닷없는, 난데없는, 뜬금없는
sullen 부은, 볼멘, 샐쭉한
sumptuous 호사스러운
superficial 어설픈, 얄팍한

temporary 일과성
tenacious 억척스러운
theatrical 드라마틱한
thick 된
thrilled 아슬아슬한, 조마조마한
tractable 만만한
tragic 비장한
unabashed 천연덕스러운
unaccountable 귀신이 곡할
unaffected 털털한
unavoidable 피치 못할, 불가항력
uncomfortable 거북한, 찜찜한
undeniable 완연한, 역력한
undeserved 과분한
uneasy 떨떠름한, 꺼림칙한

uneven 들쭉날쭉한, 기복이 있는
uniform 일률적, 획일적
unique 둘도 없는, 독보적
unkempt 추레한
unparalleled 불세출의, 전무후무한
unreliable 실없는, 미덥지 못한
unyielding 불퇴전의, 대가 센
uplifting 가슴 훈훈한
various 이런저런
venomous 표독스러운
veritable 영락없는
virtuous 후덕한
warm 훈훈한, 포근한
young 앳된, 새파란, 약관의

## 9장
# 간결한 문장의 비밀, 덧말
### 접두사와 접미사 활용하기

영어든 한국어든 글은 간결할수록 좋습니다. 열 단어로 할 수 있는 말을 스무 단어, 서른 단어로 하는 것은 지면 낭비이고 시간 낭비입니다. 번역도 마찬가지입니다. 간결한 번역은 불필요한 영어 원문의 주어를 없애는 데서부터 시작됩니다. 영어 원문에 나오는 주어를 일일이 살려주면 한국어 번역문이 늘어집니다.

물론 작가가 일부러 문장을 길게 쓰는 경우도 있습니다. 내용 못지 않게 문체에 신경을 쓰는 작가도 많으니까요. 가령 아일랜드 작가 제임스 조이스는 《피네간의 경야》라는 작품에서 한 문장을 몇 쪽에 걸쳐서 길게 끌고 나갑니다. 이렇게 긴 문장은 작가의 의도적 문체 실험이므로 번역문에서도 이런 문체를 살려주는 것이 바람직합니다. 그러나 보통은 문체 같은 형식보다는 내용이 중심인 글이 대부분입니다. 따라서 원문이 만연체라고 해서 반드시 번역문도 만연체로 가야 한다는 법은 없습니다. 출발어보다는 도착어의 논리를 더 중시하는 이 책의 기본 입장을 생각하면 더더욱 그렇습니다.

영어를 한국어로 번역하면 분량이 더 늘어나기 쉽습니다. 물론 한국어를 영어로 번역해도 분량이 늘어나는 경우가 많습니다. 왜 그럴까요? 원어가 지닌 의미의 결을 섬세하게 드러내려다 보면 아무래도 많은 단어가 필요하기 때문이지요. 하지만 외국어를 한국어로 옮길 때 번역문이 자꾸 길어지는 것은 한국어 특유의 접사를 제대로 활용하지 못하기 때문일 수도 있습니다.

접사란 무엇일까요? 독립적으로는 쓰이지 않지만 다른 단어에 들러붙어서 뜻을 풍부하게 해주거나 품사를 바꾸어주는 역할을 하는 말을 접사라고 합니다. 앞에 덧붙이는 접사를 접두사라 하고 뒤에 덧붙이는 접사를 접미사라고 합니다. 영어에도 물론 접사가 있습니다. pre-, dis-, anti-, -able, -ness, -ment 같은 것이 영어의 접사입니다. 부정의 뜻을 나타내는 접사만 따져도 a-, anti-, in-, il-, im-, ir-, un- 등이 있습니다. 영어 어휘 중에는 접사를 이용해서 만든 단어가 많습니다.

그러나 한국어는 접사가 훨씬 더 많습니다. '날-', '늦-', '덧-', '맨-', '-새', '-보', '-꾼' 같은 고유어 접사도 있지만 '불(不)-', '소(小)-', '신(新)-', '초(初)-', '-성(性)', '-율(率)', '-도(度)' 같은 한자어 접사도 있습니다. 한자는 외자로 뜻을 나타내기 때문에 사실은 거의 모든 글자가 접사로 쓰일 수 있는 잠재력을 지녔다고 볼 수 있습니다. 따라서 한국어가 활용할 수 있는 접사의 폭은 무척 넓은 셈입니다. 그런데 그 풍부한 잠재력을 지닌 접사를 영한사전에서는 아주 미흡하게 다룹니다. 그래서 영한사전에 많이 기대는 번역자들은 접사를 제대로 이용하지 못하는 경우가 많습니다.

물론 기본적인 접사는 영한사전에도 나옵니다. 접사 in-으로 시작하는 단어는 '부정'이나 '결여'의 뜻을 나타낸다고 영한사전에 나오고 **in**experienced 같은 단어도 '미숙한'으로 간결하게 풀이되어 있습니다. counter-도 '거꾸로' 또는 '반대'의 뜻을 나타낸다고 나오며 **counter**attack을 '역습'이나 '반격'으로 정확하고 간결하게 풀이한 영한사전이 많습니다.

이렇게 영어 접사와 한국어 접사를 일대일로 대응시키는 수준을 넘어서 영어 단어를 한국어 접사에 대응시켜서 간결한 표현을 만들어낸 예도 영한사전에는 많습니다. 가령 complete를 영한사전에서 찾으면 **complete** defeat이 '완패'로 풀이된 경우가 많습니다. heavy를 찾으면 **heavy** work는 '중노동'으로 잘 풀이했습니다. 하지만 아쉬운 풀이도 많습니다. 여전히 **severe** penalty는 '엄벌'이 아니라 '엄한 형벌'로, **heavy** fighting은 '격전'이 아니라 '치열한 전투'로 풀이하는 영한사전이 있습니다. 영한사전에 접사를 풀이어로 많이 실어주어야 합니다. 그래서 가령 complete의 풀이어로 '완-'이 들어가야 하며 heavy의 풀이어로 '중-'과 '격-'이 들어가야 합니다. severe도 '엄-'을 풀이어로 넣어주어야 합니다. 영한사전의 풀이어로 접사를 써주는 것은 일석이조입니다. 간결한 번역어를 제시하면서 사전에서는 늘 부족하기 마련인 공간을 많이 확보할 수 있기 때문입니다.

조금 더 창조적인 영한사전이라면 의외의 접사를 풀이어로 제시할 수도 있을 것입니다. 가령 **shortage**는 '-난'이라는 풀이어를 덧붙일 수도 있지 않을까요. 그래서 이를테면 **shortage** of food는 '식량 부족'이라고만 할 것이 아니라 '식량난'이라고 하면 더 간결하고 명쾌하지 않을까요. 일단 shortage를 '-난'에 대응시키면 다른 표현에도 얼마든지 써먹을 수 있습니다. shortage of drinking water는 '식수난'으로, shortage of employees는 '구인난'으로, shortage of money는 '자금난'으로 나타낼 수 있겠지요.

sudden에는 '급-'이라는 접두사를 풀이어로 올려놓을 만합니다. 그러면 sudden death라는 영문 표현을 만났을 때 대번에 '급사'라는 적확한 대응어가 떠오를 것입니다. sudden increase는 '급증'으로, sudden decrease는 '급감'으로 자연스럽게 연결될 것입니다. 또 temporary는 '가-'와 어울립니다. 그래서 temporary measures는 '가처분'으로 옮길 수 있고 temporary name은 '가칭'으로 표현할 수 있습니다.

사전에는 안 나와도 조금만 생각해보면 간결한 접사를 떠올릴 수 있는 문장은 많습니다. "Eating meat and drinking alcohol — seen as stimulants to sexual activity — were to be avoided."를 "고기를 먹고 술을 마시는 것은 성욕을 자극하니까 삼가야 마땅하다."라고 해도 좋지만 "육식과 음주는 성욕을 자극하니까 삼가야 마땅하다."로 번역하면 한결 깔끔해 보입니다. 이 정도는 웬만한 번역자라면 어려움 없이 할 수 있을 것입니다.

그러나 조금 고민을 해야만 간결하면서도 딱 들어맞는 표현을 생각해낼 수 있는 경우도 있습니다. "The police dismissed her with a caution."이라는 문장을 "경찰은 여자에게 주의를 주어서 내보냈다."라고 하는 것보다는 "경찰은 여자를 훈방했다."라고 옮기는 것이 훨씬 간결하고 자연스럽습니다. 접사를 잘 이용해서 번역문을 간결하게 만들려면 번역은 단어를 일대일로 대응시키는 것이라는 고정관념에서 벗어나야 합니다.

번역자가 창조적으로 접사를 발굴할 수 있는 가능성은 무한합니다. 영어와 한국어 사이에는 아직 뚫리지 않은 회로가 무궁무진하기 때문입니다. 어떻게 보면 번역이란 그 미지의 회로를 뚫는 작업이라고 말할 수 있습니다. "He **used to** read the book **with great pleasure** when young."이라는 문장을 "그는 젊었을 때 그 책을 아주 즐거운 마음으로 읽곤 했다."라고 원문에 충실하게 옮겨도 좋겠지만 "그는 젊어서 그 책을 애독했다."라고 하는 편이 훨씬 간결하면서도 머리에 바로 와 닿습니다. 어떤 행동을 좋아서 자주 했다는 뜻이 '애-'라는 접두사 한 글자에 모두 담겨 있기 때문입니다. 한번 '애-'에 맛을 들인 번역자는 다음에는 '애창, 애용, 애송, 애호' 따위로 얼마든지 쓰임새를 넓혀 나갈 수 있을 것입니다.

지금까지 우리가 알아본 것은 모두 한자로 된 접사입니다. 한국어 접사 중에는 한자로 된 것이 압도적으로 많습니다. 하지만 한자는 똑같은 소리로 발음되는 글자가 많습니다. 일본어는 한자를 쓰니까 설령 소리는 똑같더라도 글자 생김새가 다르므로 혼동될 염려가 없지만 한국어는 한자를 안 쓰니까 소리가 똑같이 나면 글자 생김새도 똑같아져서 구별이 안 됩니다.

가령 '전면'이라는 단어가 있습니다. 이 전면은 신문에서 앞면을 뜻하는 前面일까요 아니면 전체 면을 뜻하는 全面일까요? 한글로만 써놓으면 문맥도 워낙 비슷하기 때문에 잘 구별이 안 갑니다. 그래서 이런 경우에는 고유어 접사의 역할이 중요해집니다. 前에 해당하는 한국 고유어는 '앞'이니까 前面을 '앞면'이라고 읽어주고 全面은 그냥 '전면'이라고 읽어주면 두 단어가 명확히 구별됩니다. (사실은 접사라는 말도 '덧붙이다'는 한자어 '접'에 해당하는 고유어 '덧'과 '단어'라는 뜻을 가진 한자어 '사'에 해당하는 고유어 '말'로 바꾸어서 '덧말'이라고 바꾸어주면 훨씬 머리에 잘 들어옵니다.)

한글 연구가 김슬옹은 '미모'라는 말을 예로 듭니다. 다음 한자사전에서 '미모'를 쳐보면 '털 모(毛)'로 끝나는 '미모'가 모두 네 개 나옵니다. 尾毛, 微毛, 眉毛, 美毛입니다. 이렇게 한자로 써넣으면 한자를 아는 사람은 척 구별을 합니다. 하지만 한글로 '미모'라고 말하거나 써놓으면 모호합니다. 모두 털이라는 뜻이어서 쓰이는 맥락이 오십보백보이기 때문입니다. 하지만 이 단어들을 '꼬리털', '잔털', '눈썹', '고운 털'처럼 한글로 옮기면 헷갈릴 염려가 없습니다.

'미모'는 사실 일상생활에서는 아름다운 용모라는 뜻의 美貌로만 주로 쓰이지 앞서 말한 네 가지 단어는 실제로는 잘 안 쓰입니다. 그런데도 국어사전에 오른 것은 한자를 공유하는 일본어 국어사전의 영향을 받았기 때문이지요.[1] 나중에 따로 말씀드리겠지만 한국어 국어사전에 오른 한자어 중에는 실제로는 한국에서 안 쓰이는데 일본어 국어사전의 영향을 받아 들어온 한자어가 아직도 많습니다. 아무튼 미모 같은 동음이의어는 잘 안 쓰니까 혼동할까봐 걱정할 필요는 없습니다. 앞에서 예로 든 전면도 만약 혼동될 가능성이 있을 때는 사람들은 알아서 하나는 '앞면'으로 또 하나는 '전면'으로 따로 말합니다. 동음이의어가 많으니까 한자어를 써야 한다는 논리는 그래서 설득력이 약합니다. 두

꺼운 영어 원서 한 권을 번역해도 동음이의어 때문에 혼동이 생길까봐 번역자가 한자를 괄호 안에 넣어줘야 하는 경우는 겨우 한두 번 있을까 말까입니다.

하지만 과학기술어는 조금 사정이 다를 수 있습니다. 과학기술어는 간결한 표현을 쓰는 것이 중요하니까 한자어를 생활어보다 더 많이 써주는데, 실생활에서 자주 쓰이지 않으니까 간혹 모호한 표현 때문에 헷갈리는 경우가 있습니다. 그리고 그런 모호한 표현이 교정될 기회도 적지요. 가령 어떤 과학시를 읽다가 '반중력장치'라는 용어가 나온다고 합시다. 이것은 反(anti)중력장치인가요, 아니면 半(half)중력장치인가요? 만약 이 용어가 핵심 내용이라면 자세한 설명이 뒤따를 테니 혼동할 가능성이 적겠지요. 하지만 만약 아주 부차적인 내용이라서 한 번 단어만 언급하고 넘어간다면 전문가가 아니면 이 단어의 '반'이 反인지 半인지 한글만 보아서는 모릅니다. 특히 어린이는 더욱 모릅니다. 그렇다고 해서 어린이 책에 한자를 써줄 수는 없지요. 이럴 때 한국 고유어 접사의 진가가 발휘됩니다.

反에 해당하는 고유어 접사 '맞-'을 써주면 '맞중력장치'가 되어서 anti-gravity device라는 의미가 머리에 쏙 들어옵니다. 영어로 oblique 하면 기울어졌다는 뜻입니다. 한자 접두사로는 '비낄 斜'로 받을 수 있습니다. 그래서 oblique 다음에 line, angle, plane이 오면 각각 '사선(斜線)', '사각(斜角)', '사면(斜面)'으로 옮길 수 있지요. 하지만 한자를 써주지 않으면 사각(斜角)은 각이 없는 '사각(死角)'과 혼동하기 쉽고, '사면(斜面)'도 면이 넷인 사면(四面)과 혼동하기 쉽습니다. 이럴 때 '빗-'이라는 고유어 접두사를 적극적으로 활용하면 좋습니다.

위의 oblique가 들어간 영어 단어를 '빗금', '빗각', '빗면'으로 하면 헷갈릴 염려가 절대 없습니다.

고유어 접미사도 알고 보면 쓰임새가 많습니다. '-바치'는 기술자를 뜻하는 고유어입니다. 이 단어는 프랑스 선교사들이 1880년에 낸 《한불자전》에도 표제어로 올라왔고 artisan으로 풀이되었습니다. 독을 만드는 장인은 '독바치', 활을 만드는 장인은 '활바치'라고 했습니다. 가죽신을 삼는 기술자는 '갓바치'라고 했지요.

서양 중세를 다룬 역사서를 번역하다 보면 중세의 다양한 직업 이름이 나옵니다. 가령 armorer라는 직업도 나옵니다. 어떤 영한사전에는 '병기 제조자'라고 나오고 어떤 영한사전에는 '무구 장색', '병기공'이라고 나옵니다. 병기공 정도는 어른이 읽는 책이라면 써줄 만하겠지요. 그런데 만약 어린이를 위한 서양 중세 역사서를 번역한다면 그 책에서도 병기공이라는 말을 써줄 수 있을까요? 더 쉬운 말이 있어야 합니다. armor에는 갑옷이라는 뜻도 있습니다. 그래서 '-바치'라는 접미사를 써서 '갑옷바치'라는 아주 쏙 와닿으면서도 정확한 풀이어를 내놓을 수 있습니다.

사람을 나타내는 고유어 접미사에는 '-바치' 말고도, '-꾼', '-쟁이', '-이'가 있습니다. 중세 서양에는 또 fuller라는 직업도 있었습니다. 막 짠 모직물이 촘촘해지라고 퀴퀴한 오줌통에 천을 넣고 여러 시간 동안 발로 밟아서 빨던 일꾼이었습니다. fuller는 영한사전에는 '축융공(縮絨工)'으로 나옵니다. 영일사전을 그대로 따른 것이지요. 그렇지만 역시 어린이 책에 fuller가 나온다면 이렇게 어려운 말을 쓸 수는 없습니다. 그래서 가령 '천밟이'라는 말을 만들어내야 합니다. 나중에 조어를 다루는 장에서 따로 자세히 보겠지만 쉬운 말을 접사를 이용해서 많이 만들어낼 수 있습니다.

앞에서도 말했지만 번역자가 접사의 잠재력을 적극적으로 활용할 수 있도록 두말사전이 충분히 뒷받침을 해주어야 합니다. 가령 bare라는 단어가 들어간 영어 표현을 한국어로 옮기면 자연스럽게 한국어 접사 '맨-'이 떠오릅니다. 실제로 대부분의 영한사전에서는 bare의 예문으로 bare feet나 bare hands를 들고 이것을 각각 '맨발로'와 '맨손으로'로 옮겨줍니다. 그런데 다른 예문에서는 가령 bare shoulders는 '맨어깨', with bare head는 '맨머리로', bare wall은 '맨벽'으로 하면 좋을 텐데 굳이 '드러낸 어깨', '모자를 쓰지 않고', '액자 등이 없는 벽'으로 장황하게 옮겼습니다. 만약 bare의 풀이어로 '맨-'을 집어넣었더라면 사전 편찬자도 예문을 훨씬 간결하고 훌륭하게 번역할 수 있었을 것이고 번역자도 '맨-'이라는 적확한 한국어 접사를 쉽게 떠올릴 수 있었을 것입니다.

뻔히 짐작할 수 있는 내용이라도 영한사전에서 풀이어로 접사를 좀 더 풍부하게 활용할 필요가 있습니다. 말의 쓰임새를 더 높일 수 있다는 점에서도 그렇고 또 지면을 줄일 수 있다는 점에서도 그렇습니다. 가령 female을 꼭 '암의'라고 할 필요가 있을까요? 그저 '암-'이라고만 해도 충분합니다. 또 eldest도 '가장 나이 많은'이라고 꼭 안 해도 '맏-'이라고 하면 족합니다. 19세기 말에 나온 초기 영한사전에는 오히려 접사가 풍부한 한국어의 특성을 잘 살려서 풀이해놓았는데 해방 이후 영일사전의 영향을 받은 영한사전에서는 한국어 접사를 제대로 살리지 못했습니다. 1890년에 나온 언더우드 영한사전 초판에서는 female을 '암'으로, eldest를 '맏'으로 풀이했습니다.

하지만 번역자는 두말사전에 설령 풀이어로 올라 있지 않다 하더라도 접사를 이용하여 자꾸 새로운 말을 과감히 만들어내야 합니다. 영한사전에서 해주기를 무한정 기다려서는 안 됩니다. 영한사전 편찬자들도 일본에서 나오는 영일사전의 풀이어에만 기댈 것이 아니라 고유어 접사와 한자어 접사를 적극적으로 활용하여 창조적이고 참신한 풀이어를 자꾸만 내놓아야 합니다. 번역자는 그렇게 해서 아직 미개척지로 남아 있는 접사의 풍부한 광맥을 캐 들어가야 합니다.

저는 번역을 하면서 필요하다면 과감하게 접사를 이용하여 간결한 말을 만들려고 애쓰는 편입니다. 사전에 관한 영어 책을 읽다 보면 monolingual dictionary와 bilingual dictionary라는 단어가 많이 튀어나옵니다. 그런데 이것을 '일개국어사전'이나 '이개국어사전'이라고 하면 좀 지저분합니다. 그래서 monolingual dictionary는 '외말사전', bilingual dictionary는 '두말사전'이라고 하니 깔끔하고 머리에 쏙 와 닿는 것 같더군요. 나중에 구글을 검색하니 두말사전은 이미 용례가 있지만 외말사전이라는 번역어는 제가 처음으로 지어낸 게 아닌가 싶어서 왠지 뿌듯하기도 했습니다.

무늬나 채색이 없는 원단을 영어로는 plain material이라고 합니다. 영한사전에서 여기에 해당하는 풀이어를 찾아보면 plain을 '무지(無地)'라고 해놓았습니다. 마땅한 풀이어가 없어 보이니까 일본어를 그대로 들여온 것입니다. 하지만 조금 더 생각하면 좋은 고유어가 있습니다. '민짜'라고 하면 됩니다. naked를 영한사전에서 찾으면 a naked tree가 '낙엽진 나무'로 나오지만 이것은 '나목'으로 하면 깔끔합니다.

마지막으로 토박이말과 한자어로 된, 접두사와 접미사가 모두 있는 접사 '실-'을 소개합니다. 먼저 토박이 접두사 '실-'은 '가느다란, 잔, 엷은'이라는 뜻이 있습니다. '실개천, 실개울, 실구름, 실국수, 실고추, 실눈, 실핏줄, 실버들' 등 예쁜 말이 많지요. 한자어 접두사 '실(實)-'은 '실제, 실속, 착실'의 뜻을 담고 있습니다. '실생활, 실수입, 실수요자, 실농가, 실형, 실명, 실상, 실황' 등에 들어갑니다. 또 토박이 접미사 '-실'은 땅이름 뒤에 붙어서 '골짜기'나 '마을'을 뜻합니다. 밤나무, 대나무, 돌, 버드나무가 많은 작은 마을을 예로부터 각각 '밤실, 대실, 돌실, 버드실'이라고 불렀지요. 역시 아름다운 이름입니다. 마지막으로 한자어 접미사 '-실(室)'은 '방'을 가리킵니다. '전산실, 회의실, 직원실' 등 헤아릴 수 없이 쓰임새가 넓지요.

그렇다고 접사를 너무 남용해서는 곤란합니다. 현대 한국어는 특히 감정을 나타내는 '-감'이나 '-심'을 남용하는 경향이 있습니다. 이미 감정이 들어간 명사에는 이런 접미사를 굳이 덧붙일 이유가 없습니다. 의무, 우월, 열등은 그 자체로는 감정이 아닙니다. 따라서 이런 명사로 느낌을 나타내려면 의무감, 우월감, 열등감이라고 해야겠지만, 절망, 비애, 행복, 초조는 감정이 깃들어 있으니까 절망감, 비애감, 행복감, 초조감이라고 하는 것은 모순입니다. '-심'도 마찬가지입니다. 그냥 공포, 분노, 초조를 느꼈다고 하면 되지 공포감, 분노심을 느꼈다고 할 까닭이 없습니다.

'-함'이나 '-스러움'도 불필요하게 남용됩니다. 중국어는 동사와 명사가 형태로는 구분되지 않습니다. 한국어에서 많이 쓰는 용언 가운데 상당수는 이런 중국 한자어에 '-하다'나 '-스럽다'를 붙여서 동사나 형용사처럼 만들었습니다. 가령 '탐욕스럽다', '비겁하다', '무정하다' 같은 말이 그렇습니다. 따라서 영문을 번역할 때 '탐욕스러움', '비겁함', '무정함'으로 번역하는 것보다는 '탐욕', '비겁', '무정'으로 해주는 것이 좋습니다. '탐욕스러움', '비겁함', '무정함'은 원래 명사에서 유래한 동사형을 다시 동명사형으로 만드는 격입니다. 그냥 명사형으로 나타내주면 되지 번거롭게 동명사형으로 해줄 이유가 없습니다.

■ 우리말 문장을 살리는 고유어 접두사

갓- 갓스물, 갓나오다
강- 강짜
개- 개꿈, 개죽음
곁- 곁가지, 곁채
군- 군말, 군식구
날- 날고구마, 날강도
내- 내던지다, 내뿜다
늦- 늦더위, 늦깎이
덧- 덧신, 덧니
데- 데삶다, 데익다
돌- 돌배, 돌중
둘- 둘암탉, 둘암소
딴- 딴마음, 딴소리
막- 막노동, 막춤
맏- 맏이
맞- 맞절, 맞들다
맨- 맨몸, 맨주먹
메- 메조
뭇- 뭇사내, 뭇매
민- 민물, 민소매
배내- 배냇짓, 배내똥
빗- 빗맞다, 빗변
새- 새파랗다, 새하얗다
선- 선잠, 선무당
설- 설익다
숫- 숫처녀

시- 시퍼렇다
실- 실개천, 실핏줄
싯- 싯누렇다
알- 알부자, 알거지
애- 애송이, 애벌레
얼- 얼갈이, 얼뜨기
엇- 엇갈리다
외- 외길, 외눈
잔- 잔가시, 잔주름
줄- 줄담배, 줄초상
진- 진자리, 진땅
진- 진보라, 진분홍
짓- 짓이기다
쪽- 쪽배, 쪽문
찰- 찰떡
참- 참숯
처- 처먹다, 처넣다
첫- 첫눈, 첫사랑
치- 치솟다, 치뜨다
풋- 풋고추, 풋사랑
한- 한겨울, 한복판
핫- 핫아비, 핫어미
헛- 헛소문, 헛고생
홀- 홀몸, 홀씨
홑- 홑이불
휘- 휘감다, 휘젓다

■ 우리말 문장을 살리는 고유어 접미사

-감 며느리감, 신랑감
-결 꿈결, 숨결, 살결
-겹 눈물겹다, 정겹다
-깔 성깔, 태깔
-꼴 달걀꼴, 백 원꼴
-꾼 노름꾼, 장사꾼
-내기 서울내기, 풋내기, 여간내기
-데기 부엌데기, 새침데기
-드리 밤드리, 아침드리
-들이 닷 말들이, 두 해들이
-딱지 화딱지, 고물딱지
-뜨기 시골뜨기, 얼뜨기
-막이 바람막이, 모래막이
-매 눈매, 옷매
-몰이 인기몰이, 바람몰이
-바치 갓바치, 활바치
-발 핏발, 빗발, 눈발, 서릿발
-배기 공짜배기, 양코배기, 진짜배기
-뱅이 가난뱅이, 주정뱅이
-보 꾀보, 먹보
-붙이 금붙이, 피붙이

-빼기 얼룩빼기, 외줄빼기, 코빼기
-뻘 삼촌뻘, 아버지뻘
-살이 더부살이, 종살이, 타향살이
-새 이음새, 쓰임새
-쇠 마당쇠, 껵쇠
-실 대실, 밤실
-아치 벼슬아치, 장사치
-앓이 가슴앓이, 속앓이
-잡이 북잡이, 칼잡이, 총잡이, 고래잡이
-지기 산지기, 문지기
-질 삽질, 쌈질
-집 꽃집, 빵집
-짓 몸짓, 발짓
-짜 알짜, 통짜
-짝 낯짝, 볼기짝
-채 바깥채, 사랑채, 별채
-치레 손님치레, 잔병치레
-투성이 실수투성이, 오자투성이
-판 춤판, 싸움판, 노름판
-팔이 담배팔이, 신문팔이

■ 한국어 접사로 바꿀 수 있는 영어 단어와 접사

**absurd** remark 망언, 망발
**actual** expense 실비
**all** the people 뭇사람
princip**ally** 원칙상
**as** hard **as** possible 힘껏
**authority** on Arab 아랍통
**bad** luck 악운
**bare** feet 맨발
nephew **by descent** 조카뻘
**cheap** trick 잔꾀
**complete** defeat 완패
**confidential** document 비록
**convincing** victory 낙승, 압승, 쾌승
**counter**charge 맞고소
**crude** sugar 막설탕
**dark** red 암적색
**deep** violet 진보라
**definite** answer 확답
**demanding** job 격무
**difficult** situation 난국
**empty** form 허례
**excellent** performance 명연주
**false** accusation 무고
**fine** wrinkles 잔주름
**formal** contract 본계약
**for the sake of** efficiency 편의상
**full of** dirt 흙투성이

**good** neighbour 선린
**hard** blow 된주먹, 된서리
**haunted** house 흉가
**indiscriminate** fishing 남획
**joint** work 합작
**lack** of understanding 몰이해
**late** husband 망부
**Life** of Napoleon 나폴레옹전
thought**less** 무신경한
**like** a gentleman 신사답게
**lingering** aroma 잔향
**main** guest 주빈
**match** between Korea and China 한중전
**military** system 병제
**mono**lingual dictionary 외말사전
**bad** news 흉보
**needless** steps 군걸음
**old** enemy 숙적
**over**use 과용
**political** views 정견
**potential** president 대통령감
**pro**–German faction 친독파
**prospective** bride 신붓감
**public** opinion 민심
**random** firing 난사
at the **rate** of three times a minute

1분에 3회꼴
**real** father 실부
**re**organization 개편
**royal** order 어명
**secret** maneuvers 암약
**silent** reading 묵독
**small** door 쪽문
**solid** line 실선
**steep** slope 급경사
**streaks** of rain 빗발
**strict** prohibition 엄금

**subtle** pleasure 잔재미
**sudden** increase 급증
**tacit** agreement 묵계
**troubled** times 난세
**unnecessary** remark 군말
**urgent** message 급보
**unripe** garlic 풋마늘
**while** asleep 잠결
**whole** nation 거국
**world**w**ide** organization 범세계 조직

10장

# 한국어 말꼬리를 잡아라

실감나는 어미 활용

 세상에서 제일 어려운 글자는 어느 나라 글자일까요? 중국인이 쓰는 글자, 곧 한자라는 데 이의를 제기할 사람은 별로 없을 것입니다. 영어나 한글 같은 소리 글자는 몇십 개의 글자로 말하고 싶은 대로 다 나타낼 수 있지만 한자는 뜻 글자라서 말하고 싶은 것을 다 글로 나타내려면 몇천 개의 글자를 익혀야 하기 때문입니다.
 그럼 세상에서 배우기 가장 쉬운 말은 어느 나라 말일까요? 저는 중국어라고 생각합니다. 물론 중국어가 어렵다고 생각하는 사람도 있습니다. 소리가 올라갔다 내려갔다 하는 성조라는 것이 있어서 발음을 익히기가 어렵다는 것이지요. 일리 있는 지적입니다. 하지만 성조를 제외하면 중국어는 참 쉬운 말입니다. 왜 그럴까요? 한번 단어를 익혀 놓으면 어떤 경우에도 그대로 써먹을 수 있기 때문입니다. '나'를 뜻하는 '워'라는 소리를 한번 익혀놓으면 영어와는 달리 모양을 바꾸지 않고 그대로 써먹을 수가 있습니다. 다른 단어의 영향을 안 받지요. 그래서 중국어를 '고립어'라고 합니다.
 영어로 '나'를 말하고 싶으면 주격은 I, 소유격은 my와 mine, 목적격은 me로 다르게 써주지요. 이른바 '격변화'입니다. 하지만 영어는 양반입니다. 프랑스어는 대명사 격변화는 기본이고 같은 동사도 1인칭, 2인칭, 3인칭, 단·복수에 따라서 모양이 달라집니다(영어는 3인칭 단수 현재일 때만 끝에 s가 붙지요). 또 형용사도 꾸미는 명사가 단수인가 복수인가에 따라서 모양이 달라지고 명사도 남성명사, 여성명사를 구별합니다. 독일어는 한술 더 떠서 중성명사까지 있을 뿐더러 대명사만이 아니라 명사까지도 격변화를 합니다. 라틴어는 점입가경으로 격이 여섯 가지나 됩니다. 유럽어는 한 단어가 문장 안에서 어떤 단어와 관계를 맺느냐에 따라서 모습이 달라집니다. 대체로 끝부분이 꺾이지요. 그래서 '굴절어'라고 합니다.

한국어는 이런 복잡한 격변화가 없고 주격은 '이'나 '가', 목적격은 '을'이나 '를', 소유격은 '의', 부사격은 '에서'나 '로'나 '에게' 같은 조사로 나타낸다는 점에서 더 쉬워 보일지 모릅니다. 하지만 한국어는 한국인에게는 모국어니까 익숙할 뿐이지 사실 외국인에게는 중국어보다도, 영어보다도 더 어렵습니다. 격변화가 없는 대신 동사나 형용사 같은 용언에 붙는 어미 변화가 굉장히 심한 언어이기 때문입니다. 중국어로 '걷는다'라고 말하고 싶으면 '쩌우'라는 말만 정확히 발음하면 됩니다. '걸었다'라고 과거로 나타내고 싶으면 '러'를 덧붙이지만 중국어에서 과거 시제는 시간을 나타내는 부사로 대체하고 동사는 그냥 기본형으로 쓰는 경우가 많습니다. 영어는 walk, walks, walked 적어도 세 가지로 달라지고 go 같은 불규칙동사인 경우는 조금 더 복잡합니다.

하지만 한국어는 중국어나 영어와는 비교가 안 되게 어미 변화가 복잡합니다. 걷는다, 걷겠다, 걸었다, 걸을까보다, 걷는다고, 걷는다느니, 걷는다마는, 걸은들, 걷자마자, 걸을는지, 걸을래, 걸을밖에, 걸을지니, 걸을지언정……. 어간과 어미가 이렇게 한몸으로 끈끈하게 붙어 다니면서 변화무쌍한 뜻을 나타낸다고 해서 한국어 같은 언어를 '교착어'라고 합니다. 교착어의 개성은 바로 변화무쌍하고 풍부한 어미에 있습니다. 따라서 외국어를 한국어로 번역할 때도 출발어에 충실한 번역보다 도착어에 충실한 번역을 하고 싶다면, 당연히 한국어의 개성이 담긴 어미를 적극적으로 활용하면 좋습니다.

먼저 동사의 예를 들어볼까요. 가령 "**I doubt** if that is what she told." 같은 영문은 "(설마) 그 여자가 그런 말을 했을라고."로 옮길 수 있습니다. "Just because it sounds good doesn't mean it's right, **you know**."를 반드시 "아시다시피 듣기 좋은 말이 꼭 옳은 말은 아닙니다."라고 옮겨야 할까요? '아닙니다'를 '아니죠'라고만 바꿔줘도 '아시다시피' 같은 군더더기는 불필요해집니다. "듣기 좋은 말이 꼭 좋은 말은 아니죠."가 한결 자연스럽지 않나요. 상대방의 나이가 자기보다 어릴 때는 '아니지'나 '아니거든', 또는 '아니란다'나 '아닐세'처럼 다양한 표현을 구사할 수 있는 것도 한국어의 묘미입니다. 마찬가지로 "**What do you mean** by dirty?"를 굳이 "더럽다니 그게 무슨 소리야?"라고 곧이곧대로 다 옮기지 않고 "더럽다니?"만으로도 충분합니다. '-니' 안에 what do you mean의 뜻이 다 들어 있습니다. 또 "**I mean**, if you don't work …… **you know**, your family suffer." 같은 영문도 "일을 안 하면요 …… 가족들이요, 고생을 하거든요."처럼 I mean은 '-요'나 '-말이죠'로, you know는 '-거든' 정도로 나타낼 수도 있습니다. 그런가 하면 "Everything required a bribe, he **explained**: getting into university, seeing the doctor, and getting a job."에서 explained는 '-더라'로 옮기면 충분합니다. 그래서 "대학에 들어가는 데도, 의사를 보는 데도, 일자리를 얻는 데도, 어디나 뇌물이 들어가더라는 것이었다."로 옮길 수 있습니다.

부대 상황을 나타낼 때는 보통 '채로'라는 말을 써주지만 '-고'를 붙여도 좋습니다. 그래서 "She was knitting, **with** the television on."은 "텔레비전을 켜놓은 채 뜨개질을 했다."보다는 "텔레비전을 켜놓고 뜨개질을 했다."가 자연스럽습니다. '-고'라는 어미에는 시간 순서대로 일어나는 여러 동작을 나열하는 뜻 말고 동시에 일어나는 상황을 묘사하는 기능도 있습니다.

부사는 또 어떻습니까. "Do I sound envious? I pity them, **actually**."는 "질투로 들려? 가엾거든."하면 충분합니다. 또는 "가엾네." 해도 비슷한 뉘앙스를 전달할 수 있겠지요. "I **actually** felt my heart quicken." 같은 영문은 "가슴이 뛰더라니까." 정도로 해주면 어떨까요. 그런가 하면 "The colonel's voice was **barely** audible."은 "대령의 목소리는 들릴락 말락 했다."가 제격이고 "We were **nearly** creeping."은 "우리는 기다시피 했다."가 자연스럽습니다. 또 "He beat thin ribbons of silver into **extremely** thin silver leaf."는 "그는 은조각을 두드려서 얇디 얇은 은잎으로 만들었다."가 참신한 느낌을 줍니다. 물론 extremely expensive는 '비싸디 비싼'으로 옮길 수 있겠지요. "As I have stated before, the cupboard was **indeed** bare."는

"전에도 말했지만 벽장은 비어 있었다니까."가 자연스럽고 "I was fool **enough** to believe him."은 "어리석게도 그 남자 말을 믿었다."가 안성맞춤입니다.

동사나 부사가 아니더라도 영어 표현을 한국어 어미로 나타낼 수 있는 길은 많습니다. 가령 lest …… should를 영한사전에서 찾으면 '—하지 않도록, —하지나 않을까 하고'로 장황하게 풀이하지만, "He hid the letter **lest** she **should** see it." 같은 영문은 "남자는 여자가 볼세라 편지를 숨겼다."로, "He took the map **lest** he **should** get lost."의 경우는 "그는 길을 잃을까봐 지도를 챙겨 갔다."라고 옮기면 깔끔합니다.

이번에는 좀 예문이 깁니다만, "For the Poles, the non-aggression pact with Germany provided **at least** the temporary security felt necessary in the light of diminished protection afforded through the League of Nations, weakened by the German withdrawal."은 "폴란드도 국제연맹을 통해 보장받았던 안보가 독일의 국제연맹 탈퇴로 흔들리던 차에 일시적으로나마 안전을 보장받을 수 있었다."라고 옮길 수 있습니다. 딱딱한 영문의 번역문일수록 이렇게 한국어 어미를 적극적으로 집어넣어주어야 독자가 덜 부담스러워합니다.

하지만 한국어 어미로 간결하게 바꿀 수 있는 영어 품사는 뭐니뭐니 해도 접속사입니다. 영어는 접속사의 비중이 큽니다. 왜 그럴까요? 영어가 유독 논리를 중시하는 언어이기 때문일까요? 자기의 주장을 펼치는 글은 영어로 적든 한국어로 적든 논리를 중시할 수밖에 없습니다.

영어에서 접속사가 중요한 까닭은 문장과 문장을 잇는 논리적 연결 고리가 접속사밖에 없기 때문입니다. 물론 내용으로 흐름을 짐작할 수 있긴 하지만 but, although, because 같은 접속사가 없으면 앞글과 뒷글이 어떻게 이어지는지를 나타낼 수가 없습니다. 반면에 한국어는 영어에 비하면 접속사에 많이 기대지 않는 언어입니다. 접속사 대신 어미로 글의 논리 관계를 간결하게 나타낼 수 있기 때문입니다.

He took the trouble to see me, **though** he was very busy.

1. 굉장히 바쁨에도 불구하고 일부러 와주었다.
2. 굉장히 바쁜데도 일부러 와주었다.


He was punished **because** he lied.

1. 거짓말을 했기 때문에 처벌을 받았다.
2. 거짓말을 해서 처벌을 받았다.


**Even if** I fail, I won't give up.

1. 비록 실패한다 할지라도 포기하지 않겠다.
2. 실패할망정 포기하기 않겠다.


I am ready to leave **when** the little old woman points to the open box.

1. 막 나서려고 할 때 키 작은 노파가 열린 상자를 가리킨다.
2. 막 나서려는데 키 작은 노파가 열린 상자를 가리킨다.

I telephoned him **while** I was there.

1. 거기 가 있는 동안 그에게 전화를 걸었다.
2. 거기 간 김에 그에게 전화를 걸었다.

굳이 설명을 안 하더라도 어미를 활용한 두 번째 번역문이 더 간결하면서도 자연스러움을 알 수 있습니다. 찾아보면 이런 예는 무궁무진합니다. 가령 "I did it **because** you asked me to."는 "해달라니까 했지."로 번역할 수 있고 "**If** you **want** to do it properly, you have to buy a bigger hammer."는 "제대로 하려거든 더 큰 망치를 사라."라고 깔끔하게 옮길 수 있습니다.

어미 하나로 접속사와 시제를 한꺼번에 나타낼 수도 있습니다. "Take your umbrella **as** it **may** rain."은 "비 올라, 우산 가져가라."로 옮길 수 있습니다. 이유를 나타내는 as와 미래의 가능성을 나타내는 may를 '-라' 하나로 나타낸 것입니다. "Hold it tight, **or** it **will** get away."는 "꼭 잡아라, 빠질라."도 괜찮겠고, 한국어의 특징인 사람 중심의 관점을 살려 옮기면 "꼭 잡아라, 놓칠라."도 좋겠지요.

한국어의 또 다른 개성인 높임말과 낮춤말의 다양한 뉘앙스도 사실은 대부분 변화무쌍한 어미로 나타냅니다. 역사 소설에서 가령 윗사람이 아랫사람에게 "I expect it will rain by tomorrow."라고 점잖게 말을 했다면 "내일쯤은 비가 오겠네."보다는 "내일쯤은 비가 오렷다."라고 했을 때 연장자다운 말씨가 됩니다. 또 "Since you had known about it, why didn't you say anything?" 같은 표현도 아랫사람이 윗사람에게 했다면 "진작 아셨으면서 왜 말씀을 안 하셨어요?"라고 하면 좋겠지만 거꾸로 윗사람이 아랫사람에게 꾸짖듯이 던지는 말이라면 "진작 알았거늘 왜 말을 안 했느냐?"라고 하면 더 자연스러울 수 있습니다. "Shall I go right now?"도 옛날에 여자가 남자에게 하는 말이라면 "돌아갈까요?"라고 무미건조하게 옮기는 것보다는 "돌아가리까?"라고 약간은 예스러운 표현을 시도해볼 만합니다.

마찬가지로 "As I will be reciting a poem, you sing a song."도 "내가 시를 읊을 테니 너는 노래를 불러라."라고 단조롭게 옮기는 것보다는 "내가 시를 읊으리니 그대는 노래를 부르게."가 한결 격조 있습니다. 전통 시가에는 "사립문에 개 짖거늘 임만 여겨 나가보니", "샘이 깊을새 물빛 더욱 푸르더라", "임이 헤오시매 나는 전혀 믿었더니"처럼 운치 있는 어미가 많습니다. 영어 동사 중에는 behoove처럼 아주 예스러운 표현으로 주로 쓰는 단어도 있습니다. 가령 "It doth **behoove** us all to have care for suppressing of all mutinies." 같은 옛날 소설에서 왕의 입에서 나올 법한 말은 "우리 모두에게는 모든 폭동을 누를 책무가 있도다."도 괜찮지만 "우리 모두에게는 모든 폭동을 누를 책무가 있을진저."라고 하면 더욱 운치 있어 보이지 않습니까. 특히 소설에서는 대화가 실감이 나야 하는데 그 관건은 적절한 어미 구사에 달려 있습니다.

앞에서 접속사 이야기를 했지만 말이 나온 김에 and에 대해서 조금 짚고 넘어가겠습니다. 영어 and는 단순히 나열만을 뜻하는 것이 아니라 약한 인과 관계를 나타낼 때가 많습니다. 심지어는 but의 뜻을 나타내기도 합니다.

The Muslim theologicians and spiritual leaders had lost much of their influence under the secular Moorish rulers, **and** were in favour of summoning the help of the 'austere' North African Berber dynasty.

이슬람 신학자와 종교 지도자들은 세속화한 무어인 통치자 밑에서 영향력이 많이 줄어들었으므로 '근엄한' 북아프리카 베르베르 왕조에게 도움을 요청하는 데 찬성했다.

People knew that they were courting **and**, when he sang about the lass that loves a sailor, she always felt pleasantly confused.

주위에서도 둘이 사귀는 것을 아니까 여자는 남자가 뱃사람을 사모하는 처녀의 노래를 부를 때는 당황스러우면서도 좋았다.

Rococo architecture is charming and beguiling in small structures **and**, when tastefully done, even in larger buildings.

로코코 건축은 작은 건물이 어울리지만 잘만 지으면 규모가 큰 건물에서도 참맛을 느낄 수 있다.

영어 접속사 and를 '-으므로'나 '-니까', '-지만'처럼 인과의 뜻을 담은 어미로 옮겼습니다. 그래서 and를 직역해서 그냥 나열식으로만 해석하면 문장이 영 어색해집니다. (물론 거꾸로 '-으므로'와 '-니까'가 들어간 한국어 문장을 영작한다고 할 때는 인과 관계라고 해서 무조건 because나 since 또는 as를 집어넣으면 글이 너무 딱딱해지겠지요. 이럴 때는 마찬가지로 and를 적절히 집어넣는 것이 좋습니다.)

그런데 이런 어색한 번역문에 익숙해진 사람은 한국어로 글을 쓸 때도 그런 문장을 쓰기 쉽습니다. 다음은 어느 대학교 학생회 홈페이지에 실린 내용입니다. "이번에 총학생회 홈페이지에 이슈 토론방을 개설하였으며 이곳에 좋은 의견을 많이 올려주시기 바랍니다." 번역투가 한국어 고유의 어미까지 흔들어놓은 것입니다. 여기서 '-며'는 '-니'로 바꿔야 합니다.

동사나 형용사 같은 용언 끝에 오는 어미 외에 체언 다음에 붙는 조사도 번역에서 적극적으로 활용하면 좋습니다.

For if, as Ranke said, every stands justified in the sight of God, it deserves **at least** sympathy in the sight of Man.

랑케가 말한 대로, 모름지기 신 앞에 부끄러운 시대는 없는 것이라면, 어느 시대나 인간의 연민을 받을 자격은 있는 것이다.

물론 '적어도'라는 말을 넣어서 '적어도 인간의 연민을 받을 자격은 있는 것'이라고 하면 한결 뜻이 선명하겠지만 원칙적으로는 '-은' 하나만으로도 at least의 뜻을 담아낼 수 있습니다. 마찬가지로 가령 "I paid **no less than** thirty pounds for this book."은 "이 책을 30파운드나 주고 샀다."로 옮길 수 있습니다. 여기서도 '자그마치'나 '무려' 같은 말을 집어넣으면 뜻이 더 선명해지겠지만 굳이 안 집어넣어도 no less than의 의미가 충분히 전달됩니다. "This incident made him angry." 같은 영문도 "이번 일 때문에 노여움이 크시다."보다는 "이번일로 노여움이 크시다."라고 하는 것이 더 간결하고 머리에 쏙 들어오지 않습니까.

또 "**Some** went out, **others** stayed."은 "어떤 사람은 떠났고 어떤 사람은 남았다."고 해도 물론 괜찮지만 "떠난 사람도 있고 남은 사람도 있었다."도 좋습니다. "He is smart **when it comes to** making money."는 "그는 돈벌이에는 약은 사람이다."로 할 수 있습니다. 그런가 하면 "Pantheism was one form of Romanticism faith." 같은 영문은 "범신론은 낭만주의 신앙의 한 형태였다."라고 하면 원문에는 충실할지 몰라도 독자에게 친절한 번역이라고 말하기는 어렵습니다. 이것도 "낭만주의 신앙은 범신론<u>으로도</u> 나타났다."라고 하든가 "낭만주의의 종교성은 범신론<u>으로도</u> 나타났다."라고 하는 것이 독자를 배려하는 번역입니다.

마지막으로 접속사 and를 처리하는 방식을 소개하겠습니다.

The most important goals of democracy is to protect the liberties, rights, **and** interests of all citizens.

1. 민주주의의 가장 중요한 목표는 모든 국민의 자유, 권리, 그리고 이익을 지키는 것이다.

2. 민주주의의 가장 중요한 목표는 모든 국민의 자유와 권리, 이익을 지키는 것이다.

영어에서는 둘 이상의 명사를 나열할 때는 반드시 끝에다 접속사 and를 넣는 것이 원칙입니다. 그리고 한국어로 번역을 할 때는 대체로 직역을 해서 첫번째 번역문처럼 해주는 경우가 많습니다. 그래서 이제는 번역문이 아니라 한국어 창작문에서도 영어 and처럼 '그리고'를 많이 씁니다. 하지만 한국어에서 명사를 나열할 때는 '와'라는 조사를 먼저 앞세워줍니다. 가령 "Listening to the local broadcasting, reading newspapers, and looking through dictionaries are important at this stage." 같은 문장은 "이 단계에서는 그 언어로 된 방송 듣기, 신문 보기, 그리고 사전 찾기가 중요하다."라고 옮기기보다는 "이 단계에서는 그 언어로 된 방송 듣기와 신문 보기, 사전 찾기가 중요하다."라고 옮기려고 저는 노력합니다. 그것이 한국어다운 문장이기도 하지만 군살이 없는 간결한 표현이기 때문입니다. 다음 장에서는 문장에서 군더더기를 없애는 요령을 알아볼까 합니다.

■ 나의 번역 사례

- **They say** they have no money.

  돈들이 없대.

- **Even if** I starve to death, I won't ask a favor of him.

  굶어죽을지언정 그놈 신세는 안 진다.

- **If** you do that, what am I supposed to do?

  자네가 그리할진대 난들 어쩌겠나?

- **Shall** I buy you a knife or a pencil?

  칼을 사주랴 연필을 사주랴?

- When I was **on the point of** falling asleep, the telephone rang.

  잠이 들락 말락 하는데 전화가 왔다.

- They went swimming **in spite of** all the danger signs.

  경고 팻말이 사방에 있었는데도 그들은 헤엄을 치러 갔다.

- It will be a long time **before** he realize this.

  오랜 시간이 흐르고서야 그는 깨달을 것이다.

- I would **rather** fail **than** cheat.

  떨어질망정 커닝은 안 하련다.

- **Despite** the heavy rain there were twenty people already.

  비가 그렇게 퍼부었는데도 벌써 스무 명이나 모였다.

- **Because** the child is under age, his parents were still responsible for him.

아이가 미성년자라서 아직 부모가 보살펴야 한다.

- Please help yourself **though** it isn't a nice dinner.

맛없는 진지나마 많이 드세요.

- **However** great the temptation, he shouldn't have done it.

아무리 유혹이 심하기로서니 그런 일은 하는 게 아니었다.

- **Not only** do I lack money, but I haven't got the time.

돈도 없거니와 시간도 없다.

- **If** you're going to make laws without observing them, what is the point of going to the trouble of making them?

법을 만들기만 하고 지키지 않을 바에야 왜 애써 만들까요?

- There have been **some** ugly scenes.

불미스러운 장면도 있었다.

- Please prepare my breakfast **so that** I may have it ten.

10시에 아침을 먹도록 해주세요.

- I laughed **until** I cried.

눈물이 나오도록 웃었다.

- I had heard **nothing** of it **until** five minutes ago.

5분 전에야 그 이야기를 들었다.

- **What with** my telling him and his telling me, there was no end to our talking.

주거니 받거니 얘기가 끝이 없었다.

- **What with** studying and writing letters, I have no time to sleep.

공부하랴 편지 쓰랴 잠잘 새가 없다.

- I **wish** you had left with him.

네가 그 남자하고 같이 갔으면 좋았으련만.

- The tune is fine, **but** the words are finer.

곡조도 좋거니와 사설이 더욱 좋네.

- I **know** the city awaits me outside.

밖에서는 도시가 나를 기다리고 있으렷다.

- That **explains** his gloominess.

풀이 죽었더라니.

11장

# 살빼기
군살은 뺄수록 아름답다

영어의 논리성은 어떤 대상을 비교하는 문장에서 가장 두드러집니다. 다음 한국어 문장을 영작하는 사람은 아마 그 점을 실감할 것입니다.

괴벨스의 야심은 히틀러하고는 전혀 달랐다.

만약 여러분이 이 문장을 "Goebbel's ambitions had never been identical with Hitler."라고 옮긴다면 뜻이야 통하겠지만 영미인은 불편함을 느낄 것입니다. 괴벨스의 야심을 히틀러의 야심과 비교해야지 어떻게 히틀러와 비교하느냐는 것이지요. 그래서 영작에서 좋은 점수를 받으려면 "Goebbel's ambitions had never been identical with those of Hitler."라고 해야 합니다.

그런데 거꾸로 두 번째 영문을 한국어로 옮길 때도 꼭 "괴벨스의 야심은 히틀러의 야심하고는 달랐다."라고 해야만 하는 것일까요? 저는 그렇게 생각하지 않습니다. '야심'하고 '사람'을 비교할 수 없다는 것은 삼척동자도 아는 사실입니다. 뻔한 사실을 새삼스럽게 드러내는 것이 마치 논리적인 것처럼 주장하는 것은 호들갑일 수도 있습니다. 물론 한국어에 상대적으로 부족한 논리성을 이런 방식으로라도 보완해야 한다는 주장에 일리가 없는 것은 아닙니다. 특히 자구 하나하나와 수식 관계를 철저히 따지는 법률문에서는 얼렁뚱땅 넘어가서는 안 되니까 그런 점에 더욱 유념해야겠지요.

하지만 실제로 영어를 한국어로 번역하다 보면 영어 원문에 군더더기가 너무 많다는 느낌을 자주 받습니다. 뻔히 아는 내용인데도 일일이 밝힌다는 것이 일종의 논리 강박증처럼 느껴져서 답답해집니다. 그래서 일상생활에서 통용되는 글을 번역할 때는 역시 전후 관계와 맥락으로 논리 관계를 파악할 수 있는 한국어 문체로 하는 것이 좋다고 저는 생각합니다. 이 장에서는 한국어 관점에서 보면 빼도 좋을 것처럼 보이는 외국어 번역의 군살에 대해서 알아볼까 합니다.

"Give that man the book."이라는 영문을 한국어로 번역하라고 하면 아마 "그 사람에게 그 책을 주어라."라고 옮기는 분이 많을 것입니다. 영어 정관사 the는 한국어 '그'에 해당한다고 문법서에 나오니까요. 그런데 지금으로부터 약 120년 전에 조선에서 영한사전을 만들고 한국어 문법서까지 쓴 언더우드 목사는 the를 조금 다르게 해석했습니다.

언더우드는 '그 책'의 '그'는 필요 없다고 생각했습니다. 한국어 조사 '을'이 영어 정관사 the의 역할을 한다고 보았기 때문입니다. 따라서 언더우드의 논리에 따르자면 "Give that man a book." 같은 영문은 "그 사람에게 책 주어라."라는 한국어 문장으로 옮기는 것이 자연스럽습니다. 정관사 the가 없으니 조사 '을'을 넣지 않은 것이지요. 언더우드는 같은 맥락에서 "병사 왔소."가 "A soldier has come."에 해당한다고 보았고 "병사가 왔소."는 "The soldier has come."에 해당한다고 보았습니다. 그리고 "문지기가 교군을 불렀소."를 "The gateman has called the chair coolies."로 번역했습니다.

영어 정관사 the를 한국어 조사와 짝지어 생각한 언더우드의 발상은 사뭇 예리합니다. 하지만 저는 주어 자리에 오는 정관사 the와 잘 어울리는 짝을 약간 다른 측면에서 찾고 싶습니다. 일본의 오노 스스무라는 언어학자는 기지의 정보, 미지의 정보라는 개념으로 일본어 조사 は(한국어 '은/는'에 해당)와 が(한국어 '이/가'에 해당)의 차이를 설명합니다.[1] (일본어 조사 は나 が가 한국어 조사 '은'이나 '이'와 완전히 똑같다고 볼 수는 없겠지만 이 경우는 대동소이하다고 보여서 그냥 한국어 번역문으로 통일하겠습니다.) 가령 누군가가 연단에 올라가서 "저는 오노입니다." 하면 '저'라는 사람은 청중 앞에 있으니까 청중 입장에서는 이미 아는 정보, 곧 기지의 정보지요. 그래서 여기다 '오노'라는 미지의 정보를 덧붙입니다. 반대로 연단에 올라가서 "제가 오노입니다."라고 말하면 '오노'는 청중이 이미 아는 정보, 곧 기지의 정보인데 여기다가 '저'라는 미지의 정보를 덧붙이는 형식이 됩니다.

그런데 정관사 the도 말하는 사람과 듣는 사람 모두가 무엇을 가리키는지 아는 정보, 곧 기지의 정보를 가리킬 때 씁니다. 따라서 적어도 the가 주어 자리에 왔을 때는 언더우드의 생각과는 달리 '이/가'가 아니라 '은/는'으로 옮기는 것이 더 정확하고 자연스러운 번역이라고 생각합니다. 그래서 언더우드가 "문지기가 교군을 불렀소."라고 옮긴 영문 "The gateman has called the chair coolies."는 "문지기는 교군을 불렀소."로 옮기는 것이 저는 한결 낫다고 봅니다.

한국어 조사 '은'과 '는'은 실제로 이렇게 이미 아는 대상을 나타낼 때 씁니다. "시험은 어렵지 않았다."거나 "경찰관은 나를 물끄러미 쳐다보았다."라고 하면 이것은 '시험'이 어떤 시험이고 '경찰관'이 어떤 경찰관인지를 듣는 사람이 안다는 사실이 전제된 표현입니다. 그렇다면 "The company hired me by the day." 같은 영문을 굳이 "그 회사는 일용직으로 나를 썼다."라고 하지 않고 "회사는 일용직으로 나를 썼다."라고 해도 되고 "The excursion was postponed on account of the rain." 같은 영문도 "그 야유회는 비로 연기되었다."라고 하는 것보다는 "야유회는 비로 연기되었다."라고 하는 것이 자연스럽습니다. '그'에 해당하는 정보는 이미 '는'이나 '은'에 들어가 있으니까 군더더기가 되는 셈이지요. 번역에서 이런 군더더기를 없애는 것이 바로 살빼기입니다.

그럼 부정관사 a나 an은 어떻게 번역하면 좋을까요? 다음 문장을 어떻게 한국어로 옮길 수 있을까요?

A policeman motioned to us.

아마 "한 경찰이 우리한테 손짓을 했다." 아니면 "어떤 경찰이 우리한테 손짓을 했다."라고 번역하는 분도 적지 않을 것입니다. 물론 틀린 번역은 아니고 한국어로도 실제로 얼마든지 그렇게 말할 수 있습니다.

하지만 이야기에서 특별히 문제의 경찰을 부각할 필요가 없을 때는 그냥 "경찰이 우리한테 손짓을 했다."만으로도, 누구인지는 모르지만 경찰관 차림을 한 사람 하나가 우리한테 손짓을 했다는 뜻이 충분히 전달됩니다. 한국어 '이'와 '가'는 미지의 대상을 가리킬 때 요긴하게 쓰이는 조사니까 역시 미지의 정보를 소개하는 영어 부정관사 a나 an과 잘 어울립니다. 그래서 "A nurse asked peremptorily for my name." 하면 꼭 '어떤 간호사'나 '한 간호사'라고 하지 않고 그냥 "간호사가 고압적으로 이름을 물었다."라고 하면 됩니다. 한 명이라는 뜻을 굳이 나타내고 싶다면 "간호사 한 명이 고압적으로 이름을 물었다." 하면 되겠죠. 이렇게 영어 the와 a/an을 한국어 '은/는'과 '이/가'와 연결 지으면 '그'나 '어떤/한' 같은 군더더기 없이 문장을 간결하게 만들 수 있습니다. 문장의 살을 빼는 것이지요.

정리하자면, 듣는 사람이 이미 안다고 여겨지는 정보를 내놓을 때는 정관사 the를 앞에 붙이고 듣는 사람이 아직 모르는 미지의 정보를 내놓을 때는 부정관사 a를 앞에 붙인다는 것이 영어에서 the와 a를 구별하는 가장 간단한 기준입니다. 그렇다면 기지의 정보를 제시하는 한국어 조사 '은/는'은 영어 정관사 the에 해당하고 미지의 정보를 던지는 한국어 조사 '이/가'는 영어 부정관사 a/an에 해당한다고 말할 수 있습니다.

이번에는 부정관사와 정관사가 함께 들어간 영문과 한국어 번역문에서 '은'과 '이'의 뉘앙스 차이를 느껴보시기 바랍니다.

Once upon a time there lived **a** young frog. **The** frog had no friends to play with.

　옛날에 어린 개구리가 살았습니다. 개구리는 같이 놀 친구가 없었습니다.

　앞문장에서 개구리가 한 마리라는 사실을 나타내려고 "옛날에 어린 개구리가 한 마리 살았습니다."라고 해도 한국어로서는 자연스럽지만 뒷문장을 "그 개구리는 같이 놀 친구가 없었습니다."처럼 '그'를 덧붙이면 문장이 지저분해집니다. 내친 김에 a와 the가 들어간 간단한 영문 하나를 더 소개합니다. 조금 억지스러운 느낌도 드는 예문입니다만, '은'과 '가'를 써서 어떻게 미묘한 차이를 드러내는지 느껴보시라는 뜻에서 소개합니다.

　　The farmer chained the dogs to the tree.
　　농부는 개들은 나무에 묶어 두었다.
　　The farmer chained dogs to the tree.
　　농부는 개들을 나무에 묶어 두었다.
　　A farmer chained the dogs to the tree.
　　개들은 농부가 나무에 묶어 두었다.
　　A farmer chained dogs to the trees.
　　농부가 개들을 나무에 묶어 두었다.

　정관사 the에 대하여 한마디만 덧붙이자면 동사가 어떤 작용이나 동작을 나타내지 않고 그저 존재나 상태를 나타내는 be 동사일 때는

'은'이 아니라 "-한 -이다."로 나타낼 수도 있습니다. 가령 "The station was gloomy."는 "기차역은 을씨년스러웠다."도 좋겠지만 "을씨년스러운 기차역이었다."도 괜찮습니다. 또 "The CD is a compilation of disco hits from the 70s." 같은 영문은 "그 CD는 70년대에 유행한 디스코 음악을 집대성했다."보다는 "70년대에 유행한 디스코 음악을 집대성한 CD다."라고 하면 훨씬 간결하고 자연스럽습니다. 정관사 the는 기지의 정보를 전제로 쓰는 말이니까 이렇게 다짜고짜 들이미는 식으로 옮겨도 됩니다. 불문곡직체라고나 할까요. 꼭 정관사가 안 들어갔더라도 대명사처럼 가리키는 대상이 분명한 말이 주어로 왔을 때도 비슷하게 옮겨주면 자연스럽습니다. 가령 "He cannot stick to any job for long." 같은 영문은 "그 남자는 어떤 일을 시켜도 오래 배기지 못하는 사람이다."라고 굳이 안 하고 "어떤 일을 시켜도 오래 배기지 못하는 사람이다."로 충분하다는 뜻입니다.

영문을 한국어 문장으로 옮기면서 줄일 수 있는 군더더기는 이밖에도 많습니다. 농부와 개가 나오는 앞의 영문 번역문에서 '개들'이라는 표현이 나왔지요. '들'이라는 표현도 현대 한국어에서 쓸데없이 남발되는 말입니다. 이것도 영어 번역투의 영향이 큽니다. 영어는 단수와 복수를 민감하게 구분하거든요. 하지만 한국어는 꼭 필요한 경우가 아니면 단수인지 복수인지를 딱히 밝혀주지 않아도 되는 언어입니다. "요즘 손님이 너무 많다."라고 하면 되지 "요즘 손님들이 너무 많다."라고 굳이 '들'을 안 붙여도 됩니다. 그런데 영문을 직역하여 복수형에는 꼬박꼬박 '들'을 붙여주는 번역서가 워낙 많다 보니 이제는 보통 글에서도 '들'이 범람합니다.

'대중'이나 '민중'은 그 자체로 많은 사람의 집단을 가리키는데 이것을 '대중들'이나 '민중들'이라고 하는 것은 과잉 아닐까요? 마찬가지로 여러 개가 쌓여서 이루어진 것을 통째로 가리키는 '업적'이나 '실적' 또는 '행적'을 굳이 '업적들', '실적들', '행적들'이라고 '들'을 덧붙일 필요가 있을까요? 그런데 심지어 '필요'라는 추상어까지도 영어 necessities의 직역투가 남용되면서 '필요들'이라고 말하는 경우를 요즘은 심심치 않게 볼 수 있습니다. 정말이지 꼭 필요하지 않은 '들'이 현대 한국어 문장에서 너무 많아졌습니다.

영어가 복수형이라고 해서 한국어도 꼭 복수형으로 해줄 필요는 없습니다. 영어에도 모양은 복수형인데도 단수로 취급하는 단어가 얼마든지 있습니다. "지금의 선거 제도는 엉망이다."를 영어로 나타내면 "The current electoral system is a shambles."가 되는데 여기서 shambles가 그렇습니다. '엉망'이란 것은 결국 '많은 것이 어지럽게 뒤섞인 상태'를 말하니까 그것을 전체로서 하나로 포착한다는 뜻에서 앞에 a를 붙여서 단수로 취급하는 것입니다. 영어도 그런데 하물며 한국어는 어떻겠습니까. 영어라는 외국어의 겉모습에 속아 넘어가지 않고 속살을 옮기려는 마음가짐이 중요합니다.

한국어에서 '들'만 없애도 문장이 많이 깨끗해집니다. "꽃들이 흐드러지게 피어 있다.", "새들이 떼 지어 난다.", "여러 사람들을 만났다.", "각종 야채들을 판다."는 그냥 "꽃이 흐드러지게 피어 있다.", "새가 떼 지어 난다.", "여러 사람을 만났다.", "각종 야채를 판다."라고 말하는 것이 좋습니다. '흐드러지게'라는 말, '떼 지어'라는 말, '여러'라는 말,

'각종'이라는 말에 이미 복수의 뜻이 들어가는데 굳이 '들'을 명사에 덧붙일 이유가 없지요. 한국어는 특히 의태어 같은 부사로 어떤 명사가 여러 개 있는 상태를 묘사할 수 있는데 이 경우에도 명사 다음에 굳이 '들'을 써줄 필요가 없습니다. "초가집들이 옹기종기 모여 있다.", "사과들이 주렁주렁 매달렸다.", "책들이 가지런히 꽂혀 있다."에서 '들'은 모두 군말입니다. 군입을 줄여야 살림이 펴는 것처럼 군말을 쳐내야 글이 맑아집니다.

꼭 필요한 경우가 아니면 '들'을 붙이지 않아야 자연스러운 한국어가 나옵니다. '이들 많은 오류들의 기저에는' 같은 번역문은 '이 많은 오류의 기저에는'으로, '광범위한 국내적 국제적 문제들'은 '광범위한 국내외 문제'로 고쳐야만 글이 간결해지고 또 그래야만 머리에도 쏙 들어옵니다. 요즘은 '들'이 앞에 나열된 명사들에 두루 걸린다는 것을 나타내려고 명사 다음에 '들'을 띄어쓰기도 하더군요. 가령 '콩, 녹두, 밤, 잣 들을 곁들인 안주'라고 말이지요. 그런데 엄연히 접사인 '들'을 띄어 쓴다는 것은 '잠보'를 '잠 보'라고 쓰는 것처럼 자가당착이 아닐까요. 이것은 영어나 프랑스어 같은 외국어를 직역해야 한다고 생각하는 외국 문학 전공자들의 불필요한 원어 존중 의식이라고 저는 생각합니다. 그냥 '콩, 녹두, 밤, 잣을 곁들인 안주'라고 하면 충분하다고 생각합니다.

하지만 한국어가 '들'이라면 무슨 경기를 일으키기라도 하느냐 하면 그렇지는 않습니다. 한국어는 사실 '들'을 아주 좋아합니다. 영어와는 달리 명사 다음에 '들'을 잘 안 쓸 뿐이지요. 가령 "They are completely clueless about the concept of democracy."라는 영문은 "민주주의란 개념을 확실히들 모르고 있습니다."라고 해도 되고 "민주주의란 개념을 확실히 모르고들 있습니다."라고 해도 됩니다. 앞의 '들'은 '확실히'라는 부사에 붙였고 뒤의 '들'은 '모르고'라는 동사에 붙였습니다. 명사 아닌 다른 품사 다음에 오는 '들'은 특히 일상 대화에서 많이 볼 수 있습니다. 따라서 의미상 복수형을 꼭 나타내고 싶을 때는 이렇게 '언제들, 왜들, 바쁘게들, 늦지들'처럼 명사 아닌 다른 품사에 '들'을 붙여주면 한결 자연스러운 한국어가 됩니다. '들'을 잘만 쓰면 단수인지 복수인지를 영어보다 더 정확하게 나타낼 수도 있습니다. 가령 영어에서는 "Aren't you cold?" 하면 앞뒤 맥락이 없으면 이것만으로는 you가 단수인지 복수인지 알 도리가 없지만, 만약 you가 단수라면 "춥지 않니?"라고 옮기고 복수라면 "춥지들 않니?"라고 옮겨서 단수와 복수를 구별할 수 있으니까요.

그런데 원문에 있는 복수의 뉘앙스를 꼭 살려주고 싶을 때가 있습니다. 가령 땡볕이 내리쬐는 한낮에 스페인 어느 지방 소도시에서 주민들이 공원 그늘에서 더위를 식히는 장면을 묘사한 다음과 같은 문장이 있다고 합시다.

It is one o'clock, the hottest time of day. The entire population is resting in the shade of the **big trees** in the park.

만약 이 영문을 "커다란 나무 그늘 아래 쉬고 있었다."라고 하면 한국 독자는 시골의 마을 어귀에 있는 커다란 정자나무 한 그루를 연상할 가능성이 있습니다. 그런 오해를 피하고 싶을 때는 '들'을 넣어주는 것이 좋겠습니다. 그런데 '들'을 집어넣지 않으면서도 복수라는 것을 나타낼 수 있는 방법은 없을까요? 가령 big 같은 형용사가 있을 때는 이것을 반복해서 써주어서 복수성을 나타낼 수 있습니다. 번역을 하면 이렇게 되겠지요. "오후 1시, 가장 뜨거울 때다. 주민 모두가 공원의 큼직큼직한 나무 그늘 아래 쉬고 있다."

귀에 유난히 거슬리는 군말은 또 있습니다. '-고 있다'와 '-어 있다'입니다. '-고 있다'는 '준비하고 있다'처럼 어떤 동작이 이루어지는 진행형 시제를 나타내고, '-어 있다.'는 "고기가 얼어 있다."처럼 상태를 나타내는 데 요긴하게 쓰고 있는 표현입니다. 방금 제가 쓴 문장에서 굵은 글씨로 된 부분이 어색하다고 느껴지지 않는 분은 아마도 일상 대화나 글에서 '-고 있다'를 애용할 가능성이 높습니다. 현대 한국인은 '-고 있다'를 너무 많이 씁니다. 이것은 전형적인 일본어 문체입니다. 일본어 문체라서 문제인 것이 아니라 한국어 문체를 쓸데없이 흐트러뜨리니까 문제입니다.

The Holocaust Memorial in Berlin consists of 2,711 concrete slabs.

1. 베를린 유대인학살추도관은 2,711개의 콘크리트 덩어리로 이루어져 있다.
2. 베를린 유대인학살추도관은 2,711개의 콘크리트 덩어리로 이루어졌다.

"콘크리트 덩어리로 이루어져 있다"보다는 "콘크리트 덩어리로 이루어졌다"가 한결 낫습니다. 물론 '-졌다'와 '-져 있다'를 구별해야 할 때도 있습니다. 동작의 뜻이 들어가는 동사는 그런 구별을 요구할 때가 있습니다. 나뭇잎이 떨어진 과거의 사건을 알릴 때는 '떨어졌다'라고 하고 나뭇잎이 지금 떨어진 상태를 알릴 때는 '떨어져 있다'고 말합니다. 하지만 '이루어지다'는 동작이 아니라 그 자체가 상태를 말합니다. 따라서 여기다 다시 상태를 나타내는 '-져 있다'를 덧붙이는 것은 과잉 묘사가 아닐까요.

'-고 있다'의 남용도 우려할 만한 수준입니다. "한국도 비슷하다고 생각하고 있습니다만 일본에서 영어는 특수한 곳을 제외하고는 거의 통하지 않고 있습니다."는 "한국도 비슷하다고 생각합니다만 일본에서 영어는 특수한 곳을 제외하고는 거의 통하지 않습니다."로 다듬어야 한국어다운 문장이 됩니다. "아직은 관심을 두고 있는 후보가 없습니다."나 "성희롱 혐의로 구설수에 오르고 있는 정치인들" 같은 표현은 "아직은 관심을 둔 후보가 없습니다."와 "성희롱 혐의로 구설수에 오르는 정치인들"로 고쳐야 합니다. "겨냥하고 있는 것처럼 보인다"는 "겨냥하는 것처럼 보인다"로 충분하고 "이 사건은 우리에게 어떤 교훈을 주고 있는가?"는 "이 사건은 우리에게 어떤 교훈을 주는가?"로 족합니다. "사이드가 조금 다른 맥락에서 비평하고 있는 오리엔탈리즘"은 "사이드가 조금 다른 맥락에서 비평하는 오리엔탈리즘"으로 족합니다.

"그는 국제법에 정통하고 있다." 같은 문장은 더욱 곤란한 문장입니다. 같은 동사라도 '오르다'와 '겨냥하다'는 행동의 뜻이 담겨 있으므로 진행 상태를 나타내는 '있다'가 붙어도 덜 어색하지만 '정통하다'는 동작성이 희박합니다. '유식하다'라는 형용사에 가까운 말입니다. 형용사에 진행형을 나타내는 '-고 있다'를 붙일 수는 없습니다. "산이 높다."라고 말하지 "산이 높아 있다."라고 말하지 않는 것과 같은 이치입니다.

형용사 다음에 '-어 있다'를 써도 곤란합니다. 형용사 자체가 상태를 나타내는 말이니까요. 같은 말이라도 그다음에 '-어 있다'를 쓸 수 있을 때와 없을 때가 있습니다. 가령 "밀가루 반죽이 굳어 있다."라고는 할 수 있지만 '굳어 있는 표정'이라고는 할 수 없습니다. 앞의 '굳다'는 딱딱해지는 변화 과정을 나타내는 동사지만 뒤의 '굳다'는 이미 단단해진 상태를 나타내는 형용사이기 때문입니다. 그런데도 "집이 너무 낡아 있다." 같은 표현을 남발하는 사람이 너무 많습니다. "집이 너무 낡았다"가 맞습니다.

그런가 하면 '-에 관한'이라는 표현을 남발해도 글이 지저분해집니다. 가령 a book on gardening은 '원예에 관한 책'이라고 장황하게 적기보다는 그냥 '원예서'라고 하면 됩니다. 또 laws regarding environmental sanitation도 '환경위생에 관한 법'보다는 '환경위생법'이, a question of one's honor는 '명예에 관한 문제'보다는 '명예 문제'가 한결 낫습니다. 비슷한 예로 '-에 대한' 같은 표현도 될 수 있으면 안 쓰려고 저는 노력합니다. '중국인의 성격에 대해 이론화하려는 노력'보다는 '중국인의 성격을 이론화하려는 노력'이라고 담백하게 나타내는 편을 저는 선호합니다. "감세 정책에 대해 찬성하십니까?"보다는 "감세 정책을 찬성하십니까?"가, '상수원 주위의 개발 금지에 대한 피해'보다는 '상수원 주위의 개발 금지로 인한 피해'가 훨씬 깨끗하고 논리적입니다. 또 '-을 향해'도 쓸데없이 문장으로 비집고 들어갈 때가 많습니다. '동포를 향해 기독교 지식을 전파하고'라는 표현은 '동포에게 기독교 지식을 전파하고'로 다듬는 편이 한결 낫습니다.

위에서 살펴본 '-에 관한', '-에 대한', '-을 향해' 같은 표현은 글을 딱딱하고 권위적으로 만든다는 공통점이 있습니다. '위해서'도 그렇습니다. '햇볕을 가리기 위해서'는 '햇볕을 가리려고'로 충분합니다. '관해, 대해, 향해, 위해'의 공통점은 관(關), 대(對), 향(向), 위(爲)라는 한자 외자 다음에 '하다'가 붙은 한자 중심의 전통 문어체라는 것입니다. 이런 표현은 요긴하게 쓰일 때도 있지만 너무 남발하면 글을 괜히 거만하고 근엄하게 만들기 십상입니다.

두 문장을 하나로 이어주는 방식으로 살을 빼는 법도 있습니다. 가령 "The guillotine was invented in Scotland. It was used during the French Revolution." 같은 두 문장은 "단두대는 스코틀랜드에서 만들었지만 프랑스 혁명 때 많이 썼다."처럼 한 문장으로 붙이면 자연스럽습니다. 주어가 같은 두 문장을 이런 식으로 이어주면 흐름이 부드러워집니다. 물론 주어가 달라도 접속사를 빼고 두 문장을 이을 수 있습니다. 예를 들어보겠습니다.

Officials wanted to charge the group with vandalism. **But** the group said that there were no signs to show that the area was protected.

공무원들은 학생들이 공공 기물을 파괴했다면서 고발을 하려고 **했지만**

학생들은 그곳이 보호 구역이라는 것을 알리는 안내판이 없었다고 따졌다.

영어는 문장과 문장을 잇는 논리적 연결 고리로 접속사에 기대니까 접속사를 많이 써줍니다. 하지만 한국어는 10장에서 살펴본 대로 어미가 발달한 언어라서 '-니까, -지만' 같은 어미만으로도 접속사의 뜻을 얼마든지 나타낼 수 있습니다. 10장에서 다루었으니까 자세한 내용은 생략하겠습니다.

영어는 또 say, explain, ask, reply처럼 주어의 발언 행위를 묘사하는 동사를 꼬박꼬박 넣어주는 경향이 있는데 이것도 한국어 문장에서는 빼도 무방할 때가 많습니다. 한국어 번역문에서 '물었다', '설명했다', '말했다', '대답했다' 같은 표현을 너무 남발하면 부자연스러운 느낌을 줍니다. 가령 "'Your sister - the famous actress?' Jane **asked** with raised eyebrows." 같은 영문은 "'배우 한다는 그 유명한 동생?' 제인은 눈을 동그랗게 떴다."라고 하면 되지 굳이 "눈을 동그랗게 뜨면서 물었다."라고 하지 않아도 됩니다. 또 "He **replied** by defending both Hitler and his approach."는 "그는 히틀러의 방식이 옳다며 히틀러를 두둔했다."로 충분합니다. 참고로, 어떤 사람과 그 사람의 행동 방식이나 태도를 분리해서 생각하는 것은 영어식 사고입니다. 만약 이 영문을 "그는 히틀러와 히틀러의 방식이 모두 옳다고 두둔했다."라고 직역한다면 상당히 부자연스러운 느낌이 듭니다. 이런 서구식 분석문은 한국식 통합문으로 바꾸는 것이 좋습니다.

영어는 일반적으로 대화가 나오면 누가 그 말을 했는지를 웬만하면 밝혀줍니다. 뻔히 누가 하는 말인지를 짐작할 수 있는 상황에서도 he said나 I said라고 꼬박꼬박 밝혀줍니다. 강박관념에 가까울 정도입니다. 한국어는 그렇지 않습니다. 한국어의 가장 큰 특징은 생략할 수 있는 내용은 생략한다는 것입니다. 그런 특성은 지문 처리에서도 드러납니다. 한국어 소설에서는 독자가 뻔히 알 수 있는 "그가 말했다."나 "내가 말했다."는 잘 밝히지 않습니다. 물론 요즘 소설은 번역서의 영향으로 서양식 지문 처리가 예전보다는 늘어나는 추세입니다.

마찬가지로 '깨닫다', '알아차리다', '느끼다'에 해당하는 뜻을 지닌 realize, find, notice, feel 같은 동사도 번역을 안 해주는 것이 더 자연스러울 수 있습니다. 가령 "Suddenly, I **noticed** that the rain had stopped." 같은 문장은 "어느새 비가 멈춘 것을 알아차렸다."보다는 "어느새 비가 멎어 있었다."가 훨씬 자연스럽고 또 정확합니다. '-어 있었다'는 표현 자체에 '알아차렸다'라는 뜻이 들어가기 때문입니다.

On the twenty-first morning, Farizad took out her brother's knife and **found** that its blade was scarred with rust.

이런 영문도 "스무하루가 되던 날 오빠의 칼을 꺼낸 파리자드는 칼날에 녹이 슬어 있는 것을 발견했다."라고 곧이곧대로 옮기는 것보다는 "스무하루가 되던 날 파리자드가 오빠의 칼을 꺼내 보니 칼날에 녹이 슬어 있었다."라고 옮기는 것이 한결 낫습니다. 그런데 원문의 brother가 오빠인지 남동생인지 어떻게 알고서 '오빠'라고 옮겼을까요? 다음 장에서는 그런 문제를 놓고 고민해볼까 합니다.

■ 나의 번역 사례

- **The** writer lived in **an** apartment block near a vegetable market that gave off warm rotting smells.

작가는 부근 야채 시장에서 썩은 내가 후끈 풍겨오는 아파트에서 살았다.

- His contribution to the country dwarfs **those of the people** who have connived from day one to get rid of him.

그가 나라에 기여한 바는 첫날부터 그를 끌어내리려고 작당을 한 사람들에 비하면 하늘과 땅 차이다.

- The peasants were the largest group of people. **They** had very few rights. Peasants farmed the lord's land.

농민은 가장 숫자가 많은 인구 집단이었지만 권리가 거의 없었다. 그들은 영주의 땅에서 농사를 지었다.

- It is by no means a sophisticated drawing. **But it** shows the archaeologists how the ancient people hunted and which animals they killed.

물론 정교한 그림은 아니지만 고고학자들은 옛날 사람이 어떻게 사냥을 하고 어떻게 짐승을 잡았는지 이 그림을 보고 알 수 있다.

- I **noticed** a tear in his coat.

외투가 뜯어져 있었다.

- I have benefited from suggestion**s**, criticism**s** and comment**s** from many colleague**s** here and abroad.

국내외의 수많은 동료한테서 받은 제안과 지적, 논평이 도움이 되었다.
- Göring **was able to** persuade Hitler of the advantages of a separate Slovakia state.

괴링은 슬로바키아를 독립국으로 만드는 것이 유리하다고 히틀러를 설득해냈다.
- She **found** her husband stabbed to death.

남편은 칼에 찔려 죽어 있었다.
- An hour later, when Papen arrived post-haste from Vienna, he **found** the Reich chancellery in a frenzy of activity.

한 시간 뒤 파펜이 빈에서 허둥지둥 돌아와 보니 제국총리실은 정신없이 돌아가고 있었다.

12장

# 좁히기
좁혀야 생생하다

외국어를 한국어로 옮길 때 가장 난감한 순간은 친족어가 튀어나올 때입니다. 가령 합스부르크 왕조의 마리아나 공주가 스페인 왕 펠리페 4세의 아들인 사촌한테 시집을 가려다가 사촌이 갑자기 죽는 바람에 사촌의 아버지인 펠리페 4세에게 시집을 간다는 기구한 팔자를 그린 다음 영문을 보실까요.

Royal children were pedigree cattle at the service of the state. All this is to be seen in Mariana's mouth: the news that you will not marry your **cousin** after all because he is dead, but that you are to marry his father, who is alive, instead. He may be your **uncle**, though he does not speak **your language**.

왕실에 태어난 아이는 나라에 몸을 바치는 씨소나 마찬가지였다. 마리아나의 입매가 그런 사정을 모두 말해준다. 사촌은 죽었으니 시집을 갈 수가 없고, 대신에 살아 있는 사촌의 아버지한테 시집을 가야 한다는 통보. 남자는 독일어를 못하지만 엄연히 삼촌은 삼촌이다.

먼저 cousin은 보통 '사촌'이라고 하지요. 그런데 '사촌'은 엄격히 따지면 작은아버지나 큰아버지의 아들딸을 말합니다. 이모의 자식은 이종사촌, 고모의 자식은 고종사촌, 외삼촌의 자식은 외사촌이라고 합니다. 물론 요즘은 이렇게 자세히 따지지 않고 그냥 사촌으로 통하지만요. 하지만 uncle은 좀 다릅니다. 사촌 같은 대표어가 없습니다. 그렇다고 엄연히 친척인데 두루뭉술하게 '아저씨'라고 옮길 수는 없지요. 아저씨는 나하고 피가 안 섞인 남자 어른을 부르는 이름이니까요. 그러니까 좁혀주어야 합니다. 아버지 쪽 남자 형제라면 큰아버지나 작은아버지이겠고 어머니 쪽 남자 형제라면 외삼촌이 되겠지요. 요즘은 외삼촌을 그냥 삼촌이라고도 많이 부르지만요. 원문에서 your language라고 한 곳도 한국 독자를 위해서는 공주가 오스트리아에서 자랐고 모국어가 독일어일 테니 '독일어'라고 못 박아주는 것이 좋습니다.

다시 마리아나 공주의 족보로 돌아가서, 인터넷을 뒤져보면 펠리페 4세는 어머니의 남자 형제임을 알 수 있습니다. 그러니까 마리아나 입장에서는 '외삼촌'이 되는 거지요. 친족어처럼 한국어는 세분화되어 있고 영어는 그렇게 세분화되어 있지 않은 경우에는 번역을 하면서 이렇게 원어를 구체적으로 옮겨주어야 합니다. 영어 단어는 외연이 넓지만 그 안에 들어갈 수 있는 한국어 단어는 여럿이 있으니까 그중 어느 하나를 선택해야 한다는 것이지요.

마리아나는 왕비였으니까 인터넷으로 자료를 찾으면 신상 정보를 웬만큼 알 수 있습니다. 문제는 별로 유명하지 않은 인물이나 소설 같은 허구 세계에 나오는 인물의 인척 관계입니다. 가령 어떤 소설에 나오는 남자 주인공이 어린 시절을 회상하면서 자기 sister를 잠깐 언급하는 대목이 나온다고 칩시다. 이 경우는 괜찮습니다. '누나'인지 '여동생'인지 모를 때는 그냥 두 개념을 포괄하는 '누이'라는 말을 쓰면 되니까요. 하지만 이 사람이 brother 이야기를 한다면 사정이 다르지요. 이때는 '형'인지 '동생'인지를 못 박아야 합니다. 만약에 작품을 끝까지 읽었는데도 주인공보다 손위인지 손아래인지 더 자세한 신상 정보가 안 나온다면 번역자가 형이면 형, 아우면 아우로 선택을 해야 합니다. '형제' 같은 어중간한 타협은 불가능합니다. 주인공이 여자라고 해도 마찬가지입니다. 이때는 my sister라고 하면 '언니'인지 '동생'인지, my brother라고 하면 '오빠'인지 '동생'인지를 가려주어야 합니다.

한국의 친족어는 일본보다 훨씬 복잡합니다. 가령 brother-in-law 하면 일본어로는 자기보다 손위면 義兄, 손아래면 義弟라고 하면 됩니다. 하지만 한국어로는 누나의 남편이면 '자형, 매형, 매부', 여동생의 남편이면 '매제', 언니의 남편이면 '형부', 여동생의 남편이면 '제부'라고 못 박아야 하고 자매의 남편끼리는 '동서'라고 좁혀서 말해주어야 합니다.

그래도 지금은 약과입니다. 지금은 사촌을 넘어가는 친족 호칭은 많이 쓰지 않으니까요. 그만큼 핵가족 중심으로 바뀌었단 소리지요. 하지만 백 년 전의 번역자는 친족어 때문에 진땀깨나 흘렸을 겁니다. 지금은 어디까지나 '나'를 기준으로 관계를 따지지만 옛날에는 아버지를 기준으로 따지는 '재종'으로 시작되는 호칭도 많았고, 심지어 할아버지를 기준으로 따지는 '삼종'으로 시작되는 호칭도 있었습니다. 가령 1880년에 프랑스 신부들이 만든 《한불자전》을 보면 '재종, 재종고모,

재종고모부, 재종매, 재종매부, 재종씨, 재종손, 재종손녀, 재종손부, 재종수, 재종숙, 재종숙모, 재종대고모, 재종증대부, 재종증조모, 재종조, 재종조모, 재종조부' 같은 말이 모두 표제어로 올라갔고, '삼종, 삼종매, 삼종매부, 삼종씨, 삼종수' 같은 말도 올라갔습니다.

친족어는 한국어가 더 정밀해서 영어 원문의 정확한 친족 관계를 확인해 번역해야 호칭이 자연스러워지지만, 반대로 영어가 더 세분되어 있지만 그걸 그대로 따르기보다는 우리 식으로 놔두는 것이 좋을 때도 있습니다. 가령 "'Your sister—the famous **actress**?' Jane asked with raised eyebrows." 같은 문장은 "배우 한다는 그 유명한 동생? 제인은 눈을 동그랗게 떴다."라고 옮기는 편이 좋지 굳이 여배우라는 표현은 쓰지 않아도 됩니다.

꼭 친족어가 아니더라도 의미를 세분해서 쓰는 한국어 어휘는 살려서 번역하는 것이 좋다는 것은 이미 7장에서 자세히 알아보았습니다. 영어 suddenly를 '갑자기'로만 천편일률적으로 옮길 것이 아니라 '홱, 확, 불쑥, 와락, 덥석, 뚝, 덜컥, 왈칵, 버럭' 등으로 구체적 상황에 어울리는 생생한 표현을 쓰자고 말씀드렸습니다. 다른 품사도 마찬가지입니다. 가령 "A peasant woman in the Middle Ages was expected to **marry**, have children, work alongside her husband in the fields, and feed and clothe her family." 같은 문장에서 marry는 '결혼하다' 같은 중성적 표현보다는 '시집가다'라는 구체적 표현이 더 좋습니다. 그래서 이 문장은 "중세에 농촌에서 살던 여자는 시집을 가서 아이를 낳고 남편과 함께 밭일을 하고 식구 먹이고 옷까지 해 입혀야 했다." 정도로 옮기면 좋겠지요. 물론 남자 입장에서 본다면 '장가가다' 또는 '장가들다'라고 하면 되겠지요. 요즘은 남자든 여자든 모두 '재혼'이라고 하지만 옛날에는 남자의 재혼은 '재취, 후취'라고 했고 여자의 재혼은 '재가'라고 구별해서 썼습니다. 물론 재취나 후취는 남성 우월적이고 봉건적인 느낌을 주니까 요즘 쓰기는 어렵겠지요.

적확하고 구체적인 표현으로 나타내자면 아무래도 한국어 어휘력이 풍부해야 합니다. 가령 "The pebble skipped over the water." 같은 문장을 "돌멩이가 물을 스치며 날았다."라고 해도 괜찮지만 "돌멩이가 물수제비를 뜨며 날았다."라고 하면 더욱 한국어에 밀착된 번역이 됩니다. 또 "We can make it cheaper as you are the first customer." 같은 영문도 "첫 손님이니까 싸게 드리죠."도 좋지만 "마수걸이니까 싸게 드리죠."처럼 이런 상황에서 한국어에만 있는 고유 표현을 살려서 쓰는 것이 좋다고 생각합니다.

똑같은 동사 wash가 들어가도 wash dish는 '그릇을 부시다'로, wash clothes는 '옷을 빨다'로, wash hands는 '손을 씻다'로 좁히는 것이 좋습니다. wash for gold는 '사금을 일다'라고 해야 적확한 번역이 됩니다. 한국어는 특히 감정 표현이 섬세하고 풍부합니다. 가령 "He was **touched** by the boy's story." 같은 영문은 "소년의 이야기를 듣고 감동을 받았다."라고 무난하게 기계적으로 옮길 수도 있겠지만, 소년의 이야기를 듣고 '가슴이 뭉클했다', '찡했다', '짠했다'라고 하면 독자에게 더 울림이 크지 않을까요. 한국인이 실제로 쓰는 구체적 표현을 발굴하려는 노력이 필요합니다. "People thrust their babies out to be **blessed** by the former president."라는 영문에서

bless는 영한사전에는 '은총을 내리다, 축복하다'로 나오지만 이 상황은 종교적 맥락이 아니니까 그런 말을 쓸 수가 없겠지요. 이런 경우에는 '덕담하다' 같은 그 상황에 어울리는 구체적인 말로 옮겨주면 좋겠습니다. 번역을 하면 "사람들은 전임 대통령의 덕담이라도 듣고 싶어서 아기를 쑥 내밀었다." 정도가 되겠습니다. 영어 동사 say도 너무 '말하다'라고만 옮기면 허전하고 헐렁한 느낌이 듭니다. 영어 say는 한국어 '말하다'보다 외연이 더 넓지 않나 하는 느낌을 저는 받습니다. 그래서 저는 상황에 어울리게 '지껄이다, 내뱉다, 뇌까리다, 던지다' 같은 좀 더 구체적이고 발언 내용에 밀착된 표현으로 옮기려고 애씁니다.

한국어는 감정어만이 아니라 존칭어도 풍부합니다. 어른의 식사는 '진지'라 하며, 어른의 나이는 '연세, 춘추'이며, 어른의 명령은 '분부'입니다. 왕의 살해는 '시해'이며 왕의 허락은 '윤허'입니다. 가령 "The king **granted** that the prisoner should be freed."는 "왕은 죄수의 석방을 윤허했다."라고 옮기지요.

한국어는 대상이 누구냐에 따라서 동사도 '잔다'와 '주무신다'를, '먹다'와 '잡숫다'를, '묻다'와 '여쭙다'를, '알리다'와 '아뢰다'를 가려서 씁니다. 접속사도 마찬가지입니다. 신하가 왕한테 따질 때는 '하지만'보다는 '하오나'가 자연스러우며 왕이 신하에게 물을 때는 '그러면'보다 '허면'이 자연스럽습니다.

거꾸로 한국어보다 영어가 섬세하게 구별을 하는 경우에는 영어를 모국어로 쓰는 사람이 아니고서는 한국어를 영어로 옮기기가 쉽지 않습니다. "어떤 일에도 뇌물이 들어갔다. 대학에 들어가는 데에도, 의사를 보는 데에도, 일자리를 얻는 데에도." 가령 이런 한국어 문장을 어떤 한국인이 "Everything required **bribe**: getting into **university**, seeing **doctor**, and getting **job**."이라고 영작했습니다. 영어는 정관사 the와 부정관사 a/an을 단어 앞에 붙일 때가 많은데 그런 내용은 모두 빠졌습니다. 영미인의 감각으로는 이런 정보가 빠지면 어색합니다. '뇌물 수수'라는 뜻을 지닌 bribery는 셀 수 없는 명사라 a를 안 붙이지만 bribe는 구체적으로 주고받는 '뇌물'이라 셀 수 있는 명사로 보므로 a bribe로 써주어야 합니다. 대학에 들어가서 공부하는 것은 추상적인 뜻으로 보아서 the나 a를 안 붙이지만 친구를 만나러 대학에 갔다는 구체적인 행동을 나타낼 때는 the university라야 합니다. 병원에 가서 의사한테 진료를 받을 때도 the doctor라야 합니다. 일자리는 셀 수 있는 명사로 보아 a job이 맞습니다. 따라서 "Everything required **a bribe**: getting into **university**, seeing **the doctor**, and getting **a job**."이라고 써야겠지요. 한국인은 관사 감각이 약해서 힘들지 몰라도 영미인은 별 어려움 없이 이런 문장을 만들 수 있을 것입니다.

하지만 한국어와 영어를 모두 잘 아는 영미인도 곤혹스러움을 느낄 때가 있습니다. 가령 다음 국문을 영어로 옮기면 어떻게 될까요?

안은 꼭 영화 촬영장 같다. 영락없는 권투 도장이다. 뭉개진 샌드백이 있고, 흘러간 권투 선수의 포스터, 빛이 바랜 1980년대 사진이 벽에 박혀 있다.

영화 촬영장과 권투 도장은 어렵지 않습니다. 어차피 하나씩밖에 없을 테니까요. 그냥 a film set와 a boxing club이라고 하면 됩니다. 벽도 뻔히 집 안에 있는 벽일 테니 그냥 the wall이라고 하면 되겠지요.

그런데 샌드백, 권투 선수, 포스터, 사진은 모두 도장 안에 최소 둘 이상 있을 가능성이 있습니다. 단수라면 앞에 a를 붙여야겠고 복수라면 뒤에 s를 붙여야겠지요. 한국어 원문에는 그에 관한 어떤 단서도 없습니다. 모두 단수로 되어 있으니까요. 그러니까 번역자가 결정을 해서 가능성을 좁혀주어야 합니다. battered bag, poster, boxer, photograph는 셀 수 있는 명사니까 the라고 못 박든가 아니면 a나 s를 붙여야 합니다. 가령 이런 식으로 말이지요.

> Inside it's like a film set. A proper boxing club. There are battered bag**s**, poster**s** of bygone boxer**s** and **a** faded 1980s photograph tacked to the plasterboard.

그렇지만 여럿이 있다고 해서 모두 s를 붙이는 것은 아닙니다. "정원은 한때 기화요초가 만발하여 그 향내에 템스 강의 악취도 묻혀버릴 정도였지만 이제는 로즈메리와 쐐기풀, 찔레꽃에 다시 온통 뒤덮였다."라는 국문을 영어로 번역하면 "Once the garden was full of **flowers** and **herbs** of all description whose perfume could make even the Thames smell sweet, but now **rosemary**, **nettles**, and **briar roses** have reclaimed it as their own." 정도로 옮길 수 있습니다. 잘 보면 아시겠지만 rosemary는 영어에서는 셀 수 없는 명사로 취급하여 a도 s도 붙이지 않습니다. 이렇게 구체적으로 들어가면 영어도 단어마다 개성이 있습니다.

5장에서 카슨 매컬러스라는 소설가의 예문에서 "**A** door is closed."

라는 문장을 "누군가 문을 닫았다."라고 하지 않고 "누군가 문을 닫는 소리"라고 번역한 것도 a라는 부정관사에 담긴 뉘앙스를 구체적으로 좁혀서 훌륭하게 드러낸 번역입니다. 만약 "The door is closed."였다면 주인공이 아는 문, 다시 말해서 주인공이 있는 방의 문이 닫힌 것이었을 테니 귀로 듣기보다는 눈으로 보았을 가능성이 높습니다. 하지만 a라고 한 것을 보면 다른 방의 문이 닫혔다는 뜻이고 그것은 소리로 들었을 가능성이 높습니다. 이렇게 사소해 보이는 부정관사 a 하나도 엄청난 함의를 담고 있으며 번역자는 그 숨은 뜻을 구체적으로 드러내려고 노력해야 합니다.

서양인은 구체성에 강합니다. 좁히기에 능합니다. 작고 구체적인 데부터 시작하기 좋아합니다. 주소도 10 Downing Street, Westminster, London, U.K.처럼 가까운 데서부터 적습니다. 한국 같으면 '영국 런던 시 웨스트민스터 구 다우닝가 10번지'라고 하겠지요. 한국은 크고 먼 것부터 적어 내려가니까요. 그런 차이는 기사 쓰는 방식에서도 드러납니다. 서양 신문의 기사는 배경 설명보다는 바로 사람이 등장할 때가 많습니다. 다음 두 기사를 비교해보세요. 앞의 영문 기사는 〈인터내셔널 해럴드 트리뷴〉에 실렸고 뒤의 한국 기사는 〈한겨레신문〉에 실렸습니다.

Slapping a coat of paint on the pedestal of a bust of Lenin in a provincial Russian town may not be much of a job, but Kuram, 49, says it beats making the equivalent of $16 a month back home in Uzbekistan.

"If things were better there I wouldn't be here," said the tractor driver, at work in Khotkovo, 60 kilometers, or about 40 miles, northeast of Moscow. He declined to give his last name for fear of running afoul of the Russian immigration authorities.

Russia's booming economy is luring more and more people like Kuram, who are willing to take jobs its own citizens can't or won't do. The country's increasingly capitalistic society is creating greater wealth and aspirations, forcing Russia to confront a problem more familiar in the West: integrating foreign workers who often face discrimination and harassment.*

조국인 코리아에 대한 꿈을 안고 한국 땅을 밟은 수많은 중국 동포들. 그러나 그들은 같은 한민족이지만 모국에서 멸시와 냉대를 받으며 하루하루 힘겨운 삶을 살아가고 있다. 특히 안정적인 일자리가 보장되지 않는 데다 임금 체불 피해도 헤아릴 수 없이 발생하고 있다.

--------

* 레닌 흉상의 받침돌에 페인트를 처바르는 일은 허접할지 모르지만 고향 우즈베키스탄의 한 달 16달러 벌이보다는 낫다고 쿠람(49세)은 말한다.
"거기 형편이 좋았으면 왜 여기 있겠느냐"고 모스크바 북동쪽으로 60킬로미터쯤 떨어진 코트코보에서 일을 하던 트랙터 기사는 말했다.
달아오르는 러시아 경제는 러시아 국민이 힘들어하거나 꺼려하는 일을 기꺼이 하려고 하는 쿠람 같은 사람을 자꾸만 불러들인다. 자본주의 사회가 뿌리를 내려 더 큰 부와 꿈을 만들어내면서 차별당하고 유린당하기 일쑤인 외국인 노동자를 어떻게 받아들일 것인가 하는 서구 사회에서 낯설지 않은 문제에 러시아도 어쩔 수 없이 부딪치고 있다.

불법 체류자의 경우 산재 의료보험 혜택마저 받지 못해 산업재해의 위험에 늘 노출되어 있다. 또한 합법 체류자라도 재미교포, 재일교포와 같이 자유로운 왕래마저 불가능한 것이 현실이다. 불법 체류와 합법 체류 중인 두 중국 동포 여성을 가리봉동에 있는 중국 동포의 집에서 만나 그들의 한 맺힌 사연과 함께 그간의 설움과 애환에 대해 들어봤다.

중국 길림성에 거주하다 지난 97년 돈벌이를 위해 처음 한국 땅을 밟은 김길녀 씨(77세, 가명). 브로커로부터 위조된 친척 초청장을 거액을 들여 구입해 한국에 들어온 김 할머니는 밀린 임금을 받기만 기다리다 체류 기간이 만료되어 불법 체류자로 전락했다. 단속과 강제 추방의 두려움을 안은 채 근근이 살아가고 있다. —2007년 8월 10일

영문 기사는 바로 구체적 인물을 묘사하는 데서 시작합니다. 3장에서 잠깐 말씀드린 불문곡직투입니다. 이렇게 구체적인 이야기를 먼저 툭 던지면 독자는 궁금해집니다. 기사에 빨려들 가능성이 높습니다. 서양 기사에 알게 모르게 영향을 받아서인지 요즘은 한국 기사도 이렇게 단도직입적으로 시작될 때가 많지만 아직도 먼저 배경 설명을 하고 나서 본론으로 들어가는 기사가 많습니다. 주제를 확실히 전달할 수는 있을지 모르지만 독자를 빨아들이는 흡인력에서는 불리할 수도 있는 방식입니다.

한국은 학교에서 내는 논술 주제도 일반적이고 거창한 내용을 다룰 때가 많습니다. 예전에 한 외국어 고등학교에서 "내가 만약 대통령이라면"과 "내가 만약 교장이라면" 같은 문제를 에세이 시험 주제로 낸 적이 있습니다. 이렇게 주제가 거창하고 막연하면 학생이 써내는 글도

마찬가지로 거창하고 일반적이고 막연하게 흐르기 쉽습니다. 구체적으로는 하나도 모르면서 그냥 그럴듯한 이야기만 써 내려가기가 쉽다는 것이지요. 좋은 글은 읽는 사람을 빨아들이고 읽는 사람의 가슴을 건드려야 하는데, 이렇게 막연하고 거창한 글은 어디에도 닿지 않는 공허한 메아리가 되기 쉽습니다. 구체성을 중시하는 서양의 글쓰기 방식이 저는 마음에 듭니다. 서양인이 분석에 강한 것은 구체성을 파고드는 글쓰기 방식과 무관하지 않다고 생각합니다.

그런데 알고 보면 한국어도 구체적 묘사를 좋아합니다. 한국어의 그런 특성은 속담에서 잘 나타납니다. 속담의 매력이란 것이 워낙 구체적 상황에 일반적 교훈을 담아내는 것이라 영어 속담도 "A rolling stone gathers no moss.(구르는 돌에는 이끼가 안 낀다)"라든가 "The pot calls the kettle black.(냄비가 솥더러 검다고 한다 = 똥 묻은 개가 겨 묻은 개 나무란다)"처럼 생생한 표현이 많습니다. 하지만 한국 속담에 비하면 추상적이고 일반적이라는 느낌을 줍니다.

영어 속담으로는 "Crime doesn't pay.(죗값은 치르기 마련이다)"라고 하지만 한국 속담은 "꼬리가 길면 잡힌다."라고 하고, "Appearances are deceitful.(겉만 보고는 모른다)"는 "까마귀 검기로 살까지 검을까."라고 합니다. "Give him an inch and he will take a mile.(살짝 주면 왕창 먹는다)"는 "손목 주면 팔 달랜다."로 나타내고, "An educated fool is dangerous.(배운 바보가 위험하다)"는 "선무당이 사람 잡는다."로, "You can run but you can't hide.(도망은 가도 숨지는 못한다)"는 "뛰어봐야 벼룩이다."로 나타냅니다. 이밖에도 "구렁이 담 넘어가듯 한다." 나 "번데기 앞에서 주름 잡는다.", "쥐구멍에도 볕 들 날 있다."

처럼 구체적이고 생동감 있는 표현이 많습니다. 거창하고 딱딱한 글만 접하다 보면 한국어가 추상적이고 일반적인 내용을 선호하는 듯하지만 사실은 굉장히 구체성을 좋아하는 언어라는 사실을 속담에서 확인합니다. 따라서 한국어의 개성을 살리는 번역을 하려면 외국어 원문에 나타난 일반적 내용을 좁혀서 구체적으로 나타내는 것이 좋습니다.

가령 "Charcoal, diamonds, and the graphite used in pencils are **closely related**." 같은 영문은 저 같으면 "연필에 쓰는 흑연은 석탄, 다이아몬드와 밀접한 관련이 있다."라고 옮기기보다는 "연필에 쓰는 흑연은 석탄, 다이아몬드와 이웃사촌이다."라고 옮기겠습니다. 어린이 책이라면 더욱 그러겠습니다. 특히 소설 안의 대화는 구체적으로 옮길수록 좋다고 생각합니다. "What is the book about?"이라고 누군가가 물었다면 저는 이 문장을 "뭐에 대한 책인가요?"보다는 "이 책 주제가 뭔가요?"라고 옮기겠습니다. 잇따라 속을 썩이는 자식들을 두고 엄마가 "Why can't we have a normal day?" 하고 내뱉은 푸념은 "어떻게 하루도 바람 잘 날이 없니?"라고 하겠습니다. 또 "You scared me!"는 "간 떨어질 뻔했잖아!"로, "I am extremely busy."는 "눈코 뜰 새 없이 바쁘다."로 옮기겠습니다. 원문에서 지나치게 멀어진 번역이라는 비판을 받더라도 그렇게 번역하겠습니다.

서두에서 말씀드린 대로 제가 원하는 번역 원칙은 '들이밀기'가 아니라 '길들이기'이고, 또 그게 아니더라도, 구체성을 좋아하는 한국어의 개성을 생각한다면 너무 원어의 사전적 의미로만 번역하다 보면 오히려 원작이 주는 느낌보다 번역문이 더 무미건조하고 밍밍해질 가능성이 있기 때문입니다. 직역이냐 의역이냐는 그렇게 피상적으로만 따질 것이 아닙니다. extremely라는 말의 사전적 정의는 '아주'이지만 두 말의 외연이 같은 것은 아닙니다. 특히 부사가 그런 점이 두드러지는데, 저는 한국어는 표현이 아주 풍부하기 때문에 개별 어휘의 외연은 좁으며, 따라서 외연이 넓은 영어 어휘를 외연이 좁은 한국어 어휘로 잘게 쪼개어 나타내야 한다고 생각합니다. 그리고 오히려 그것이야말로 직역에 가깝다고 생각합니다.

주어와 목적어 자리에 명사가 오는 외국어 번역체의 영향으로 한국어에는 '것'이 굉장히 많이 쓰이는데, 이것도 좀 다양하게 나타내주면 좋겠습니다. "수동태보다 능동태를 쓰는 것이 더 한국어답다."보다는 "수동태보다 능동태를 쓰는 쪽이 더 한국어답다."가 저는 더 마음에 듭니다. "그리하는 것이 네 신상에 좋다."보다는 "그리하는 편이 네 신상에 좋다."라는 표현이 저는 마음에 와닿습니다. 물론 '것'은 딱딱한 글을 부드럽게 해주기도 합니다. '소외는' 하고 단도직입적으로 들어가기보다는 '소외라는 것은' 하고 한번 꺾어서 들어가면 독자는 마음의 준비를 할 수 있고, 또 '-라는 것은'이라는 표현은 글말보다는 입말에 가까우니까 아무래도 쉽게 다가옵니다. 그렇다고 해서 이런 표현을 남발하면 글이 지저분해집니다.

전치사도 구체적으로 나타내주면 좋습니다. 가령 "The two parties fought the last election **on** almost identical manifestos." 같은 영문은 "지난 선거에서 두 당은 엇비슷한 공약으로 겨루었다."보다는 "지난 선거에서 두 당은 엇비슷한 공약을 내걸고 겨루었다."라고 옮기는 것이 훨씬 명확합니다. 13장에서 자세히 설명하겠지만 영어 전치사는 명사와 명사를 접착제처럼 이어주는 역할을 하지만 사실은 동사에 가까운 뜻을 담고 있습니다. 그래서 한국어로 번역할 때는 그 동사의 뜻을 구체적으로 드러내면 좋습니다. 가령 the agreement **between** the two countries도 '두 나라 사이의 합의'라고만 옮길 것이 아니라 때로는 '두 나라 사이에서 이루어진 합의'라고 옮길 필요가 있습니다. 어려운 책일수록 이런 주변적 표현만이라도 구체적이고 쉽게 써주어야 합니다.

빛깔도 구체적으로 나타내는 편이 좋습니다. 영어 carmine을 영한사전에서 찾으면 '양홍색', '진홍색', '심홍색', '카민' 등으로 나옵니다. 색채 전문가가 아니면 머리에 잘 들어오지 않습니다. 어린이는 더 알기 어려울 것입니다. 이럴 때는 그 빛깔에 가장 가까운 사물의 이름으로 번역하면 좋습니다. 가령 '벽돌빛'이라고 하면 색깔이 머리에 확 떠오르지 않습니까. 벽돌에도 여러 가지 빛깔이 있지 않느냐고요? 그럼 '붉은 벽돌빛'이라고 하면 되겠지요. crimson은 어떤 영한사전에는 '심홍색'으로 나오고 어떤 영한사전에는 '진홍색'으로 나옵니다. 심홍색과 진홍색 자체도 헷갈리지만 이 두 말이 carmine의 풀이어에도 나오고 crimson의 풀이어에도 나오니까 carmine과 crimson도 헷갈릴 수밖에 없습니다. 차라리 crimson을 '포도주빛'이라고 하면 좋지 않을까요. 포도주에도 적포도주와 백포도주가 있으니 혼동될까봐 걱정된다면 '적포도주빛'으로 하면 되겠지요.

물론 '카민'이나 '크림슨'처럼 원어의 발음을 그대로 읽어주는 차음어 형식으로 풀이할 수도 있겠지만, 여기에는 중요한 전제 조건이 있습니다. '카민'이나 '크림슨'이라고 했을 때 독자의 머릿속에 그 빛깔이 떠올라야 한다는 것입니다. 영한사전에 orange의 풀이어로 '오렌지'

라고 나오면 우리는 그 빛깔이 오렌지라는 과일의 빛깔임을 알지 않습니까. 이것은 '오렌지'가 영어가 아니라 외국에서 비롯된 한국어 곧 '우리말'임을 뜻합니다. 오렌지라는 과일이 아직 한국에 들어오지 않아서 오렌지가 무엇인지를 몰랐을 때는 orange의 풀이어로 '오렌지'라고 적을 수 없었을 것입니다. 실제로 1891년에 나온 제임스 스콧의 영한사전은 orange를 '귤'로 풀이합니다.

여담입니다만, '살색' 같은 경우는 좀 다릅니다. 이것은 말은 먼저 있었지만 그 말이 가리키는 대상이 다양해지면서 설득력을 잃은 경우입니다. 황인종인 한국인끼리만 살 때는 의사 소통에 아무 문제가 없었지만 피부 빛깔이 다른 외국인 인구가 한국 사회에 많아지면서 지칭 대상이 모호해졌고 국가인권위원회에서 '살색'이라는 말을 더는 쓰지 않았으면 좋겠다는 권고안을 내놓았습니다. 이제 한국인의 피부 빛깔은 '살색'이 아니라 '살구색'이라고 써야 합니다.

다시 색 이름으로 돌아와서, 빛깔을 그냥 '카민'이나 '크림슨'이라고 했을 때 독자가 과연 알아들을지 자신이 없을 때는 번역자는 보수적으로 나가야 합니다. '벽돌빛'이나 '포도주빛' 같은 표현은 그럴 때 써먹기에 안성맞춤입니다. 물론 모호할 때도 있습니다. 가령 olive라는 빛깔을 그냥 '올리브빛'이라고 하면 독자는 이해할까요? 아마 이해하겠지요. 하지만 확신이 들지 않을 때는 저 같으면 안전하게 '쑥색'이라고 하겠습니다.

옛날 화폐 단위도 지금의 독자가 알아들을 수 있게 바꿔주려는 서비스 정신이 필요합니다.

In December 1819 the government took further action by imposing **4d**. tax on cheap newspapers and stipulating that they could not be sold for less than **7d**. As most working people were earning less than **10 shillings** a week, this severely reduced the number of people who could afford to buy radical newspapers.

1819년 12월 정부는 저가 신문에 지금 돈으로 2,000원의 세금을 물리는 후속 조치에 들어가면서 신문을 3,500원보다 싸게 팔아서는 안 된다고 못박았다. 대부분의 노동자가 1주일에 6만 원도 못 벌던 시절이었으니 개혁지를 살 만한 형편이 되는 사람의 숫자가 확 줄어들었다.

영국 정부에서 신문을 통해 개혁 사상이 퍼지는 것을 막으려고 인지세를 과중하게 물리던 시절의 이야기입니다. 여기서 d.는 '펜스'를 뜻합니다. 그러니까 신문 한 부당 인지세를 4펜스 매겼고 판매 가격도 7펜스 이상으로 못 박았다는 뜻이지요. 그런데 이것이 얼마나 비싼 것인지 독자는 감이 잘 안 옵니다. 그래서 당시 노동자의 평균 수입이 주당 10실링이라고 비교 기준을 제공합니다. 그런데 영미 독자는 실링이라는 단위가 익숙할지 모르지만 한국 독자는 더 난감하지요. 이럴 때는 한국의 원화 단위로 바꿔주는 것이 좋습니다. 실링은 1971년까지 영국에서 쓰였던 화폐 단위입니다. 1파운드는 20실링이고 1실링은 12펜스였습니다. 따라서 1파운드는 지금처럼 100펜스가 아니라 240펜스가 되지요.

아무튼 10실링이라고 하면 120펜스에 해당합니다. 자, 그럼 1819년의 120펜스가 요즘 구매력으로는 얼마에 해당하는지를 계산해야겠지요. 인터넷에는 이런 계산을 해주는 사이트가 꽤 많이 있습니다. 가령 Current Value of Old Money라는 제목이 붙은 웹사이트(http://www.projects.ex.ac.uk/RDavies/arian/current/howmuch.html)에는 여러 나라의 돈 가치를 과거와 현재에 걸쳐서 비교할 수 있는 곳이 무궁무진하게 소개되어 있습니다. 여기서 영국 돈의 구매력을 1264년부터 2007년까지 비교할 수 있는 Purchasing Power of British Pounds from 1264 to 2007이라는 사이트(http://www.measuringworth.com/ppoweruk/)를 찾아 들어가 계산을 해보면, 1819년의 1펜스가 2007년에는 25펜스의 구매력을 가진다고 나옵니다. 2007년 연말 기준으로 1파운드는 약 2,000원이니까 25펜스는 500원에 해당합니다. 다시 말해서 1819년의 1펜스가 2007년의 원화 가치로는 500원이라는 뜻입니다. 그럼 1819년 노동자의 평균 주급은 500원 곱하기 120 하면 6만 원이 됩니다. 일급은 6만 원 나누기 7 하면 약 8,600원이 됩니다. 그리고 신문 값은 7펜스니까 3,500원입니다. 그러니까 하루에 8,600원 벌어서 신문 사보는 데 3,500원을 써야 한단 소리입니다. 과연 몇 명이나 신문을 사볼 수 있을까요? 이렇게 원화로 비교를 해주니 감이 잘 오지요?

   3장에서 영어 대명사를 한국어 명사로 바꿔주면 한국어다운 문장이 된다고 말씀드렸지만, 여기서도 한국어가 영어보다 구체적이고 확실한 표현을 좋아한다는 사실을 알 수 있습니다. 그래서 가령 "Alfonso VI flung the doors of **his** Spain wide open for the monks of Cluny." 같은 영문도 "알폰소 6세는 클뤼니 수도원 수사들에게도 '자신의' 스페인 문호를 활짝 열었다."라고 하면 독자는 '자신의'가 여기서 무엇을 뜻하는지 짐작하기가 어렵습니다. 영어 원문에서 his Spain이라고 한 것은 결국 왕이 스페인은 자기 땅이라고, 다시 말해서 스페인은 왕의 땅이라고 생각했음을 나타내기 위해서입니다. 따라서 "알폰소 6세는 클뤼니 수도원 수사들에게도 '왕토' 스페인의 문호를 활짝 열었다."라고 해야 독자가 감을 잡을 수 있습니다. 또 윗사람 앞에서 I라고 할 때는 '제'가라고 해도 좋지만 가령 왕족이나 귀족끼리 주고받는 말이라고 하면 상대가 할아버지라면 '소손'이라는 말을, 상대가 아버지라면 '소자'라고 좀 더 구체적으로 써줄 만도 합니다.

사실 한국어가 구체성을 좋아한다는 것은 입말에서만 드러나는 것은 아닙니다. 문학 작품에서도 그런 점이 드러납니다. 가령 《춘향전》을 보면 이도령을 "얼굴은 진유자요 풍채는 두목지라. 문장은 이태백이요 필접은 왕희지라." 하고 묘사하는 대목이 나옵니다. 물론 현대 한국인에게는 암호와도 같은 문장입니다. 이태백은 시를 잘 쓰고 왕희지는 붓글씨를 잘 썼다는 정도나 알까, 진유자가 누구인지 두목지가 누구인지 들어보기라도 한 사람이 드뭅니다. 물론 문맥으로 진유자는 잘생긴 사람이고 두목지는 풍채가 좋은 사람을 말하는구나, 짐작은 할 수 있겠지요. 하지만 옛날 사람에게는 얼굴도 잘생기고 체격도 좋다고 하는 것보다는 "얼굴은 진유자요 풍채는 두목지라" 하는 쪽이 훨씬 구체적이고 생생하게 다가왔을지 모릅니다. 따지고 보면 고유 명사는 이 세상에 하나밖에 없는 대상을 가리키는 이름인데, 그런 고유 명사로 표현한 쪽이 '잘생겼다, 좋다'처럼 누구한테나 두루뭉술하게 써먹을 수 있는 형용사로 표현하는 쪽보다 더 구체적이고 생생하다고 볼 수도 있지 않겠습니까. 사실은 현대어에서도 우리는 고유 명사로 묘사를 자주 합니다. 한국인 같으면 "이영애를 쏙 빼닮았더라니까!"라고도 말하고 영미인 같으면 "He is looking for a **Mel Gibson** look-alike."라고 말합니다. 탤런트 이영애를 알고 영화배우 멜 깁슨을 아는 사람이라면 백 마디 형용사로 묘사를 하느니 이 고유 명사 한마디가 더 머리에 쏙 들어오겠지요.

하지만 여기에는 한 가지 전제가 깔려 있습니다. 《춘향전》을 읽는 독자가 진유자가 누구이고 두목지가 누구인지를 알아야 한다는 것이지요. 그걸 모르는 독자에게는 아무리 적확한 비유도 먹혀들지 않습니다. 번역도 마찬가지입니다. 아무리 절묘한 표현이라 하더라도 독자가 모르면 아무 소용이 없습니다. 그럴 때는 설명을 덧붙일 수밖에 없습니다.

The monks in the Middle Ages had **Tibetan aspirations**, their monasteries cling to rock faces, they teeter on the brink of ravines, and even today there are some, like Saint Martin du Canigou, which you can reach only by climbing up the mountain on foot.

중세의 수사들은 티베트인처럼 일부러 힘든 길을 걸으려고 했다. 협곡이 내려다보이는 깎아지른 절벽 위에다 수도원을 지었다. 생 마르탱 뒤 카니구 수도원 같은 곳은 지금도 산을 타고 걸어서 올라갈 수밖에 없다.

티베트인은 오체투지라는 힘든 순례를 합니다. 그런 고행을 통해서 부처의 가르침을 깨달으려는 것이지요. 그러니까 일부러 힘든 길을 걷는다는 뜻으로 Tibetan aspirations라는 표현을 썼을 것입니다. 하지만 티베트에 그런 풍습이 있다는 사실을 모르는 독자를 위해서는 좀 더 자세한 설명을 덧붙여서 구체적으로 표현할 필요가 있습니다.

이영애라는 한국 배우를 모르는 사람에게는 '살결이 하얗고 청순미가 돋보이는' 정도의 수식어를 덧붙일 필요가 있고, 멜 깁슨이라는 호주 배우를 모르는 사람에게는 '눈동자는 초록빛이고 검은 머리를 짧게 친 근육질' 정도의 설명을 덧붙일 필요가 있습니다. 대상을 생생하고 구체적으로 묘사하려고 좁히고 좁히다 보면 결국은 고유 명사에 이릅니다. 고유 명사는 어떤 면에서는 가장 구체적이고 생생한 표현이지만 그 말을 모르는 사람에게는 가장 난감하고 막막한 암호입니다. 암호를 모르는 사람에게는 암호를 설명해주어야 합니다. 살을 덧붙일 수밖에 없습니다. 덧붙이기를 언제 어느 상황에서 할 것인가, 그것이 다음 장의 주제입니다.

■ 영한사전에 없는 풀이말 – 존칭어

accompany 모시다
age 연세
ask 여쭙다
brother 오라버니
come 납시다
daughter 따님
death 타계, 서거, 승하, 영면
drink 약주
eat 드시다, 자시다, 잡숫다
face 용안
father 엄친, 춘부장
get up 기침하다
give 드리다, 바치다
illness 병환
sick 편찮은

meal 진지, 수라
mother 자당
name 존함, 성함, 함자
order 분부
permission 윤허
promotion 영전
recovery 쾌차
rice 메
sickness 병환
sleep 주무시다
son 아드님
teacher 스승
tell 아뢰다
wife 영부인

13장

# 덧붙이기

풀어주면 쉬워진다

 고유 명사는 말 그대로 이 세상에 하나밖에 없는 것의 이름입니다. 그래서 고유 명사 중에는 번역어는 없고 원어만 있는 단어가 적지 않습니다. 그런데 번역어와 원어의 문화적 거리가 멀 때 원어를 그대로 드러내면 독자는 이해를 못합니다. 그래서 어떤 식으로든 번역자가 설명을 덧붙여주는 것이 좋습니다. 설명은 크게 두 가지 방법으로 할 수 있습니다. 하나는 주석을 달아주는 것이고 또 하나는 본문 안에 풀어서 설명해주는 것입니다. 학술서인 경우나 학술서가 아닌 경우라도 그 말이 굉장히 중요한 뜻을 지닐 경우에는 주석을 달아주는 것도 좋습니다. 하지만 학술서도 아니고 그 말이 핵심적 비중을 차지하지 않을 경우에 주를 너무 많이 달아주면 독자가 책에 집중하기 어려워집니다. 그때는 본문에다 풀어서 설명해주면 좋지 않을까요. 다음은 소설의 한 대목입니다.

 "Let's talk about **Bonfire Night**." Jacob relaxed now that the conversation was within his range. **The fifth of November** was one of the landmarks of Jacob's year. He started looking forward to it months in advance.

"밤에 폭죽 터뜨리는 얘기나 하자." 제이콥은 이제 자기가 끼어들 수 있는 대화를 하니까 마음이 풀어졌다. 가이 폭스라는 가톨릭교도가 잉글랜드 국왕을 시해하려던 음모를 사전에 적발한 것을 기념하여 해마다 11월 5일 밤에 터뜨리는 폭죽 놀이는 제이콥한테는 한 해의 가장 중요한 사건에 들어갔다. 몇 달 전부터 그날이 오기만을 손꼽아 기다렸다.

영국인이라면 누구나 '가이 폭스 데이'를 알지만 한국인은 그날이 무슨 날인지 모릅니다. 더구나 원문에는 '가이 폭스'라는 이름도 안 나오고 그저 폭죽을 터뜨리는 날이라고만 나옵니다. 그래서 "가이 폭스라는 가톨릭교도가 잉글랜드 국왕을 죽이려던 음모를 미리 적발한 것을 기념하여 해마다 11월 5일 밤에 터뜨리는 폭죽 놀이"라고 원문에 없는 내용을 덧붙여서 번역했습니다. 가이 폭스는 실존 인물이지만, 허구의 세계에서도 가령 작품명처럼 불쑥불쑥 튀어나오는 고유 명사가 적지 않습니다.

In the decade of the Great Depression we no longer saw the world of **Gatsby** but that of **The Grapes of Wrath**.

대공황이 휩쓴 10년 동안 우리가 미국에서 본 것은 '위대한 개츠비'의 상류층 세계가 아니라 '분노의 포도'에 그려진 밑바닥 삶이었다.

《위대한 개츠비》,《분노의 포도》라는 작품의 특성이 무엇인지를 이렇게 덧붙여서 설명해주는 것이 따로 번거롭게 주석을 다는 것보다 독자에게는 좋습니다. 요즘은 인터넷에서 정보를 많이 얻을 수 있지만, 이렇게 작품명이나 주인공 이름이 상징적으로 나타내는 의미를 파악하는 데 도움이 되는 사전으로 《Brewer's Dictionary of Phrase and Fable》이 있습니다. 한국어로 옮기면 '고사성어 사전' 정도가 될까요. 《위대한 개츠비》나 《분노의 포도》는 그래도 세계 문학의 고전으로 꼽히니까 독자에게도 그리 생소하지는 않습니다. 하지만 한국인에게 생소한 허구의 등장인물이 나오면 어떻게 처리해야 할까요?

>Their wretchedness of physique didn't make them less threatening: they called up the very thin, fawning-sinister figures of some of the **Cruikshank** illustrations for Dickens.
>
>그렇지만 몸집이 왜소하다고 덜 위협적으로 보이지도 않았다. 그들은 찰스 디킨스 소설의 삽화에 나오는 비쩍 마르고 음흉한 간신배를 연상시켰다.

번역문에는 원문에 있는 크룩섕크라는 18세기 영국의 유명한 삽화가 이름을 집어넣지 않았습니다. 그것이 핵심은 아니라고 보았기 때문입니다. 독자가 알지 못하는 인명(그 인명이 상징하는 내용은 있지만)을 그대로 실어보았자 독자가 글을 이해하는 데 도움이 안 된다고 보일 때는 빼도 괜찮지 않을까요. 저는 그렇게 생각합니다. 판단은 결국 번역자의 몫입니다. 물론 크룩섕크라는 이름을 집어넣어도 괜찮고, 원문에 나오는 내용은 무조건 다 집어넣어야 한다는 것이 한국 번역의 관행이기는 하지만, 크룩섕크라는 이름을 뺐다고 해서 오역이 되는 것도 아닙니다. 번역에는 여러 가지 가능성이 있고 어느 가능성도 절대적이지는 않습니다. 위의 원문에서는 크룩섕크의 삽화에 나오는 인물이 어떤 모습인지 설명되어 있습니다. 그런데 그런 설명 없이 불쑥 삽화가의 이름만 나올 때도 있습니다. 이럴 때는 조사를 해서 그 삽화가가 어떤 성향이었고 어떤 그림을 주로 그렸는지를 파악해야 제대로 번역할 수 있습니다. 다행히 요즘은 인터넷이 있으니까 웬만큼 이름이 알려진 사람에 대한 자료는 성의만 있으면 구할 수 있습니다. 다음은 한 역사가가 자서전에서 고등학교 시절의 선생님을 회상하는 대목입니다.

The **George Groszian figure** of Professor Emil Simon was a passionate conservative patriot.

풍자화가 게오르게 그로스의 그림에 나오는 인물처럼 머리가 벗겨지고 고집스럽게 생긴 에밀 시몬 교수는 애국심으로 똘똘 뭉쳐 있었다.

여기서 그냥 '풍자화가 게오르게 그로스의 그림에 나오는 인물처럼 생긴 에밀 시몬 교수는'이라고 직역을 하면 독자는 그 교수가 어떻게 생겼는지 알 도리가 없습니다. '구글' 등으로 그로스의 그림을 익혀서, 정확하지는 않더라도 거기서 대강 느껴지는 이미지를 덧붙여주어야 합니다. 좌파였던 그로스는 보수적이고 위선적인 기득권층을 꼬집은 그림을 주로 그렸는데 거기에는 머리를 짧게 치거나 머리가 벗겨지고 고집스러워 보이는 중년 남자가 자주 등장합니다. 그래서 '머리가 벗겨지고 고집스럽게 생긴'이라는 내용을 번역문에 덧붙였습니다. 이렇게 하면 번역서의 독자는 그로스를 아는 원서의 독자가 받는 인상과 비숫한 느낌을 받을 수가 있습니다. 물론 게오르게 그로스의 이름을 빼고 '그 당시의 유명한 풍자화'로 일반화해도 괜찮다고 생각합니다. 이렇게 그 단어의 특성으로 일반화해서 표현하는 방법은 낯선 단어를 번역할 때 퍽 도움이 됩니다. 그런데 아주 생소하지도 않고 그렇다고 해서 아주 낯익지도 않은 고유 명사는 어떻게 처리해야 할까요?

Hitler was prepared to act humbly. Hitler agreed to respect the authority of the state without condition, and to support it in the struggle against Communism. It was his 'journey to **Canossa**'.

히틀러는 겸손하게 굴었다. 정부의 권위를 무조건 존중할 것이며 정부의 반공 투쟁을 지원하겠다고 다짐했다. '무릎이라도 꿇으라면 꿇겠다'는 각오로 나갔다.

'카노사의 굴욕'은 유럽에서 교황과 황제가 충돌하여 결국 신성로마제국 황제였던 하인리히 4세가 교황이 있는 카노사까지 찾아가서 무릎을 꿇었던 사건을 말합니다. 우리 식으로 말하면 병자호란 때 인조가 남한산성에서 청나라 황제에게 절을 한 '삼전도의 수치'에 해당합니다. 이 구절은 세 가지 방식으로 번역할 수 있습니다. 첫째는 카노사의 굴욕이라고 그대로 번역하는 쪽입니다. 만약 독자가 잘 모르겠다 싶으면 주를 달아야겠지요. 이 방식은 원문에 가장 충실한 번역이지만 독자는 좀 피곤할 수 있습니다. 특히 '카노사의 굴욕'이 그냥 비유로서 한 번 나오고 끝나는 경우에는 더더욱 그렇습니다. 물론 유식한 독자는 뿌듯함을 느낄지도 모르지만요. 둘째는 이것을 '삼전도의 수치'라고 옮기는 방식입니다. 번역은 독자에게 원문과 똑같은 효과를 주어야 한다는 원칙을 극단적으로 신봉하는 경우에는 실제로 이렇게 번역할 수도 있습니다. 속담을 번역할 때는 실제로 이렇게 많이 합니다. 가령 "Too many cooks spoil the broth." 같은 속담은 "요리사가 많으면 수프를 망친다."보다는 아무래도 "사공이 많으면 배가 산으로 간다."라고 옮겨야 속담답지요. 하지만 보통의 경우에는 속담처럼 달랑 문장 하나만 번역하는 것이 아니라 문맥이 있으니까 외국인인 히틀러를 주어로 놓고 '삼전도의 수치'라는 표현을 쓰는 것은 아무래도 어색합니다. 히틀러가 삼전도를 어떻게 알겠습니까. 셋째는 '카노사의 굴욕'이라는 고유 명사에 담긴 내용을 보편적 표현으로 바꾸는 것입니다. 가령 "절을 하라면 하겠다, 무릎을 꿇으라면 꿇겠다."는 식으로 말이지요. 이것이 가장 무난한 방법이 아닐까요. '카노사의 굴욕'은 그래도 웬만큼 알려진 역사적 사건이지만, 한국인에게는 너무나 낯선 고유 명사는 어차피 살려줘도 원어가 지닌 환기력을 기대하기 어려울 테니 뺄 수도 있다고 봅니다.

Spaniards are fiercely protective of their heritage in a way unique to them. Their mania for preservation extends not only to papal bulls, charters, battlements and cloisters, but also to the desiccated **Grand Guignol** spectacle of holy knees, heads and hands displayed in golden caskets.

스페인 사람은 나름의 방식으로 전통 유산을 지키는 일이라면 양보를 모른다. 이런 보존벽은 교황의 칙서, 헌장, 흉벽과 수도원에 국한되지 않아서, 바짝 말라 비틀어진 성자의 손과 머리, 무릎까지도 스페인에서는 황금 궤에 넣어 보여준다.

원문에는 Grand Guignol이라는 단어가 나오는데 번역문에서는 이것을 뺐습니다. '그랑기뇰'은 20세기 초반 프랑스 파리에서 잔혹극과 공포극으로 인기를 끌었던 극단 이름입니다. 자연주의를 극단으로 밀고 나가서 살점이 찢겨 나가고 피가 뚝뚝 떨어지고 해골이 나오는 무시무시한 장면을 보여주어서 한 번 공연을 할 때마다 관객이 몇 명씩 기절할 정도였다고 합니다. 작가는 이 책을 읽는 독자가 '그랑기뇰'이라는 단어를 웬만큼 알고 있으리라 전제하고 좀 더 생생한 표현을 찾다가 '그랑기뇰'이라는 고유 명사를 들이밀었다고 볼 수 있겠지요. 그런데 보통 한국 독자는 이런 사연을 알 까닭이 없습니다. 영어권 독자에게는 이런 표현이 좀 더 구체적이고 생생하게 다가올 테지만 한국 독자에게는 오히려 짐이 됩니다. 주제나 핵심도 아니고 그냥 비유로 제시된 이런 사소한 고유 명사까지도 알아야 한다는 것은 독자에게 너무 가혹한 고문이 아닐까요. 그래도 정 그런 내용을 넣어주고 싶다면 역시 고유 명사보다는 일반 명사로 풀어서 넣어주는 것이 좋다고 생각합니다. 이렇게 말이지요. "스페인 사람은 잔혹극에 나오면 딱 어울릴 것 같은 바짝 말라 비틀어진 성자의 손과 머리, 무릎까지도 황금으로 된 궤짝에 넣어 전시한다."

한국인은 이미 지나치리만큼 서양의 고유 명사를 많이 압니다. '트로이의 목마' 하면 '속임수'라는 뜻이고, '판도라의 상자'는 '불행의 씨앗', '아킬레스건'은 '약점', '마이다스의 손'은 '뛰어난 솜씨'를 뜻한다는 사실을 웬만큼 책을 읽은 한국 독자는 압니다. '클레오파트라'는 '미녀', '네로'는 '폭군', '마키아벨리'는 '권모술수'의 상징이라는 것도 압니다. 이런 고유 명사는 지금도 서양에서 워낙 많이 쓰이는 말이니까 알아 둘 만한 가치가 있고 또 한국어의 표현력을 풍요롭게 만들기도 합니다. 하지만 사소한 고유 명사까지 고스란히 살려주는 것은 한국 독자에게는 폭력이라고 생각합니다. 이제는 균형 감각을 되찾을 필요가 있다고 생각합니다. 낯선 고유 명사는 일반화해서 표현하는 것이 독자에게 친절한 번역입니다.

꼭 고유 명사가 아니라 일반 명사에도 생소한 단어는 많습니다. 사람이 먹는 열매나 음식 중에 그런 단어가 많지요.

It took about half an hour, a plateful of **cashew** nuts I didn't need, and a pot of tea I didn't need, for me to realize that the musty, tainted smell of the restaurant was more than the smell of warmth, was the smell of an enclosed and airless room; that the air-conditioning there had broken down.

마음에도 없는 군것질거리와 차를 시켜놓고 30분쯤 앉아 있으니 식당의 퀴퀴한 곰팡이 냄새는 실내 온도가 높아서 나는 냄새가 아니라 사방이 밀폐된 답답한 방에서 나는 냄새라는 걸 알아차릴 수 있었다. 식당의 에어컨이 고장 나 있었다.

여기서 '캐슈'라는 열매가 나오는데 이것은 밤이나 호두 비슷한 딱딱한 견과입니다. 영국 슈퍼마켓에서 흔히 볼 수 있습니다. 그러나 한국 독자는 모를 가능성이 높지요. 그래서 '캐슈'라고 써놓으면 마치 암호처럼 보입니다. 그럼 주석을 달아줄까요? 학술 논문도 아닌데 이런 사소한 단어까지 주를 달아주면 보기 안 좋지요. 이럴 때는 '군것질거리'라고 그 음식의 일반적 성격으로 나타내주면 됩니다. 캐슈라는 열매를 한국인이 앞으로 자주 접한다면 캐슈라는 말이 언젠가는 외래어로 한국어에 들어올 날도 있겠지요. 바나나, 치즈, 커피가 그랬던 것처럼요. 우리는 외래어를 처음부터 많이 사용했다고 착각하기 쉽지만 사실은 그렇지 않습니다.

말이라는 것은 상당히 보수적입니다. 사람은 자기가 모르는 것은 어떻게 해서든 이미 아는 말로 묘사하려는 경향이 강합니다. 처음에 내연기관으로 움직이는 자동차가 나왔을 때 사람들은 거기에다 '말 없는 마차', 곧 horseless carriage라는 이름을 붙였습니다. 자국어도 이런데 외국어는 더 말할 나위가 없지요. 초기 영한사전의 풀이어를 보면 외래어가 거의 안 나옵니다. 처음에는 문장으로 설명을 하든가 아니면 기존 어휘를 동원하려고 합니다. 그래서 초창기 영한사전에서는 balcony를 '툇마루'라고 하고 cheese는 '소젖메주'라고 했습니다. 그러다가 그 말이 가리키는 대상을 자주 접하면서 '아, 이것은 툇마루도 아니고 메주도 아니구나!' 하는 깨달음이 오면 그제서야 원래 이름을 살려서 그대로 불러줍니다. 이렇게 해서 외래어가 자리를 잡습니다. 그리고 발코니와 치즈는 확실한 한국어가 됩니다. '발코니'와 balcony는 엄연히 다른 단어입니다. '발코니'는 한국어이고 balcony는 영어입니다. '오렌지'는 한국어이고 orange는 영어입니다. 오렌지는 한국어니까 그냥 '오렌지'라고 말하면 되지 '어륀지'라고 혀를 꼬아서 말할 이유가 없습니다. 이론적 개념 같은 것도 독자가 잘 모르겠다 싶으면 친절하게 설명을 덧붙일 필요가 있습니다.

Leaving the religious life in those days was not like changing your job or moving house. Our novitiate had not simply provided us with new professional skills, and left our deepest selves untouched. It was a **conditioning**. For about three years, we were wholly isolated from the outside world, and also from the rest of the community.

그 시절에 종교인의 길을 접는다는 것은 직장을 바꾸거나 이사를 가는 것과는 성격이 달랐다. 우리가 다녔던 수련원은 수련생의 깊은 자아는 건드리지 않고 새로운 전문 지식만 심어준 것이 아니었다. 우리는 어느새 외부 자극에 알맞은 행동을 하도록 조건화되어 있었다. 3년 동안 우리는 바깥 세상으로부터, 지역 사회로부터 완전히 격리되어 있었다.

여기서 "그것은 조건화였다."라고만 하면 심리학 배경 지식이 없는 독자는 이해하기 어렵습니다. 조건화의 핵심은 반복되는 피드백을 통해 유기체에 일정한 자극이 주어지면 일정한 반응을 보이게 만드는 것이므로, 이런 내용을 간추려서 본문 안에 넣어주었습니다. 번역은 저자를 위해서 하는 것이 아니라 독자를 위해서 하는 것입니다. 오해를 막기 위해서 살을 덧붙여야 할 때도 있습니다. 서양 독자에게는 당연한 상식처럼 쓰이는 말도 한국 독자를 위해서는 출처를 캐서 밝혀주는 것이 좋습니다.

There's no point in repeating over and over how empty these Spanish landscape are, however true it may be. Perhaps I am more susceptible because I come from a country suffering from overpopulation, but it never ceases to amaze me—to strike me, like a blow, or a shot. Not all day long, but at particular moments. BANG, and there it is again, the complete absence of artefacts, the absence of movement, as if the vastness of the landscape can only express itself by something equally immeasurable time. This is getting rather too close to the '**everlasting silence of infinite space**', but it can't be helped: this land evokes feelings of eternity.

스페인의 산하가 얼마나 텅 비었는지 아느냐고 아무리 입으로 떠들어도 실감이 잘 안 날지 모르지만, 사실이 그렇다. 내가 인구 밀도가 높은 나라에서 살다 온 사람이라서 아무래도 더 민감하게 느끼는 것이겠지만, 나는 마치 주먹으로 한 대 얻어맞거나 총알을 한 방 맞은 사람처럼 깜짝깜짝 놀란다. 하루 종일은 아니지만 어떤 느낌이 꽉 들 때가 있다. '탕!' 하고 공포탄이 터지면, 내 앞에는 인공물이 하나도 보이지 않는다. 이 광막한 공간은 시간이라고 하는, 똑같이 측량할 길이 없는 무한한 수단에 기대지 않고서는 스스로를 나타내지 못할 것만 같다. 파스칼은 '무한한 공간의 영원한 침묵'이 두렵기만 하다고 했지만, 나도 자꾸만 그런 감정에 빨려든다. 어쩔 수가 없다. 영원이라는 것은 바로 이런 느낌이라고 이 땅은 자꾸만 일깨운다.

원문에는 파스칼이란 말이 없고 그냥 "무한한 공간의 영원한 침묵이 두렵다."라는 인용문만 나옵니다. 이 여행기를 읽을 정도의 서양인 독자라면 이런 말을 적어도 한 번쯤은 들어보았으리라는 믿음이 있었기에 작가는 이런 문장을 인용했겠지요. 하지만 한국 독자는 이런 말을 접해보았을 가능성이 훨씬 낮습니다. 따라서 다짜고짜 인용문만 들이밀 것이 아니라 그 말을 한 사람을 알아내서 덧붙이면 제일 좋고, 아무리 뒤져도 모르겠으면 그냥 "어떤 작가는 '무한한 공간의 영원한 침묵'이 두렵기만 하다고 했지만"이라고만 해줘도 독자는 한결 부담을 덜 느끼겠지요.

영어 전치사도 한국어로 번역할 때 살을 붙이면 좋습니다. 영어가 한국어보다 분석적이고 추상적이라는 사실을 드러내는 품사로는 명사 말고도 전치사가 있습니다. 영어는 전치사가 발달했습니다. 명사를 도와주는 것이 바로 전치사이거든요. 그런데 전치사는 상당히 일반적인 내용을 담고 있습니다. 그래서 전치사가 들어간 영어 문장을 한국어로 번역할 때는 동사를 덧붙여주어야 자연스러울 때가 많습니다. 전치사 자체가 강한 행동성을 지니고 있기 때문입니다. 다음 영문을 볼까요.

I'm very touched by your concern **for** me.
Hitler was always writing **for** effect.

여기서 your concern for me는 '당신의 나에 대한 관심'보다는 '당신이 나에게 보여준 관심'이라고 번역하는 것이 자연스럽습니다. 영문에는 없지만 '보여주다'라는 동사를 번역문에서는 덧붙였습니다. 마찬가지로 둘째 문장도 "히틀러는 늘 효과를 계산하면서 글을 썼다."라고 해야지 "히틀러는 늘 효과를 위해서 글을 썼다."라고 하면 얼른 와닿지가 않습니다. 역시 '계산하다'라는 동사는 원문에는 없었던 요소입니다.

영어에서 가장 많이 쓰는 전치사는 아마 of일 것입니다. 그런데 of처럼 뜻이 모호한 전치사도 없습니다. 가령 a painting of the queen's를 그냥 '여왕의 그림'이라고 옮기면 '여왕을 그린 그림', 다시 말해서 a painting of the queen으로 오해할 수도 있습니다. 따라서 '여왕이 그린 그림'이라고 정확하게 옮길 필요가 있습니다. 예를 더 들어보지요.

When Montesquieu classified forms of government in the 18C, he assigned honour as the mainspring **of** monarchy.

1. 18세기에 몽테스키외는 정부의 종류를 나누면서 군주제의 원동력으로 명예심을 들었다.

2. 18세기에 몽테스키외는 정부의 종류를 나누면서 군주제를 이끌어가는 원동력은 명예심이라고 했다.

현대 한국어에는 '의'라는 조사가 번역체의 영향으로 워낙 깊숙이 들어와 있어서 사실은 '군주제의 원동력'이라고 해도 그리 어색하지는 않습니다. 오히려 간결한 맛이 있지요. 그래도 이렇게 조금 딱딱한 인문서일수록 전치사는 동사를 덧붙여서 쉽게 풀어주어야 독자가 편하게 책을 읽어 갈 수 있습니다. 어린이 책일 경우는 더 말할 나위가 없겠지요. 비슷한 예를 하나만 더 들겠습니다.

The effect of the dome has been eloquently described by Alberti in his book on the tranquility of the soul.

1. 영혼의 안정을 논한 알베르티의 책에는 돔의 효과를 자세히 묘사한 대목이 나온다.

2. 영혼의 안정을 논한 알베르티의 책에는 돔이 사람들에게 어떻게 받아들여졌는지를 자세히 묘사한 대목이 나온다.

여기서는 '돔의 효력'이나 '돔의 효과'라고 하면 너무 막연합니다. 영어 effect에는 효력을 미치는 대상이 있다는 전제가 있습니다. 따라서 한국어 번역에서는 그 대상까지 드러내면 더 좋지 않을까요. effect는 명사이긴 하지만 의미상으로는 동사, 목적어를 모두 포함하는 단어이므로 번역에서는 그것을 모두 밝혀야 독자가 정확히 이해합니다. 그래서 the effect of the dome을 '돔이 사람들에게 어떻게 받아들여졌는지'라고 풀어서 번역해보았습니다. 또 Europe's self-transformation **between** 1500 and 1648 같은 표현은 '1500년과 1648년 사이에 이루어진 유럽의 자기 혁신'이라고 옮겨야 안정감이 듭니다.

거꾸로 한국어를 영어로 번역할 때는 전치사를 이용하면 간결하고 힘차고 자연스러운 영문이 됩니다. 이렇게 말이지요.

길 너머에 있는 집들은 우리 동네 집들보다 훨씬 크다.
The houses **over** the road are much bigger than ours.

그는 셰익스피어에서 따온 인용문으로 자기의 주장을 펼친다.

He illustrates his argument with quotations **from** Shakespeare.

영어 전치사를 한국어로 번역할 때는 동사를 덧붙여서 번역하는 것이 좋고, 한국어 조사와 동사를 영어로 번역할 때는 전치사로 간결하게 번역하는 것이 좋습니다.

2장에서 한국어의 개성을 이야기하면서 영어는 한국어보다 명사가 상대적으로 발달한 언어라고 말씀드렸습니다. 특히 추상 명사처럼 의미가 압축된 단어를 한국어로 번역할 때는 겉으로 드러나지 않은 살을 덧붙여주어야 독자가 당황하지 않습니다. 원문에만 충실한 번역은 무뚝뚝한 번역입니다. 친절한 번역을 하려면 때에 따라서는 단어 하나를 문장으로 번역할 수도 있어야 합니다.

I simply paid him and let him go, and if I memorized his cab-licensing number it was out of habit, not **expectation**.

1. 나는 잠자코 계산을 하고 택시를 보냈다. 내가 택시 면허번호를 기억한 것은 습관에서였지 기대 때문은 아니었다.

2. 나는 잠자코 계산을 하고 택시를 보냈다. 내가 택시 면허번호를 기억한 것은 습관에서였지 나중에 써먹을 데가 있을 거라고 생각했기 때문은 아니었다.

여기서 expectation을 '기대'나 '예상'이라고 옮기면 독자에게 다짜고짜 무뚝뚝하게 들이미는 꼴입니다. 독자는 무슨 예상이고 무슨 기대인지 모르니까 당황합니다. 영어 추상 명사는 동사처럼 강한 능동성을 담고 있으므로 번역문에서도 그런 점을 드러낼 필요가 있습니다.[1]

영어는 반복을 싫어하는 언어지만 한국어는 반복에 대한 거부감이 훨씬 덜합니다. 아니, 어느 정도는 반복을 해주어야만 문장의 안정감이 생길 정도입니다. 대명사가 덜 발달해서 그런 면도 있지만 꼭 그래서만은 아닙니다.

Please give some thought as to whether this one would be **good** or that one, and then let me know.
이게 좋을지 저게 좋을지 생각해보시고 말씀해주세요.

Please let me know which is **faster**—the subway or a taxi.
택시가 빠른지 지하철이 빠른지 알려주세요.

영어는 반복을 피하기 위해 생략했지만 한국어는 오히려 살려야 하는 경우도 있습니다.

"When I hear Wagner," Hitler himself much later recounted, "it seems to me that I hear rhythms of a bygone world." It was a **world** of germanic myth, of great drama and wondrous spectacle, of gods and heroes, of titanic struggle and redemption, of victory and of death.

히틀러도 한참 뒤에 이렇게 술회했다. "바그너를 들으면 꼭 흘러간 세계의 장단을 듣는 것만 같다." 그것은 게르만 신화의 세계, 위대한 드라마와 경이로운 장관의 세계, 신과 영웅의 세계, 거대한 투쟁과 구원의 세계, 승리의 세계, 죽음의 세계였다.

덧붙이기는 문화와 풍습이 다른 두 언어의 번역에서 나타나는 현상입니다. 두 언어의 공통점이 적을수록 덧붙이기는 중요해집니다. 반대로 공통점이 많으면 덧붙이기의 필요성은 줄어들 것입니다. 공통점이 많을수록 번역은 쉬워 보입니다. 번역은 어떻게 보면 짝짓기이니까요. 그런데 꼭 쉬운 것만은 아닙니다. 오히려 함정이 더 많습니다. 어떤 함정일까요. 다음 장에서는 짝짓기의 함정에 대해서 알아볼까 합니다.

■ 나의 번역 사례

- San Sebastián is a huge storehouse of **Art Nouveau and Jugendstil**, odd-looking bridges with lamps of the kind that you find nowhere nowadays, hotels that, in Brussels, would have been demolished long ago, wrought-iron railings a collector would like to be hanged from.

산 세바스티안은 프랑스의 아르누보와 독일의 유겐트 양식처럼 이름은 다르지만 내용은 대동소이하게 19세기 말부터 20세기 초까지 유럽 전역에서 일어난 새로운 미술 운동의 거대한 창고다. 지금은 어디에서도 볼 수 없는 가로등이 달린 희한한 다리가 있고, 수집가가 보면 거기 매달려 죽겠다고 나설 만큼 희귀한 연철 난간이 있고 브뤼셀 같았으면 진작 헐렸을 호텔이 아직도 있다.

- So many squares have come about **across** time and space.

시대와 공간을 달리하는 수많은 광장이 나타났다.

- Active learning is a **cyclical** process.

능동적 학습은 돌고 도는 순환 과정이다.

- The exterior of the building is Romanesque and the **cross-vaults** are Gothic.

건물 외벽은 로마네스크 양식이고 활처럼 둥그스름하게 휘어진 십자궁륭 천장은 고딕 양식이다.

- What's the quickest way **to** the University, please?

대학으로 가는 가장 빠른 길 좀 가르쳐주세요.

- It was a screaming **from** the kitchen that awoke her.

그 여자를 깨운 것은 부엌에서 들려온 비명소리였다.

- The stimulus **of** the discoveries of America, and their subsequent exploitation, was not the sole cause **of** their transformation of Europe.

아메리카 발견이 준 자극과 그 발견에 뒤이어 이루어진 개발이 유럽의 변신을 낳은 유일한 원인은 아니었다.

- **Gustave Flaubert, Edward Lear** and Alexander the Great had probably all been epileptics.

프랑스 작가 귀스타브 플로베르, 영국 화가 에드워드 리어, 알렉산드로스 대왕은 모두 간질을 앓았을 가능성이 높다.

- A man and a **satyr** became friends.

반은 사람처럼 반은 동물처럼 생긴 사티로스와 사람이 친구가 되었습니다.

- Inside Italy the Cold War was not a **zero-sum game**.

이탈리아 안에서는 냉전이 너 죽기 아니면 나 죽기 식의 제로섬 게임이 아니었다.

- It was the city of the **Wittelsbachs**, not the city of artistic innovation, that appealed to Hitler.

(뮌헨이) 히틀러의 마음을 사로잡은 것은 예술 분야에서 혁신이 일어나던 도시였기 때문이 아니라 바이에른 지방에 찬란한 건축 유산을 남긴 비텔스바흐 왕조의 도시였기 때문이었다.

14장

# 짝짓기

### 짝을 지으면 안 되는 가짜 친구들

    1877년 이탈리아 밀라노의 천문대장 조반니 스키아파렐리는 화성이 지구 가까이에 왔을 때 망원경으로 화성 표면을 관측하여 지도를 그렸습니다. 그때 화성 표면에 가느다란 직선들이 교차하는 것을 보고 이것을 canali(단수형은 canale)라고 불렀습니다. 이것은 영어의 channels에 해당하는 뜻이었습니다. '수로' 내지는 '물길'이라는 뜻이었지요. 여기에는 꼭 인공적이라는 뜻은 없었습니다. 그런데 영어 번역자가 이것을 운하나 인공 수로를 뜻하는 canal로 옮겼습니다. canali와 canal이 비슷하니까 무심코 그렇게 했겠지요. 영어에서 channel은 자연스럽게 만들어진 물길인 반면 canal은 운하처럼 사람이 인공적으로 만든 물길입니다. 자연히 화성에는 고등 문명을 지닌 외계인이 산다는 믿음이 급속히 퍼져 나갔고, 영국의 H. G. 웰스라는 작가는 1898년 화성인이 지구를 공격한다는 내용으로 《우주전쟁》이라는 소설을 발표하기에 이르렀습니다. 한 번역자가 겉으로 드러난 유사성에 현혹되어 canali를 canal로 무심코 번역한 것이 이렇게 엄청난 파장을 불러일으킨 것입니다.[1] canali와 canal처럼 겉보기에는 똑같아 보이지만 사실은 뜻이 달라서 같은 뜻으로 오해하기 쉬운 단어들을 '거짓 짝' 또는 '사이비 친구'라고 합니다. 영어로는 false friends라고 합니다.

'사이비 친구'는 비슷한 언어 사이에 많습니다. 아무래도 언어가 비슷하면 영향도 많이 받아서 비슷하게 생긴 단어도 많을 테니까요. 프랑스어와 영어 사이가 그렇습니다. 특히 영어는 수백 년 동안 프랑스어의 영향을 지속적으로 받아서 고급 어휘 가운데 상당수가 프랑스어에서 들어왔습니다. 그래서 감쪽같이 속아 넘어가기 쉬운 사이비 친구가 참 많습니다. 프랑스어 déception은 '기만'을 뜻하는 영어 deception이 아니라 '실망'을 뜻하는 영어 disappointment에 해당합니다. 원래 déception에는 '기만'이라는 뜻이 있었고 영어 deception도 이것을 그대로 받아들인 것이지만, 현대 프랑스어에서는 정작 그런 뜻이 사라진 반면 영어에는 그대로 남아서 오해가 생기기 쉽지요. 또 프랑스어 expérience에는 '경험'을 뜻하는 영어 experience의 뜻도 있지만 그에 못지않게 중요한 '실험', 곧 영어 experiment에 해당하는 뜻이 있습니다. '경험'과 '실험'은 천지 차이입니다. 프랑스어 actuellement은 '실제로는'을 뜻하는 영어 actually가 아니라 '지금은'을 뜻하는 currently에 해당하는 뜻입니다.

독일어와 영어 사이에도 물론 사이비 친구가 있습니다. 영어로 씌어진 히틀러 전기를 번역하다가 State Secretary라는 직책과 만난 적이 있습니다. 영어에는 '국무 장관'을 뜻하는 Secretary of State라는 단어가 있지만 그런 뜻은 아니었습니다. 그래서 고민을 하다가 state에는 '정무' 내지는 '국무'라는 뜻이 있지 않겠는가 싶어서 이것을 적당히 '정무 비서관'이라고 옮겼습니다. 그런데 혹시 이 단어가 독일어

Staatssekretär를 영어로 직역한 게 아닐까 싶어서 랑엔샤이트 독영대사전에서 Staatssekretär을 찾아보았더니 undersecretary로 나오더군요. 영어 undersecretary는 '차관'이라는 뜻입니다. 원서에 나온 State Secretary를 '차관'으로 번역하니까 문맥에 딱 들어맞더군요. 독일어 Staatssekretär를 영어 undersecretary가 아니라 영어 State Secretary로 옮긴 것도 사이비 친구에 속았기 때문이 아닐까 싶습니다.

한국어와 일본어는 언어 자체도 비슷하지만, 영어 고급 어휘에 프랑스어 어휘 비중이 압도적으로 높은 것처럼 19세기 말 이후로 일본산 근대 한자 어휘가 대거 한국어로 유입되어 한국어와 일본어 사이에도 사이비 친구가 참 많습니다. 특히 한자라는 매개 고리가 있어서 사이비 친구에 현혹당하기 쉽지요. 가령 일본어 愛人은 한국어 '애인'과 다릅니다. 보통 결혼을 한 유부남, 유부녀가 몰래 사귀는 '정부'라는 뜻으로 쓰입니다. 한국어 '애인'은 일본어로는 恋人입니다. 중국어에서는 또 愛人 하면 '배우자'라는 뜻입니다. 한국어로 '퇴학'은 학교에서 제적당한다는 뜻이고 본인이 학교를 그만두는 것은 '자퇴'라고 하지만 일본어 退学에는 한국어 '퇴학'과 '자퇴'의 뜻이 모두 있습니다. 한국어 '의형'은 피붙이는 아니지만 의형제를 맺고 형님처럼 모시는 선배라는 아주 협소한 뜻으로 쓰이지만 일본어 義兄은 그런 뜻 말고도 영어 brother-in-law에 해당하는 뜻이 있습니다. 그러니까 한국어에서는 형부, 자형, 매형, 매부, 처남, 아주버니 등으로 다양하게 부르는 대상을 일본어에서는 묶어서 그냥 義兄으로 부릅니다. 또 '친일파'라는 단어는 한국에서는 부정적으로 쓰이지만 일본에서 親日派는 긍정적으로 쓰입니다. 따라서 어떤 영국 외교관이 유명한 親日派였다는 내용의 일본어 문장을 한국어로 옮길 때 親日派를 그냥 '친일파'로 옮기면 한국 독자는 무의식적으로 그 외교관에게 과도한 부정적 인상을 받을 수 있습니다. 따라서 그런 경우에는 '지일파'로 옮기는 편이 낫다고 봅니다.

영어와 한국어 사이에도 사이비 친구가 있습니다. 영어로 khaki 하면 보통 미군 군복 색깔을 말합니다. 한국어에도 '카키색'이라는 외래어가 들어와 한국어로 굳게 뿌리를 내렸습니다. 영어 khaki를 굳이 한국어로 옮기자면 황갈색에 가깝지요. 그런데 의외로 카키색을 한국어 '국방색'과 똑같은 색깔로 오해하는 사람이 많습니다. 한국군이 전통적으로 입는 군복 색깔인 국방색은 황갈색이 아니라 황록색에 가깝습니다. 카키색은 갈색에 가깝지만 국방색은 녹색에 가깝습니다. 아마 국방색도 군복 색깔이고 카키색도 군복 색깔이니까 혼동을 한 탓이겠지요. '칼럼니스트'와 columnist도 외연이 같지 않습니다. 가령 "In any case, however curious we are about these matters, historians are not gossip **columnists**." 같은 영문에서 columnist를 그냥 '칼럼니스트'로 번역하면 어색합니다. 한국 신문에서 '칼럼니스트' 하면 시사 문제에 대한 논평을 한다든지 에세이를 쓴다든지 하는 경우가 많지만 서양 신문에서는 연예인의 동정을 다룬 글도 칼럼니스트가 씁니다. 그러니까 영어 columnist가 한국어 '칼럼니스트'보다 외연이 넓다고 볼 수 있습니다. 따라서 위의 영문에서 columnist는 '칼럼니스트'가 아니라 '연예 기자'로 옮기는 편이 좋습니다. "여하튼, 이런 문제가 아무리 궁금하다 하더라도 역사가는 뒷얘기나 캐고 다니는 연예부 기자는 아니다." 정도로 번역할 수 있지 않을까요.

직접적인 사이비 친구는 아니지만 영어 nationalism과 한국어 '민족주의'의 관계도 흥미로운 점이 있습니다. 유럽에서 nationalism 하면 적어도 지식인 사이에서는 지탄의 대상이 됩니다. nationalism은 무지몽매한 극우주의자들이나 추종할 저열한 인종주의적 이념으로 봅니다. nationalism이 혐오의 대상이 된 중요한 이유는 크게 두 가지가 있습니다. 하나는 유럽의 제국주의라는 것은 자본주의의 시장 팽창욕 못지않게 자민족 영토 확장욕이었는데, 그 바탕에는 nationalism이 깔려 있었다는 이유에서입니다. 또 하나는 히틀러의 National Socialism입니다. 유대인의 집단 학살을 정당화한 이념 안에 nationalism이 들어가면서 nationalism은 서양에서는 금기어가 되었습니다.

히틀러의 연설 중에 이런 대목이 있지요. "The aim of the Nazi party is to lift the terms nationalism and socialism out of their pervious meaning." 한국어로는 "나치당은 민족주의와 사회주의의 낡은 의미를 벗어던지려고 합니다."라는 뜻입니다. 나치당이 독일 국민에게 파고든 것은 1차 세계대전 이후 빈부 격차가 극심한 상황에서 소외 계층을 아우르는 사회주의를 받아들이면서도 민족을 초월한 국제주의(히틀러는 독일이 1차 세계대전에서 패한 것은 사민당 지도부가 러시아 볼셰비키 세력과 내통했기 때문이라고 믿었습니다)에 반감을 품고 독일의 특수한 이익을 추구하는 민족주의 요소를 덧붙인 데 있습니다. 그런데 이 National Socialism이 좌파를 탄압하고 유대인을 대량 학살했으니 nationalism의 이미지가 곤두박질칠 수밖에 없습니다. 무엇보다도 서양의 nationalism은 imperialism의 다른 이름이었습니다.

그런데 한국의 민족주의를 서양의 nationalism과 똑같이 볼 수 있을까요? 한국은 제국주의를 추구하기는커녕 제국주의 국가의 식민지를 경험한 나라입니다. 배경이 다릅니다. 제국주의를 추진한 나라의 nationalism은 '애국주의'입니다. 그들에게는 팽창을 지향하는 국가가 있었습니다. 식민지가 되어 나라를 잃은 공동체에게는 민족밖에 없었습니다. 그들은 나라를 잃었으니 민족이라도 지켜야 한다고 생각했습니다. 침공의 역사로 얼룩진 나라들의 nationalism과 침탈의 역사로 얼룩진 나라의 민족주의를 똑같은 잣대로 평가할 수는 없지 않을까요?

사이비 친구는 한 언어 안에서도 찾아볼 수 있습니다. "여자가 한을 품으면 오뉴월에도 서리가 내린다."거나 '오뉴월 땡볕'이라는 말에서 '오뉴월'은 음력이니까 양력으로 따지면 '육칠월', 그러니까 한여름이 되는 거지요. 영어로 번역을 한다면 midsummer가 맞습니다. '수구'라는 말도 지금은 부정적 뉘앙스가 강하지만 옛날에는 그렇지 않았습니다. 조선 말기에 당사자들은 '수구당'이라는 말을 자랑스럽게 썼습니다. 그러니까 만약 대한제국기의 수구당을 영어로 번역한다면 '반동'이라는 부정적 뉘앙스가 담긴 reactionary보다는 '보수'를 뜻하는 conservative가 더 어울리겠지요.

'의리'라는 말도 옛날과 지금의 뜻이 좀 달라졌습니다. 의리는 유교에서 가장 중요한 개념이었습니다. 그것은 사람이 따르고 지켜야 할 이상적 가치를 나타냈습니다. 이를테면 '정의'에 가까운 말이었습니다. 그런데 지금은 의리라는 말이 추상적 이상보다는 구체적 개인에 대한 충성을 나타내는 말로 바뀌었습니다. 일본어 義理가 한국어 '의리'를 밀어낸 것이지요. 영국의 《Oxford English Dictionary》는 단어의 의미를 사용 빈도순으로 배열하지 않고 역사적으로 어떤 뜻으로 쓰였는지를 연대순으로 밝혀준, 이른바 역사적 원리에 따라서 편찬된 방대한 사전입니다. 그래서 어떤 단어가 어떤 의미 변화를 겪었는지를 한눈에서 알 수 있습니다. 한국에서도 언젠가는 옥스퍼드 영어사전처럼 역사적 원칙에 따라 편찬된 국어사전이 나오기를 기대해봅니다.

사이비 친구가 번역자에게 주는 교훈이 있다면 그것은 겉으로 드러난 피상적 유사성에 현혹되지 말라는 것입니다. 이탈리아 작가 움베르토 에코는 뛰어난 번역가이자 번역 이론가이기도 합니다. 에코는 네르발이라는 프랑스 작가의 《실비》라는 작품을 번역하며 겪은 일화를 들려주면서, 번역가는 겉이 아니라 속을 옮겨야 한다는 가르침을 줍니다. 이 작품에서 작중 화자는 꿈에서 본 고향 마을이 문득 너무나 가고 싶어져서 한밤중에 무작정 마차를 타러 집을 나섭니다. 그런데 밤중에 가기에는 너무 먼 거리입니다. 마부는 자기는 그렇게 멀리까지 갈 수가 없다면서 이렇게 차선책을 제시합니다. "Je vais vous conduire á la poste." 직역하면 "우체국까지 바래다 드리지요."라는 뜻입니다. 당시에는 차가 없었으니까 우편물도 마차로 실어 날랐습니다. 우체국에서는 한밤중에도 우편물을 실은 마차가 출발했는데 이것이 당시로서는 심야에 이용할 수 있는 가장 빠른 교통 수단이었습니다. 그러니까 마부는 자기는 못 가겠으니 우체국에 가서 우편 마차를 타고 가라는 뜻으로 그렇게 말한 것입니다. 그러니까 겉뜻은 '우체국'이지만 속뜻은 '우편 마차'인 셈이지요. 당시 사람이라면 '우체국'이라고만 해도 당연히 그곳에서 우편 마차를 타라는 뜻으로 받아들였겠지만 같은 프랑스어를 쓰더라도 현대 프랑스인조차 네르발이 왜 '우체국'이라고만 했는지 어리둥절해할 가능성이 높습니다. 하물며 네르발의 작품을 번역서로 읽는 이탈리아 독자는 말할 나위도 없겠지요. 그래서 에코는 "우편마차 있는 곳까지 바래다 드리지요."라고 번역했다고 합니다.[2]

몸으로 감정을 나타내는 표현도 겉이 아니라 속을 들여다봐야 합니다. 가령 "I felt a knot of fear in my stomach." 같은 영문은 어떻게 번역하면 좋을까요? 한국어에서는 두려움을 '위'나 '배' 또는 '속'처럼 stomach와 관련이 있는 말로 나타내지 않습니다. 가슴이 철렁했다거나 간이 콩알만 해졌다거나 주로 '가슴'이나 '간'으로 무서움을 나타냅니다. 겁이 없는 사람한테는 간덩이가 부었다고 말하지요. 그래서 이 문장은 "무서워서 간이 오그라들었다." 정도로 번역하면 어떨까 싶습니다. 감정은 몸 밖으로 드러나기도 합니다.

But what's wrong with passion? What's wrong with sensitivity? Jesus was a passionate man, wasn't he? You couldn't call him insensitive, either. Hardly an example of the **stiff upper lip**.

정열이 무슨 잘못인데? 예민한 게 뭐가 어때서? 예수님도 정열적인 분이었잖아. 둔감한 사람이 절대로 아니었어. 맨날 목에 힘만 주는 사람이 아니었다고.

영어 소설을 보면 권위적이고 엄격한 사람을 묘사할 때 stiff upper lip이라는 표현이 자주 나옵니다. '윗입술을 꾹 다물었다' 정도의 뜻이겠지요. 하지만 한국어에서는 근엄한 사람을 입술 모양으로 묘사하지는 않습니다. 한국인은 권위적인 사람을 '목이 뻣뻣하다, 목에 힘이 들어갔다'라고 말하지요. 영어는 권위를 입술로 나타내지만 한국어는 권위를 목으로 나타냅니다. 따라서 이 문장에서 stiff upper lip도 '목에 힘만 주는'으로 옮기는 편이 자연스럽습니다. 영어와 한국어에서는 같은 신체 부위를 써도 나타내는 감정은 다를 수가 있으니까요.

영어 shrug는 어떤 일에 관심이 없거나 잘 모르겠다는 뜻을 나타내고 싶을 때 서양인이 전형적으로 나타내는 반응입니다. 어깨를 으쓱하는 것이지요. 가령 "'I suppose so,' said she with a shrug."를 "'그런데요.' 여자는 어깨를 으쓱했다."라고 옮기면 한국 독자에게는 으쓱하는 행동의 의미가 잘 전달되지 않을 수 있습니다. 이럴 때는 shrug의 의미를 분명히 밝혀줄 필요가 있습니다. "'그런데요.' 여자는 관심 없다는 듯이 어깨를 으쓱했다." 이렇게 말이지요. 일종의 좁히기이자 덧붙이기인 셈이지요.

겉이 아니라 속을 옮기려면 그만큼 자국어에 정통해야 합니다. 에코는 자신이 쓴 소설을 번역하는 사람들에게도 알찬 조언을 합니다. 가령 《푸코의 진자》라는 소설에 나오는 인물들은 문학적 인용구를 입에 달고 다닙니다. 멋진 차를 몰고 구릉을 달리면서 주인공이 '그 울타리 너머로'라고 말하면서 절경 앞에서 탄복을 합니다. 그런데 앞에 울타리가 나오지 않았으므로 '그'라고 말하는 건 조금 이상합니다. 주인공은 사실 이탈리아 낭만파 시인 레오파르디가 쓴 〈무한〉이라는 시에 나오는 구절을 써먹은 것이라고 에코는 밝힙니다. 널리 알려진 시인의 시구가 주인공의 입에서 튀어나오는 것을 보면서 웬만한 이탈리아 독자들이 '주인공이 풍경을 볼 때조차 문학어라는 관념으로 보는구나.' 하는 인상을 받게 하려고 의도적으로 그런 표현을 하게 했다고 에코는 말합니다. 그러면서 번역자들에게 꼭 울타리라고 옮기지 않아도 좋다, 이런 시에 해당하는 구절을 당신들의 모국어로 씌어진 문학에서 찾아서 써 달라고 주문합니다.3)

하지만 막상 번역을 할 때는 고민스러울 때가 많습니다. 가령 다음 문장은 한국어로 어떻게 번역하면 좋을까요?

Shortly after Channel 4 had abandoned the series, Holy War was published and I had to promote it. As a television tie-in, Holy War without the film was like **Hamlet without the Prince of Denmark**.

나는 채널 4 방송이 시리즈를 포기한 직후 책으로 나온 《성전》을 홍보해야 했다. 원래 방송도 나와야 하는데 방송 제작이 중단되었으니 내 책은 속 빈 강정이 되어버렸다.

햄릿은 덴마크의 왕자였으니까 원문의 the Prince of Denmark는 햄릿을 가리킵니다. 그러니까 《햄릿》이라는 작품에서 주인공 햄릿이 빠져버린 꼴이라는 뜻이지요. 가령 이것을 '춘향전에서 춘향이 빠진 셈'이라거나 '심청전에서 심청이 빠진 셈'이라고 옮길 수 있을까요? 한국인 독자는 외국인 입에서 그런 소리가 나오면 당혹스러워할 가능성이 높습니다. 차라리 《햄릿》에서 햄릿이 빠진 셈'이라고 하는 편이 낫지 않을까요. 물론 저 같으면 더 안전하게 햄릿이라는 고유 명사가 아니라 '속 빈 강정'이라는 일반적 표현을 택하겠습니다.

에코는 원문에 너무 얽매이기보다는 원작이 독자에게 불러일으키려던 효과를 번역문에서도 살리는 데 중점을 두어야 한다고 말하고 싶었기에 그런 말을 했겠지요. 가령 자신이 어떤 소설에서 산호초의 현란한 아름다움을 다양한 형용사로 묘사했는데 번역자의 모국어에 그 이탈리아어 색채 형용사에 해당하는 마땅한 형용사가 부족하다면 전혀 다른 색채 형용사를 써서라도 아무튼 산호초가 현란하다는 느낌을 전달하면 된다는 것입니다.[4] 그러면서 제임스 조이스가 이탈리아에서 한동안 지내면서 자신의 작품인 《피네간의 경야》 이탈리아 번역에 깊이 관여한 이야기도 에코는 들려줍니다. 제임스 조이스의 입김이 들어간 이탈리아 번역판에는 영어 원작에 안 나오는 단어들이 심심치 않게 튀어나온다고 합니다. 이것만 보아도 원작을 직역으로 충실하게 번역한다고 해서 저자가 만족하는 것은 아님을 알 수 있다고 에코는 강조합니다.[5]

단위 번역만 하더라도 그렇습니다. 가령 "A candle weighed five pounds."라는 영문은 어떻게 번역하면 좋을까요? 만약 이 문장이 몇 백 년 전의 역사 소설에서 나왔다면 pound를 '근'으로 옮기는 것이 좋겠지요. "촛불 하나 무게가 다섯 근이었다."는 식으로 말이지요. 하지만 요즘 글이라면 1파운드의 무게가 약 450그램이니까 "촛불 하나 무게가 2킬로가 조금 넘었다." 정도로 옮기면 무방하다고 생각합니다. 수치가 정확히 들어맞아야 하는 과학서가 아니라면 말이지요. 넓이도 지금의 원칙은 미터법이지만 과학서가 아닐 때는 한국의 전통 넓이 단위인 '평'으로 해주는 것이 독자에게 이해가 빠를 수 있습니다. 그렇다고 해서 '정보'나 '마지기'로 바꾸어주자는 소리는 아닙니다. 사람들 대다수가 농사를 짓던 시절이라면 모를까 지금은 어차피 뜻도 잘 모를 테니까요.

마일도 킬로미터로 바꿔주는 것이 좋습니다. 가령 "Five years later, she married Johann Hiedler, a miller's journeyman from Spital, some **fifteen miles** away." 같은 영문은 "5년 뒤 그녀는 25킬로미터쯤 떨어진 슈피탈이라는 곳의 제분소에서 중간 기술자로 일하던 요한 게오르크 히틀러와 결혼했다."로 옮길 수 있습니다. 또 "From the lecture rooms you could see herons swooping over the water and landing on the wooded islands, yet only a few hundred **yards** away the traffic roared incessantly in Baker Street." 같은 영문은 "강의실에서 보면 해오라기들이 호수 위에서 낙하하여 울창한 섬에 사뿐히 내려앉는 모습이 한눈에 들어왔지만, 거기서 불과 몇백 미터만 밖으로 나가도 번잡한 도로에서는 차량 소음이 끊이지 않았다."라고 옮길 수 있습니다. 영어 1야드는 3피트이고 36인치에 해당합니다. 미터로는 91.4센티미터이니까 1야드는 대강 1미터로 옮겨도 무방합니다. 또 1피트는 '한 자'로, 1인치는 '한 치'로 옮겨도 대강 들어맞습니다.

작품의 배경이 옛날 고릿적이라면 한국의 전통 거리 단위인 '리'를 써주는 것도 괜찮습니다. 가령 "I used to make the effort to hear mass every Sunday at the local Catholic Church, which meant getting up extremely early and walking **five miles** over the cliffs." 같은 문장은 "일요일마다 가까운 읍내에 있던 가톨릭 교회에 기를 쓰고 갔다. 그러자면 꼭두새벽에 일어나서 절벽 길을 꼬박 20리나 걸어야 했다."로 하는 것이 '마일'이나 '킬로미터'로 옮기는 것보다 푸근합니다.

화폐 단위도 마찬가지입니다.

A ten-**guinea** fee earned in London paid for many **acres** of hill-land.

런던에서 금화 열 냥만 벌면 산자락을 몇만 평 몇십만 평씩 사들일 수 있었다.

guinea는 영국에서 19세기 초반에 파운드가 찍혀 나오기 전까지 17세기 초반부터 2백여 년 동안 쓰인 금화입니다. 그런데 여기서 기니에 대해 자세히 설명해도 어차피 독자는 감이 잘 안 옵니다. 그리고 이 문장은 기니 그 자체를 설명하는 데 목적이 있는 것이 아니라 적은 돈으로도 넓은 땅을 살 수 있었다는 사실을 알리는 데 목적이 있습니다. 그러니까 굳이 정확성을 기하지 않아도 됩니다. 그럼 그냥 '금화'라고 하고 단위는 '냥'으로 해주면 되지 않을까요. 마찬가지로 에이커도 일반 독자는 어느 정도의 넓이인지 잘 모릅니다. 1에이커는 약 1,250평에 해당합니다. 그런데 many acres 하면 적어도 수십 에이커에서 수백 에이커 이상은 된다고 보아야겠지요. 그래서 '수만 평', '수십만 평'이라고 했습니다.

영어 thousands of는 꼭 '수천 명'만을 뜻하지 않습니다. 수량의 경우도 thousands라고 해서 반드시 수천 명만 뜻하는 것은 아닙니다. "**Thousands** if not millions of Chinese — not to mention Muslim trading expatriates, who Indianized Southeast Asia — migrated overseas." 이 문장을 "동남아시아를 인도 색으로 물들인 해외 이슬람 상인은 물론이지만, 수백만까지는 아니더라도 적어도 수천 명의 중국인이 외국으로 나갔다."라고 옮기면 수백만과 수천이 너무 하늘과 땅 차이라서 어색합니다. 이 문장에서 thousands of는 정확히 수천 명을 나타낸다기보다는 엄청나게 많은 숫자를 뜻합니다. 따라서 "수백만까지는 아니더라도 하여간 엄청나게 많은 중국인"으로 옮겨주는 쪽이 오히려 원문에 충실한 번역입니다.

번역은 단어와 단어를 일대일로 대응시키는 작업이 아닙니다. 얼개와 짜임새가 다른 두 언어를 일대일로 대응시키다 보면 오히려 뜻을 왜곡하기 십상입니다. 그래서 독일의 하랄트 바인리히라는 언어학자는 "단어는 완벽한 번역이 불가능해도 문장은 완벽한 번역이 가능하다."라고 말했습니다.[6] 물론 완벽한 번역은 있을 수가 없습니다. 에코는 번역을 타협의 과정이라고 말합니다. 그러면서 예를 듭니다. 햄릿이 누군가 커튼 뒤에서 자기가 하는 말을 엿듣고 있음을 눈치채고 "How now? A rat?"이라고 말합니다. 영어 rat은 한국어로 '쥐'이고 이탈리아어로 ratto라고 합니다. 몸집이 작은 mouse는 한국어로는 '생쥐'이고 이탈리아어로는 topo라고 합니다. 직역을 하면 영어 rat은 이탈리아어 ratto로 옮겨야 마땅합니다. 하지만 에코는 자기가 알기로는 모든 이탈리아 번역자가 햄릿이 내뱉은 이 말을 ratto가 아니라 topo라고 옮겼다고 말합니다. ratto가 덩치는 rat처럼 클지 모르지만 약삭빠르고 엉큼하다는 뉘앙스를 제대로 전하려면 비록 몸집은 작아도 topo를 써줄 수밖에 없다는 것이지요. 한국어 같으면 쥐도 아니고 생쥐도 아니고 '쥐새끼'라고 해야 어울리겠지요.

　영어 rat, 이탈리아어 ratto, 한국어 '쥐'는 똑같은 동물을 가리킬지 몰라도 그 말에 담긴 '함의'는 다 다르기 때문에 번역자는 원작에 담긴 함의를 제대로 전달하기 위해서 과학적 정의에서 벗어나는 단어 선택을 할 수도 있다는 것입니다. 그것을 에코는 '타협'이라고 부릅니다. 그렇지만 번역이 타협이라고 해서 좋은 번역과 나쁜 번역을 판별할 수 없는 것은 아니라고 에코는 덧붙입니다. 상인과 손님이 흥정할 수 있는 것은 어떤 물건 값의 상한선과 하한선이 있다는 데 암묵적으로 동의하기 때문입니다. 사과 한 알에 100만 원을 부르거나 자동차 한 대에 1,000원밖에 못 내겠다고 하면 흥정이 이루어질 리 없습니다. 마찬가지로, 터무니없는 번역을 나쁜 번역이라고 말할 수 있다는 것이지요.

　그러니까 바인리히가 "단어는 완벽한 번역이 불가능해도 문장은 완벽한 번역이 가능하다."라고 말한 것은 문장의 완벽한 번역이 가능하다는 사실을 강조한 말이라기보다는 단어의 완벽한 일대일 대응 번역이 불가능하다는 데 초점을 둔 말이라고 보아야 합니다. 이 말을 뒤집어 말하면 원문의 품사와 단어 개수에 집착하지 말라는 소리입니다. 가령 "I got it!" 하면 "알았다!"라고 해도 좋겠지만 경우에 따라서는 "아하!" 하고 감탄사 한 단어로 처리해도 좋습니다. 또 "He was a **tall**, **straight**, affable, roman-nosed figure." 같은 영문은 "그이는 키가 훤칠하고 서글서글했고 코는 매부리코였다." 정도로 옮기면 좋지 않을까요. 영어 tall과 straight라는 두 단어를 한국어로는 '훤칠하다' 하나로 옮겼습니다. '훤칠하다'는 키가 크면서도 몸이 곧다는 뜻이 모두 들어간 단어이기 때문입니다.

거꾸로 영어 단어를 잘게 쪼개어 옮겨주어야 할 때도 있습니다. "Citizenship education must not be limited to schools, but an integral part of all education for **young people**." 같은 영문은 "시민의식 교육은 학교에만 국한해서는 안 되며 아동과 청소년을 대상으로 하는 모든 교육에 반드시 집어넣어야 한다."라고 옮길 수 있습니다. 영어 young people을 '젊은이'라고 옮기면 정확한 번역이 아닙니다. 한국어로 젊은이는 적어도 20대 이상에 대해서 쓸 수 있는 말인데 영어 young people은 초·중·고등학교에 다니는 학생 층을 말하기 때문입니다. 따라서 '아동과 청소년'이라고 옮기든가 아니면 '자라나는 세대'라고 옮기는 편이 무난합니다.

거꾸로 한국어를 영어로 옮길 때도 단어 하나하나를 기계적으로 옮기려 해서는 안 됩니다. 예를 들어 '특히'라는 말은 particularly라고 옮기는 경우가 많은데 실제로 영미인은 in particular라는 표현을 훨씬 많이 씁니다. 나아가, 문장의 종류도 맥락에 맞게 자유롭게 번역자가 선택해야 합니다. 원문이 평서문이라고 번역문까지 평서문일 이유는 없습니다. 가령 "I didn't want to make those years a dark secret. **After all, I hadn't robbed a bank or been in prison**." 같은 평서문은 "나는 그 시절을 비밀로 묻어 두고 싶지 않았다. 내가 무슨 은행을 턴 것도 아니고 감옥살이를 한 것도 아니지 않은가."처럼 의문문에 가까운 문장으로 옮길 수 있어야 합니다. 출발어에 충실한 들이밀기보다는 도착어에 충실한 길들이기 번역을 추구하는 번역자라면 말입니다.

마땅한 번역어가 떠오르지 않을 때 번역자는 사전을 찾습니다. 그런데 영한사전의 경우 영일사전에 나온 한자어 풀이에 너무 안이하게 기댄다는 느낌을 자주 받습니다. 조금만 더 깊이 생각하면 좋은 한국어가 있을 텐데 영일사전에 나온 불필요하게 어려운 한자어를 그냥 한국어로 읽어서 제시한 경우가 많습니다. remission은 중병에 걸렸다가 한 고비를 넘겼다는 뜻, 다시 말해서 병이 '호전'되었다는 뜻인데 '(질환 증상의 일시적 또는 영구적) 경쾌 또는 소실, 또 그러한 기간'이라고 난삽하고 어렵게 풀이한 영한사전이 있습니다. 한국어 풀이에도 '경쾌'라는 말은 있지만 '호전'의 뜻은 없습니다. overdraft는 잔고에 있는 돈보다 더 많은 돈을 빼서 썼다는 '초과 인출'의 뜻인데 일본식 한자를 그대로 읽은 '당좌대월'로 풀이한 영한사전이 대부분입니다. foreclosure도 은행에서 집을 담보로 돈을 빌리고 대출금을 못 갚아서 집이 넘어가는 것이니까 '압류' 정도로 풀이하면 될 것을 영일사전에 나온 대로 '유질 처분'이라고 아리송하게 풀이해놓았습니다. 또 pace는 '걸음새'라고 하면 될 것을 '보태(步態)'라고 딱딱하고 생경한 한자어를 그대로 둔 영한사전도 있습니다.

그렇다고 해서 무조건 기존의 한국어로만 번역하자는 소리는 아닙니다. 너무 자국어에서만 해결책을 찾다 보면 한국어가 가난해질 수 있습니다. 중국에서는 기업의 경영 책임자를 보통 '총경리'라고 부릅니다. 한국어의 사장과 비슷한 역할이지요. 이것을 처음에는 '사장'으로 옮기기도 했지만 지금은 '총경리'라고 하는 경우가 많습니다. 물론 아직은 '총경리(사장)'라고 괄호 안에 설명을 달아주는 경우가 많지요. 하지만 "이 총경리는 중국을 가장 잘 아는 외국인이 되었다."라는 문장처럼 이제는 아무런 설명 없이 총경리라는 호칭을 그대로 쓰기도 합니다. 그만큼 중국의 직제를 아는 사람이 늘어났다는 증거입니다. 중국과의 교류가 그만큼 깊어졌다는 뜻이고요.

'총경리'처럼 한자가 들어간 외국 이름을 어떻게 처리해야 할지 참 고민스러울 때가 많습니다. 가령 National Palace Museum in Taipei의 정식 명칭은 '대만 國立故宮博物院'입니다. 이것을 한국어로 옮길 경우 '국립고궁박물원'으로 해야 할까요 '국립고궁박물관'으로 해야 할까요. '구글'을 검색해도 양쪽이 엇비슷한 비중으로 쓰이고 있음을 알 수 있습니다. 한자는 한·중·일 3국이 공유하다 보니 특히 그대로 소리 나는 대로 읽고 싶은 유혹을 떨치기가 어렵습니다. 저는 '박물원'으로 하는 쪽도, '박물관'이라고 하는 쪽도 모두 일리가 있다고 생각합니다. 하지만 만약에 대만과 관계가 깊어지고 대만 문화와 사정을 잘 아는 한국인이 많아지면 아마 '국립고궁박물관'보다는 '국립고궁박물원'이라고 말하는 사람이 점점 늘어나지 않을까요. 이것은 '박물관'이라는 한국어가 '박물원'이라는 중국어에 밀려났다고 볼 일이 아닙니다. 오히려 한국어가 더 풍요로워졌다고 볼 수도 있습니다. 가령 영한사전을 만들 때 museum의 풀이어로 '박물관'과 함께 '박물원'도 올려놓고 대만이나 중국에서는 박물관을 그렇게 부르기도 한다는 내용을 덧붙일 수도 있지 않을까요. president도 마찬가지입니다. 지금은 그냥 '사장'으로만 풀이하지만 앞으로는 '(중)총경리'라는 내용을 덧붙일 수도 있지 않을까요.

외국어에 딱 맞는 좋은 한국어 짝은 의외로 숨어 있을 때가 많습니다. 그런 짝을 찾아내는 한 가지 좋은 방법은 생각을 뒤집어서 하는 것입니다. 가령 "Like master, **like man**." 같은 영어 속담을 어떻게 자연스러운 한국어로 옮길 수 있을까요? "주인이 잘나면 하인도 잘났다." 라는 뜻입니다. 그런데 곧이곧대로 옮기면 속담의 맛이 잘 안 납니다. 그런데 발상을 뒤집어서 부정의 표현을 넣으면 적확한 한국어 속담이 떠오릅니다. 바로 "명장 밑에 약졸 없다."는 속담이지요. 다음 장에서는 이런 뒤집기에 대해서 알아볼까 합니다.

## 15장

# 뒤집기

### 뒤집으면 자연스럽다

언더우드는 《한영문법》(1890년)이라는 책에서 한국어의 특징 가운데 하나로 한국어는 영어보다 이중 부정으로 긍정을 나타내는 표현이 많다고 말합니다. 그러면서 한국어로 가령 "미국은 없는 것 없소."라고 이중 부정으로 된 문장을 영어로는 "In America they have everything."이라고 옮기는 것이 자연스럽다고 지적합니다. 또 "그렇게 아니하면 못 되겠소."라는 문장은 영어 "I must do that."에 해당하는 뜻이라고 설명합니다. 한국어가 영어보다 이중 부정을 선호하는 이유는 아무래도 직설적으로 말하기보다는 에둘러 말하기를 더 좋아하기 때문인지도 모릅니다.

그런데 경우에 따라서는 부정문으로 된 영문을 한국어로는 긍정문으로 옮기면 더 자연스러울 때도 많습니다.

He was **too** intelligent and perceptive **not to** feel the disappointment of his admirers from the 1930s.

1. 그는 1930년대부터 자기를 따랐던 사람들이 느낄 실망감을 눈치채지

못하기에는 너무 똑똑하고 예민했다.

   2. 그는 워낙 똑똑하고 예민해서 1930년대부터 자기를 따랐던 사람들이 느낄 실망감을 눈치챘다.

   3. 그는 1930년대부터 자기를 따랐던 사람들이 느낄 실망감을 눈치채지 못할 만큼 어리석지도 않았고 둔감하지도 않았다.

1번처럼 "못하기에는 너무 똑똑하고 예민했다"라고 직역을 하면 한국어로는 너무 어색합니다. 그래서 2번은 too를 '너무' 같은 부정어가 아니라 '워낙'이라는 긍정어로 받으면서 not to feel도 '눈치챘다'라는 긍정어로 바꾸어주었습니다. 그런가 하면 3번은 한 번 더 꺾어서 too intelligent and perceptive를 "어리석지도 않았고 둔감하지도 않았다"라고 옮겼습니다. 단순히 부정문, 긍정문의 차원을 넘어서, 마땅한 표현이 떠오르지 않을 때는 확 뒤집어서 생각하면 의외로 돌파구가 열릴 때가 많습니다.

   'Things are changing.' I was **told more than once** in 1955 Sicily.
   '세상은 달라지고 있다.' 나는 1955년 시칠리아에서 그런 소리를 한두 번 들은 것이 아니었다.

   "'세상은 달라지고 있다'는 소리를 나는 1955년 시칠리아에서 한 번 이상 들었다." 직역을 하면 이렇게 됩니다. 역시 어색하지요. 여기서도 반대로 표현해주면 한결 좋아집니다. 이번에는 단어 하나의 예를 들어볼까요.

Still **remarkably unworn** after more than five centuries of use, they were built out of sandstone beams delivered from Africa.

오백 년이 넘게 사용되었다는 사실이 믿기지 않을 만큼 아직도 말짱한 이 계단은 아프리카에서 실어 온 사암으로 만든 것이었다.

여기서 remarkably unworn을 '놀라우리만큼 닳지 않은'이라고 직역하면 어색합니다. '놀라우리만큼'은 '믿기지 않을 만큼'으로, '닳지 않은'은 '말짱한'으로 뒤집으면 한결 자연스럽습니다. 아울러 built와 delivered처럼 수동의 뜻을 지닌 과거분사를 '만들어진', '실려 온'이라고 하지 않고 '만든', '실어 온'처럼 능동의 뜻으로 번역한 데 주목해 주십시오. 이번에는 동사의 예를 들어볼까요.

My eyes were **fixed** on the clock.
나는 시계에서 눈을 뗄 수가 없었다.

"나의 눈은 시계에 고정되어 있었다."라고 직역을 하면 어색합니다. "나는 시계에서 눈을 뗄 수가 없었다."라고 하면 한결 자연스러워집니다. 다음에는 좀 긴 문장입니다.

Today I happen to look at Mama's 1929 letters to me. She calls me 'darling'. I am astonished and vaguely disturbed that it is so long since anyone called me that, and **try to imagine** how it would be today if someone used the word.

오늘 엄마가 1929년에 내 앞으로 보낸 편지를 우연히 보았다. 엄마는 나를 '아가'라고 불렀다. 그런 소리를 들어본 지가 하도 오래되어서 어리둥절하기도 하고 조금은 얼떨떨하기도 하다. 지금 만약에 누가 나를 그런 식으로 부르면 기분이 어떨지 상상이 잘 안 간다.

여기서 try to imagine을 직역하면 '상상하려고 애쓴다'가 됩니다. 역시 한국어로는 어색합니다. 이번에도 뒤집어서 '상상이 잘 안 간다'라고 하면 한결 자연스러워집니다.

Above all, they were confident. I **had just come** from an institution in which young people were required to be absolutely obedient and submissive.

무엇보다도 그들은 자신만만했다. 나는 젊은 사람은 무조건 순종하고 복종하는 것을 당연하게 여기는 조직에 얼마 전까지 있었던 사람이었다.

직역을 하면 '방금 거기서 나왔다'라는 뜻인데 이것은 바꿔 말하면 '얼마 전까지 거기 있었다'는 뜻입니다. 이 문장에서는 이렇게 바꿔주는 쪽이 한결 자연스럽습니다. 시간에 관한 내용이 나올 때는 특히 이렇게 반대로 표현해주는 것이 제법 도움이 됩니다.

It would have been so much easier, I **now realize**, if I had admitted how strange this new world appeared to me, had shared my confusion and dismay and let people in.

처음 접하는 세상이 나한테 얼마나 낯설었는지를 털어놓고 내가 느낀 혼돈과 실망을 드러내고 사람들을 받아들였더라면 훨씬 견디기가 쉬웠을 텐데, 그때는 그걸 몰랐다.

물론 '이제는 알겠다'라고 해도 괜찮지요. 그런데 이 경우처럼 앞뒤 문맥에 따라서 '그때는 몰랐다'라고 거꾸로 해주는 편이 자연스러울 때도 있습니다. 마찬가지로 "You can**not begin to** understand my situation."은 "네가 내 입장을 이해하려면 멀었어."라고 하면 좋습니다. 접속사 if가 들어간 문장도 뒤집어서 옮기면 자연스러울 때가 많습니다.

**If** I **had had** money with me, I would have been robbed of it by the thief.
돈이 없었기에 망정이지 도둑에게 털릴 뻔했다.
You would have ended up an old maid, **if** you **hadn't met** me.
나를 만났기에 망정이지 노처녀로 늙을 뻔했지.

시간과 관련된 접속사 중에서도 until과 before는 특히 신경을 써야 합니다.

In the end, marble did **not** begin arriving from Carrara **until** the summer of 1443.

결국 대리석이 카라라에서 들어오기 시작한 것은 1443년 여름부터였다.

영어 until은 '까지'지만 앞에 not이 올 때는 '부터'로 번역하는 것이 좋습니다. 그런가 하면 "I won't feel relieved **until** I meet him in person." 같은 문장은 "그 사람을 실제로 만나봐야 마음이 놓이겠다." 로, 또 "The manager did **not** come back **till** yesterday."는 "매니저는 어제야 돌아왔다."라고 옮길 수 있겠지요. 그런가 하면 until을 '나중에는'으로 옮기면 좋을 때도 있습니다.

In the past, artists used paintbrushes made from the yucca plant. They used a tool made from bone to flatten and scrape the leaves **until** only the fibers were left.

옛날 화가는 실잎나무로 붓을 만들었다. 뼈로 된 연장으로 잎을 두드리고 문지르면 나중에는 고운 섬유만 남았다.

그런가 하면 before는 '전'이지만 '뒤'나 '다음', '나중'으로 옮겨야 좋을 때도 있습니다.

So one of my early purposes in the present book is to show first that there already was an ongoing world economy **before** the Europeans had much to do and say in it.

1. 그런데 내가 이 책에서 무엇보다도 먼저 규명하려는 사실 하나는 유럽인이 그 안에서 무언가를 행하고 발언하기 이전부터 지속성을 띤 세계 경

제라는 것이 있었다는 점이다.

  2. 그런데 내가 이 책에서 무엇보다도 먼저 규명하려는 사실 하나는 지속성을 띤 세계 경제라는 것이 진작부터 있었고, 유럽인이 그 안에서 무언가를 행하고 발언한 것은 나중의 일이라는 점이다.


이 문장처럼 before가 두 개의 절을 연결하는 접속사로 사용된 문장을 자연스럽게 옮기기는 쉽지 않습니다. 이 경우 before 앞에는 명사가 나오고 before 다음에는 대명사가 올 가능성이 높기 때문입니다. 영어에서 대명사는 어디까지나 명사 다음에 오는 게 자연스럽습니다. 그런데 이것을 그대로 번역하면 한국어에서는 "유럽인이 그 안에서 무언가를 행하고 발언하기 이전부터 지속성을 띤 세계 경제라는 것이 있었다."처럼 대명사가 먼저 나오고 그다음에 명사가 오는 우스꽝스러운 문장이 되어버립니다. 이렇게 하면 읽는 사람은 '그'가 무엇을 가리키는지 잘 이해하지 못합니다. 영어 원문에서는 명사가 먼저 오고 나서 대명사가 오는데, 한국어 번역문에서는 대명사가 먼저 오고 나서 명사가 나오기 때문입니다. 한국어 번역문에서도 명사가 먼저 오고 대명사가 나중에 오게 하려면 before도 꼭 '전'이 아니라 '다음'이나 '나중'으로 바꾸어주는 발상의 전환이 필요합니다. 3장에서 다른 맥락에서 한 번 예로 든 문장이지만 시간 처리와 관련해서 한 번 더 살펴보겠습니다.

This concern for where the bones of such a distinguished citizen of Florence should be laid to rest **prefigures** how, over a century later, the corpse of Michelangelo would be smuggled back to Florence in a bale of wool after the great sculptor died in Rome.

피렌체에서 이름을 날린 유명인의 유골을 어디에 묻어야 하는가에 대한 피렌체 시민의 뜨거운 관심은 한 세기 뒤 미켈란젤로가 로마에서 죽었을 때 이 위대한 조각가의 시신을 양털 뭉치 속에 숨겨 피렌체로 호송해 온 사건에서 재연되었다.

영어 prefigure는 '선행하다', 다시 말해서 '먼저 일어나다'라는 뜻이지만 이 문장을 그런 식으로 옮기면 한국어로는 도저히 감당하기가 어렵습니다. 그래서 반대를 두 번 해주면 좋을 때도 있습니다.

I **am** made of **flesh and blood**.

이 문장은 "나는 피와 살이 있는 사람이다."라고 옮기는 것보다는 "나는 목석이 아니다."라고 옮기는 것이 훨씬 자연스럽습니다. 다시 말해서 flesh and blood를 반대의 뜻을 지닌 '목석'으로 바꾸고 다시 부정을 해주니까 비슷한 뜻이 되어버린 거지요. 재미있는 것은 "I am made of flesh and blood."에 해당하는 자연스러운 프랑스어는 "Je ne suis pas un pur esprit."라는 사실입니다. "나는 혼만 있는 것이 아니다."라는 뜻이지요. 그러니까 영어와 프랑스어 사이도 뒤집어서 생각해야만 자연스러운 표현이 떠오른다는 사실을 알 수 있습니다.

"I know nuns tend to trade on guilt. I expect you had to count up your faults on a special string of beads and write them down in a little book," he chuckled, inviting me to share what he clearly assumed was a joke.

"Yes, we did, actually," I said.

"You're **not serious**, are you?" I **nodded**. "Good God," He gazed, lost for words for a moment, at the ceiling.

"수녀는 죄의식을 먹고 살잖아요. 잘못을 헤아리려고 일부러 만든 묵주 같은 게 있고 수첩에다가 잘못을 적어놓는다면서요." 당연히 농담으로 하는 소리라는 듯이 그는 킥킥 웃었다.

"정말로 그렇게 하는데."

"장난하는 거죠?" 나는 고개를 가로저었다. "세상에." 그는 할 말을 잊고 멍하니 천장만 바라보았다.

영어는 상대방이 부정으로 묻건 긍정으로 묻건 yes와 no가 달라지지 않지만, 한국어는 상대방이 부정으로 물어보느냐 긍정으로 물어보느냐에 따라 '예'와 '아니오'가 달라집니다. 앞에서 "장난하는 거죠?"로 해놓고 "고개를 끄덕거렸다"고 하면 장난이었음을 수긍하는 셈입니다. 말이 안 되죠. 따라서 여기서 nodded는 "고개를 가로저었다"로 옮겨주어야 합니다.

뒤집는 발상은 꼭 단어 차원에서만 유용한 것은 아닙니다. 구문 차원에서도 요긴하게 써먹을 수 있습니다.

Hitler's scant regard **led** him **to** underestimate the minefield of intermingled religion and politics that he entered when he brought his influence to bear in support of attempts to create a unified Reich Church.

히틀러가 제국 교회라는 개신교 통일 조직을 만드는 데 힘을 실어준 것은 종교와 정치가 뒤섞인 지뢰밭으로 발을 들여놓는다는 것이 얼마나 위험한지를 미처 몰랐기 때문이었다.

영문은 A lead to B 곧 "A가 B를 일으켰다."라는 구조이지만 번역문은 "B가 일어난 것은 A 때문이었다."라는 형식입니다. 영어는 원인을 먼저 제시하고 그 원인이 어떤 결과를 빚는가를 나중에 설명하는 방식이 어색하지 않습니다. 무엇이 어떤 결과를 만들었다, 유발했다는 식의 표현이지요. 주어가 발달해서 이렇게 표현해도 어색하지 않습니다. 하지만 한국어에서 안정된 방식은 아무래도 결과부터 말하고 왜 그랬는지 그 이유를 나중에 설명하는 쪽입니다. 특히 이 문장처럼 복잡하게 꼬인 문장일수록 독자가 부담감을 느끼지 않는 안정된 한국어 구문으로 옮겨주는 배려가 필요합니다. 물론 여기서 scant regard 곧 '부족한 관심'을 '미처 몰랐다'라고 번역한 것도 뒤집기 발상의 한 예입니다.

분사 구문이 들어가면 우리는 분사 구문부터 해석해야 한다고 생각합니다. 그래서 가령 "She must not have eaten for days, seeing how she is eating." 같은 문장은 "먹는 걸 보니 며칠 굶었나보구나." 정도로 번역합니다. 하지만 이 영문을 "며칠 굶었는지 계속 먹어대네."

라고 해줘도 괜찮습니다. 최인훈의 《광장》에 "그는 고개를 끄덕이면서 '왜 하필 어머니부터 물어보는 것일까' 그런 생각을 했다."라는 대목이 나오는데 이것을 영문판 번역자는 "He **nodded**, wondering at the same time why the captain should have begun with his mother." 라고 옮겼습니다. 거꾸로 이 영문을 한국어로 번역한다고 했을 때도 같은 이치로 굳이 "그런 생각을 하면서 고개를 끄덕였다."고 할 필요가 없다는 뜻입니다. 또 "The President agreed, adding that he hoped for a peaceful solution." 같은 문장도 "대통령은 동의한다면서 평화로운 해결 방안을 기대한다고 덧붙였다."라고 순리대로 옮겨주면 됩니다.

접속사 as가 오는 문장에서도 꼭 as를 먼저 번역하라는 법은 없습니다. 역시 《광장》에 "그는 미안했던 것을 메우기나 하듯, 짐짓 농조로 누그러지면서 선장을 건너다보았다."라는 구절이 나오는데 이것을 영문판 번역자는 "He deliberately softened his tone **as he looked** across at the captain, as if to make up for having made him feel awkward."라고 옮겼습니다. 같은 이치로 만일 이 영문을 한국어로 옮길 때도 굳이 '건너다보면서 누그러졌다'를 고집할 이유는 없다는 뜻입니다.

의외로 영어는 순서대로 번역을 해야 할 때가 많습니다. 앞뒤 문장이 이어지는 흐름을 생각하면 더욱 그렇습니다.

The subjects of the kingdom of Castile were Christians, but a large proportion of them followed the Visigothic rites **until** this was **prohibited** by Rome. **This ban** caused Spain to lose touch with the Old Testament, because the Visigothic act of worship consisted largely of Bible reading.

카스티야 왕국 백성은 기독교를 믿었지만 이 가운데 상당수는 서고트의 전통 의례를 따랐다. 하지만 나중에 로마 교황청이 이것을 금지했다. 서고트의 전통 의례는 성경 봉독이 많았으므로 서고트 의례가 금지되자 스페인은 구약을 접할 기회가 없어졌다.

앞에서 until을 '나중에'로 뒤집어 번역하는 예문을 소개했지만, 이 문장에서는 더더욱 '나중에'로 옮겨야 합니다. 만약 "로마 교황청이 금지하기 전까지 전통 의례를 따랐다."라고 하면 문장의 초점은 '따랐다'에 놓이므로 다음에 오는 문장의 핵인 '서고트 의례가 금지되자'와 연결이 매끄럽지 못합니다. 영어는 주어가 문장마다 들어가니까 문장 하나하나를 독립적으로 번역해도 될 것 같지만 반드시 그렇지는 않습니다. 한국어 감각으로는 뒷부분을 먼저 번역하는 것이 자연스럽지만 그다음에 오는 문장을 생각하면 영 어색해질 때가 있습니다. 영어 번역에서도 다음에 이어지는 문장과의 호응을 잘 따져서 독자가 편하게 흐름을 따라갈 수 있도록 번역해야 합니다.

- 나의 번역 사례

- He is acting **like a child**.

애들도 아니고 말이야.

- People would **treat you with respect**.

사람들이 너한테 함부로 굴지 않을 거야.

- Please memorize this dialogue **before** you come back.

이 대화는 다 외워서 오세요.

- **You have to meet the man** if you want to hear news from back home.

그이를 만나야 고향 소식을 알 수 있어.

- This is a **unique** and precious book.

이것은 둘도 없는 귀중본이다.

- **There's two of you** inside there, so you should take good care of yourself.

홀몸도 아닌데 몸을 잘 돌봐야 해요.

- This rookie who hasn't been in the company for very long is **very cocky**.

회사에 들어온 지 얼마 안 된 풋내기가 여간 당당하지 않은데요.

- **Most** classical music sends me to sleep.

클래식 음악치고 졸리지 않은 것이 드물다.

- It has been **only** a few months since I started learning Korean.

한국어를 배우기 시작한 지 몇 달 되지 않았어요.

- The bank has **yet to respond** to our letter.

은행에서 답장이 아직 안 왔다.

- This book is **too** difficult **to** read for me.

이 책은 하도 어려워서 읽을 수가 없다.

- His resignation from the cabinet, on 26 June, was inevitable after he had embarrassed the German government through his behaviour at the World Economic Conference in London **a month ago**.

그는 런던에서 열린 세계경제회의에서 물의를 빚어 독일 정부를 난처하게 만들더니 결국 한 달 뒤인 6월 26일 내각에서 물러날 수밖에 없었다.

- Europe **was alarmed**.

유럽은 경악을 금치 못했다.

- His doubts, **as usual, short-lived**.

그의 의구심은 아니나 다를까 오래가지 못했다.

- **The Westwall had priority over** all other major building projects.

아무리 중요한 공사도 서벽 다음으로 밀려났다.

### 16장
# 느낌이 사는 토박이말
#### 입말 활용법

무엇보다도 고민스러웠던 것은 그분이 이렇게 거칠게 바뀌어서 머지않아 인쇄업자의 손에 들어가야 한다는 사실이었다. 내가 그분의 자연스럽고 고결한 문체를 우리의 때 묻고 천한 말로, 다들 아시는 대로 가장 상스러운 말로 옮긴 것은, 다른 뜻은 하나도 없었고 오직 가까운 친구 몇의 성화에 못 이겨서였다.

이 글은 1563년에 영국의 번역가 알렉산더 네빌이 《오이디푸스》를 영어로 번역하여 책으로 내면서 서문에 쓴 내용입니다. 여기서 '그분'은 로마의 대작가 '세네카'를 말합니다. 네빌은 라틴어로 된 세네카의 작품을 '상스러운' 영어로 번역한 사실에 미안한 마음을 감추지 않습니다.

지금은 영어가 전 세계를 호령하면서 영어 아닌 언어를 모국어로 쓰는 사람을 주눅 들게 만들지만 지금부터 400~500년 전만 하더라도 상황은 그렇지 않았습니다. 영국에서 작가가 모름지기 본받아야 할 글은 먼 옛날 그리스와 로마의 작가가 남긴, 그리스어와 라틴어로 된 고전 작품이었습니다.

영국이라는 섬나라는 유럽에서도 변방이었습니다. 실제로 영국인도 그렇게 생각했습니다. 영국 지식인이 흠모한 글은 그리스어, 라틴어였고 다음으로는 이탈리아어와 프랑스어로 씌어진 글이었습니다. 영어는 심지어 스페인의 카스티야어보다도 촌스럽다고 생각했습니다. 도대체 영어에서는 고상한 표현이라고는 눈을 씻고 봐도 찾을 수가 없다고 영국 작가들은 생각했습니다.

그런데 네빌이 쓴 이 글의 영어 원문은 어땠을까요? 이렇습니다.

I minded nothynge lesse, than that at any tyme thus rudely transformed he should come into the Prynters hands. For I to no other ende remoued hym from his naturall and loftye Style to our own corrupt and base, or as al men affyrme it: most barbarous Language: but onely to satisfye the instant requestes of a few my familiar frendes.

y를 지금의 i로 읽어주고 removed를 remoued로 쓴 데서 알 수 있듯이 옛날에는 v를 u로 적었다는 몇 가지 규칙만 알면 지금 영어를 조금 읽을 줄 아는 사람이라면 500년 전의 문장이라 해도 이해하는 데 별 어려움이 없습니다. 5세기 전의 글인데 지금도, 그것도 외국인이 이해하는 데 무리가 없다는 것은 참으로 대단한 일 아닌가요. 도대체 어떻게 해서 이런 일이 가능할까요? 그것은 알렉산더 네빌이 어려운 말을 쓰지 않고 그냥 말하듯이 소박한 영어로 글을 썼기 때문입니다. 500년

전의 영문이 지금도 쉽게 이해되는 까닭은 그것이 입말을 그대로 적은 글이기 때문입니다. 네빌은 그런 입말이 천하다고 생각하고 고상한 단어가 없는 것을 속상해했을지 모르지만 네빌이 만약 고상한 단어를 썼다면 우리는 지금 네빌이 쓴 글을 사전을 찾아 가며 읽어도 겨우 이해할까 말까 했을 것입니다.

이렇게 몇백 년 전에 조상이 쓴 글을 그대로 읽을 수 있을 만큼 모국어 사용의 전통이 이어지는 영국 같은 나라를 보면 참 부럽습니다. 한국은 처지가 다르지요. 조선처럼 책을 많이 남긴 왕조도 세계적으로 드뭅니다. 웬만한 선비라면 적어도 몇십 권에서 많게는 몇백 권이나 되는 책을 남겼습니다. 그런데 문제는 다 한자로 썼다는 것이지요. 그래서 한자를 잘 모르는 사람은 전혀 이해하지 못합니다. 같은 한국어를 말하던 조상이 쓴 글이지만 번역을 해야만 알아들을 수가 있습니다. 번역에 들어가는 인원과 시간과 자금을 생각하면 나라 전체로 보아서는 큰 낭비가 아닐 수 없습니다.

그런데 한국어도 한문이 아니라 일상어를 그대로 한글로 적은 일기나 편지는 400~500년 전에 씌어졌더라도 지금도 이해하는 데 큰 어려움이 없습니다. 물론 한문으로 적힌 글에 비하면 그 양이 턱없이 적지만요. 다음은 지금부터 400년 전 조선 시대에 살았던 여인이 젊은 남편을 여의고 슬픔을 이기지 못해 남편의 관 속에 집어넣은 편지의 일부입니다.

자내 샹해 날드려 닐오듸 둘히 머리 셰도록 사다가 홈끠 죽쟈 ᄒ시더니 엇디ᄒ야 나ᄅᆞᆯ 두고 자내 몬져 가시는

날ᄒ고 ᄌ식ᄒ며 뉘 긔걸ᄒ야 엇디 ᄒ야 살라ᄒ야

다 더디고 자내 몬져 가시ᄂ고

자내 날 향ᄒ ᄆᆞᄋᆞᆯ 엇디 가지며

나ᄂ 자내 향ᄒ ᄆᆞᄋᆞᆯ 엇디 가지던고

ᄆ양 자내ᄃ려 내 닐오디 ᄒ ᄃᆡ 누어서

이보소 ᄂᆞᆷ도 우리ᄀᆞ티 서ᄅ 에엿디 녀겨 ᄉ랑ᄒ리

ᄂᆞᆷ도 우리 ᄀᆞᄐᆞᆫ가 ᄒ야 자내ᄃ려 니ᄅᄃ러니

엇디 그런 이ᄅᆞᆯ ᄉᆡᆼ각디 아녀 나ᄅᆞᆯ ᄇ리고 몬져 가시ᄂ고

자내 여ᄒ고 아ᄆ려 내 살 셰 업스니

수이 자내 ᄒ ᄃᆡ 가고져 ᄒ니 날ᄃ려 가소

'늘'이라는 뜻을 지닌 '샹해'라는 표현 정도만 모를까 나머지는 한국어를 모국어로 쓰는 사람이 이해하는 데 큰 어려움이 없습니다. 단지 한글로 적었기 때문에 쉽게 이해할 수 있는 것이 아닙니다. 어려운 한자어가 아니라 일상생활에서 쓰던 토박이말을 그대로 한글로 적었고, 그런 토박이말은 우리가 지금도 쓰는 말이기 때문에 그냥 읽기만 해도 머리에 쏙쏙 들어오는 것이지요. 한글로 썼어도 옛날 한문 서적에 나오는 난해한 표현을 남발한 글은 잘 이해하기가 어렵습니다. 다음은 《열녀춘향수절가》에 나오는 한 대목입니다.

혼ᄌ말노 섬어 하되, "오호으 편쥬타고 범소빅을 좃ᄎ스니 셔시도 올이 업고, 희셩월야의 옥창비가로 초피왕을 이별하던 우미인도 올이업고, ᄂ봉궐 하직하고 빅용퇴 간연후의 독이쳥 총하여쓴이 왕소군도 올이업고, 장신

궁 지괴댯고 빅두름을 을퍼슨이 반쳡여도 올이업고 소양궁 아침날으 시치하고 도랑온이 조비련도 올이업고 낙포션연가 무산선년가."

이몽룡이 춘향이 그네 타는 모습을 보면서 첫눈에 반하는 모습을 그린 대목입니다. 대강 짐작은 할 수 있을지 몰라도 한문 소양이 부족한 현대 한국인에게는 구체적으로 와 닿는 말이 거의 없습니다. 죽은 남편에게 바치는 절절한 사연을 담은 편지와 너무 비교되지요.

토박이말은 이렇게 안정적입니다. 글자가 생기기 전부터 사람들이 사용해 왔고 아득히 먼 옛날부터 쓰였던 구어, 곧 입말이기 때문입니다. 《춘향전》에 나오는 문어, 곧 글말은 문명이 발달하면서 한참 나중에 생긴 것이지요. 어느 나라에서나 입말은 삶에 녹아들어 있고 글말은 삶에서 떨어져 있습니다. 그래서 번역을 할 때도 될 수 있으면 글말보다는 입말을 많이 써주면 독자가 읽기 편합니다.

물론 외국인에게는 입말보다는 글말이 더 쉽고 편할 수가 있습니다. 저만 하더라도 그렇습니다. 저는 같은 영국 신문이라도 이른바 '대중지'라는 〈데일리 메일〉이나 〈선〉 같은 신문보다는 〈가디언〉이나 〈타임스〉 같은 정론지가 훨씬 읽기 편합니다. 영국 서민이 즐겨 읽는 대중지에는 동사와 전치사나 부사를 묶어서 한 단어처럼 쓰는 구동사가 많은데, 제 눈에는 그런 구동사가 다 엇비슷해 보입니다. 반면 〈가디언〉에 나오는 동사는 특정 개념을 가리키는 독립된 동사가 상대적으로 많이 나오니까 처음에는 외우기 힘들지 몰라도 그것을 익힌 다음에는 뜻이 명료하게 다가옵니다. 그렇지만 영국 독자 입장에서는 구동사가 훨씬 눈에 잘 들어온다고 합니다.

일본어도 마찬가지입니다. 일본어에서도 표기는 한자로 해주어도 읽는 것은 전통 일본 음으로 읽는 동사가 참 많습니다. 한자를 조금 아는 한국인 입장에서는 일본어에는 능숙하지 않아도 일본어 동사를 한자로 써주면 무슨 뜻인지 척 알아보니까 일본어 동사를 한자로 쓰는 쪽이 더 편하다고 생각할지 모르지만, 일본어가 모국어인 일본인에게는 비슷한 뜻이라도 19세기 후반에 집중적으로 만들어진 신제 동사보다는 전통적으로 써 온 고유어 동사가 더 쉽게 머리에 들어올 테지요. 그래서 요즘은 일본도 될수록 어려운 한자어는 피하고 동·식물명도 동사도 가타카나나 히라가나로 써주는 흐름입니다.

한국어도 마찬가지입니다. 한국어도 될수록 고유어를 많이 써주는 것이 독자에게 부담을 덜 주는 길입니다. 지구에서 보았을 때 태양이 움직이는 궤도를 뜻하는 ecliptic의 번역어도 '황도'보다 '해길'이 머리에 쏙 들어오지 않을까요. 1과 자기 자신을 제외하고는 어떤 정수로도 나누어 떨어지지 않는 수를 뜻하는 prime number의 풀이어로도 절댓값이 1보다 작은 실수를 뜻하는 동음이의어가 있는 '소수'보다는 '씨수'라고 하는 편이 더 낫지 않을까요. '침엽수'는 소나무처럼 잎이 뾰족뾰족한 나무를 말한다는 사실을 모르는 사람은 드물 겁니다. 하지만 conifer를 보고 침엽수 침에서 곧바로 바늘을 연상하는 사람은 많지 않을 겁니다. 그러니까 한국인 대부분은 침에서 곧장 바늘을 연상한다기보다는 침엽수가 소나무 같은 나무를 가리킨다는 사실에서 침엽수라는 말 전체를 그대로 받아들이지요. 그런데 만약에 아이에게 conifer를 설명한다고 합시다. 그렇다면 침엽수라고 하기보다는 '바늘잎나무'라고 하면 바로 머리에 와 닿지 않을까요. 이것이 토박이말의 힘입니다.

해방 이전부터 큰 사상가인 다석 유영모는 고유어 발굴에 힘을 썼습니다. 민중을 뜻하는 '씨알'도 다석이 만들었습니다. 나의 여러 모습을 '몸나, 맘나, 제나, 얼나'라는 말로 나타냈습니다. 만물은 '잘몬'으로, 세포는 '살알'로, 시간은 '덛'으로, 덕은 '속알'로, 생명은 '숨줄'로, 민주는 '다세움'으로, 독재는 '외누리'로, 농사는 '여름질'로, 광주는 '빛골'로, 엽서는 '잎글'로, 욕심은 '싶뜻'으로, 형이상은 '꼴위'로, 제자는 '맘아들'로 고집스럽게 썼습니다. 심지어는 《노자》를 번역하면서 노자도 '늙은이'로 바꾸었습니다. 가령 《도덕경》 첫 구절을 다석은 이렇게 옮겼습니다.

道可道, 非常道,
名可名, 非常名
길 옳단 길이 늘길 아니고
이를 만한 이름이 늘이름 아니오라

그런데 다석의 번역 중에는 토박이말에 익숙하지 않은 사람은 이해하기 어려운 번역도 적지 않습니다.

上善若水,
水善利萬物而不爭
썩잘은 물과 같고나

물은 잘몬에게 잘 좋게 하고 다투질 않으니

여기서 '썩잘'은 '썩 잘하는 처신, 제일 좋은 처신' 정도의 뜻이 아닌가 싶습니다. '잘몬'은 앞에서 나온 대로 '만물'을 뜻하고요. 토박이말이 여러모로 장점이 많은 것은 사실입니다. 하지만 이미 많은 근대어가 한자어로 만들어져 우리말 어휘로 자리 잡은 상태에서 굳이 이것을 한자어라는 이유만으로 버리는 것은 사회적 손실이 너무 큽니다. 함축성이 중요한 짧은 시에서라면 모를까 이런 시도를 일반화하기에는 여러모로 위험 부담이 큽니다. 무수히 새로운 어휘가 나오는 과학 분야에서 한자어를 쓰지 않고 토박이말만을 고집하기란 불가능합니다.

특히 명사를 토박이말로 바꾸는 데는 한계가 있습니다. '민주주의, 정부, 의회, 자본, 노동, 추상, 구체, 투표, 자유, 이성, 정의, 물질, 중력, 진화, 적응, 탄력, 사회, 공익'처럼 현대 한국어에서 없어서는 안 될 중요한 개념어 가운데 상당수는 19세기 말 이후 일본에서 만들어진 한자어입니다. 이런 관념어를 토박이말로 바꾼다는 것은 현실적으로 불가능하고 또 그럴 필요도 없습니다. 말의 원산지에 지나치게 집착하는 것은 합리적인 태도가 아닙니다. 외국어에서 새로운 관념과 용어를 받아들인다는 것은 전혀 부끄러운 일이 아닙니다. 지금은 세계어로 추앙받는 영어도 멀리는 덴마크어와 스웨덴어, 가깝게는 그리스어와 라틴어, 프랑스어에서 크게 영향을 받았습니다.

하지만 토박이말로 써줄 수 있는 표현은 토박이말로 써주는 것이 좋습니다. 이 점은 외국어를 한국어로 번역하는 사람들이 명심해야 할 사항입니다. 특히 어린이 책을 번역할 때는 적어도 형용사, 부사, 동사는 될 수 있으면 토박이말로 쓰도록 애써야 합니다. 그래야 아이들이 쉽게 이해합니다.

어른이 읽는 책도 마찬가지입니다. 딱딱한 철학서일수록 토박이말을 많이 집어넣어야 덜 어려워 보이고 실제로 이해도 더 잘 됩니다. 철학서나 역사서, 사회과학서에는 딱딱한 개념을 담은 명사가 많습니다. 그런데 동사, 형용사, 부사까지 딱딱한 한자어를 남발하면 독자는 질립니다.

1. 진화는 시간에 따라 개체가 상이하게 경험하는 경쟁과 도태의 과정을 거쳐 분기하거나 소멸되면서 진행하는 근대적 진화의 관념이 되었다.

2. 진화는 시간에 따라 개체가 다르게 맞이하는 경쟁과 도태의 과정을 거쳐 갈라지거나 사라지면서 나아가는 근대적 진화의 관념이 되었다.

난해하기는 두 문장이 마찬가지지만 그래도 둘째 문장이 첫째 문장보다는 덜 부담스럽게 다가옵니다. 한자어로 된 동사를 되도록 토박이말로 고쳤기 때문입니다. 주어나 목적어 자리에 오는 딱딱한 한자어 명사만도 따라가기 바쁜데 동사, 형용사, 부사까지 한자어를 남용하면 독자는 중요한 정보가 담긴 명사 개념에 집중하지 못합니다. 가령 영어 원문에 rapidly라는 부사어가 나오면 어려운 책일수록 '급격히'나 '신속히' 같은 한자어보다는 '쑥'이나 '빠르게' 같은 고유어로 나타내는 것이 좋습니다.

한자어 동사의 남발이 걱정스러운 것은 그것이 일본에서 들어왔기 때문이 아니라 불필요하게 어렵고 현학적이기 때문입니다. 말을 어렵게 하는 것은 일본 철학서나 사회과학서의 고질병입니다. 1980년대 이후 일본어로 된 사회과학서적을 번역하면서 이런 경직된 한자어들이 학술서에 너무 많이 들어왔습니다. 번역이든 집필이든 어려운 내용일수록 쉬운 말로 나타내려는 배려가 아쉽습니다. 아름답고 쉬우며 머리에 쏙 들어오는 토박이말이 아직 많이 남아 있는 동사부터라도 쉽게 쉽게 썼으면 하는 바람입니다.

"양계초는 중국 국민의 통탄스런 상태를 초래한 악덕이 어디에서 기인하는가 판명하는 데 깊은 관심을 표명했다."라는 문장의 핵심은 '통탄스러운 상태를 초래한 악덕'입니다. 벌써 여기에만도 '통탄, 상태, 초래, 악덕' 같은 딱딱한 한자어가 네 개나 나오지요. 그런데 서술어에도 '기인, 판명, 표명' 같은 한자어를 써주었습니다. 주의가 흐트러질 수밖에 없습니다. 이런 술어를 고유어로 바꾸어봅시다. "양계초는 중국 국민의 통탄스러운 상태를 초래한 악덕이 어디에서 비롯되었는가를 알아내는 데 깊은 관심을 보였다." 문장이 머리에 훨씬 잘 들어오지 않나요?

동사를 한자어가 아니라 토박이말로 써주면 어려운 느낌이 확 줄어들어 가독성이 높아집니다. 가령 engrave는 '각인하다' 대신 '아로새기다'로, isolate는 '격리하다' 대신 '떼어놓다'로, decide는 '결심하다' 대신 '마음먹다'로, exaggerate는 '과장하다' 대신 '부풀리다'로 옮기면 어려운 느낌이 확 줄어들고 독자는 글 내용을 솜처럼 빨아들입니다. 토박이말은 아니지만 외자로 된 한자에 '-하다'가 붙은 동사는 오래전부터 써 온 말이라서 때에 따라서는 예스러운 느낌이, 때에 따라서는 토박이말처럼 착 안겨드는 맛이 있습니다. '감하다, 고하다, 길하다, 실하다, 폐하다, 행하다'는 예스러운 느낌을 주며, '강하다, 굴하다,

궁하다, 노하다, 능하다, 달하다, 동하다, 망하다, 면하다, 반하다, 상하다, 성하다, 약하다, 용하다, 장하다, 접하다, 제하다, 혹하다'는 토박이말처럼 정겹습니다.

토박이말은 혼동을 피하는 데도 도움이 됩니다. 한자에는 동음이의어가 많습니다. 한자를 쓴다면야 소리는 같아도 글자가 다르니 구별이 되겠지만 한글을 전용하니까 글자만으로는 구별이 안 됩니다. 이때는 토박이말로 쓸 수 있는 것은 토박이말로 써주면 됩니다. 실제로 사람들은 무의식적으로 그렇게 합니다. 가령 '구글'에서 '스페인인'과 '스페인 사람'을 찾아보면 '스페인 사람'이 '스페인인'보다 훨씬 많이 검색됩니다. 이와는 달리 '프랑스 사람'보다는 '프랑스인'이, '미국 사람'보다는 '미국인'이 훨씬 많이 쓰입니다. '스페인인'보다 '스페인 사람'을 더 많이 쓰는 것은 발음이 중복되어 뜻이 모호해지는 것을 무의식적으로 피하려는 욕망이 들어갔기 때문입니다. 동음이의어가 많은 한자어의 약점을 이런 식으로 토박이말로 보완할 수가 있습니다. 가령 '왕후' 같은 표현도 그렇습니다. 왕후에는 '왕비'라는 뜻과 '왕과 제후'라는 뜻이 있는데, 나중 뜻은 '왕후장상'이라는 말 속에서 말고는 잘 안 쓰입니다. 말이 쓰이는 맥락이 워낙 비슷해서 한자 없이 한글로만 적으면 그 말이 무엇을 가리키는지 모호하기 때문입니다.

하지만 토박이말을 쓰는 것은 무엇보다도 의미가 머리에 쏙쏙 들어오기 때문입니다.

Moreover, the line that the war had ceased to be antifascist in any sense, and that Britain and France were as bad as Nazi

Germany, made **neither emotional nor intellectual** sense.

　1. 게다가 이 전쟁은 누가 뭐래도 이제는 반파시즘 투쟁이 아니며 영국과 프랑스도 나치 독일만큼 나쁘다는 입장은 정서적으로도 지적으로도 납득이 안 갔다.

　2. 게다가 이 전쟁은 누가 뭐래도 이제는 반파시즘 투쟁이 아니며 영국과 프랑스도 나치 독일만큼 나쁘다는 입장은 머리로도 가슴으로도 납득이 안 갔다.

　토박이말을 쓰는 까닭은 민족주의를 주장해서가 아닙니다. 그저 머리에 잘 들어온다는 소박한 이유에서입니다. 가령 영국 성공회에는 High Church, Low Church, Broad Church 같은 다양한 종파가 있었습니다. High Church는 권위와 전례를 중시하는 가톨릭에 가까운 입장이고 Low Church는 의식보다는 복음을 중시하는 입장, Broad Church는 포용성을 중시하는 입장입니다. 그런데 이 세 단어를 보통 영한사전에서는 각각 '고교회파', '저교회파', '광교회파'로 풀이합니다. 이것을 '높은 교회파', '낮은 교회파', '넓은 교회파'라고 해주면 훨씬 머리에 잘 들어오지 않을까요? 특히 '광교회파'라고 하면 아마 독자들 대부분은 '넓을 광'을 떠올리기보다는 '빛 광'을 떠올릴지도 모르는 일입니다.

　한글로만 쓴다고 해서 언문일치가 아닙니다. 정말 언문일치체는 말하듯이 쉽게 쓰는 글을 말합니다. 말하듯이 쉽게 쓴 글은 꼭 눈으로 읽지 않고 귀로 듣기만 해도 알아들을 수 있는 글입니다. 눈으로 보지 않고 귀로 듣기만 해도 알아들으려면 토박이말을 많이 써주어야 합니다.

영한사전에서 bud를 찾아보면 '눈, 싹'이라는 뜻 말고도 해부학에서 쓰는 뜻이 있는데 이것을 대부분의 영한사전에서는 '아체(芽體), 아상(芽狀) 돌기'로 풀었습니다. 영일사전에 적힌 풀이를 그대로 가져왔습니다. 그런데 북한에서 만든 영조사전을 보면 '싹몸, 싹모양돌기'라고 했습니다. 북한에서 만든 두말사전은 '언문일치'라는 대전제에 따라 한글만으로 그 단어를 썼을 때 정말로 의사 전달에 문제가 없을지를 꼼꼼히 따져서 뜻 풀이를 올려놓았다는 느낌을 줍니다. 물론 개선의 여지는 있습니다. 가령 '싹모양돌기'보다 그냥 '싹돌기'라고 해도 좋지 않을까요. 중요한 것은 사전에 오른 단어를 쉬운 말로 풀이하려고 노력한다는 것입니다.

토박이말은 균형감 있게 쓰는 것도 중요합니다. 한자어는 아무래도 한자어와 어울리고 토박이말은 토박이말과 어울리기 마련입니다. 가령 "목마름과 허기를 채웠다."처럼 토박이말과 한자어를 같이 나열하기보다는 "갈증과 허기를 채웠다."라고 하거나 "목마름과 배고픔을 채웠다."라고 하는 편이 낫습니다. 또 '믿고 기대한다'보다는 '믿고 바란다'가 안정감을 줍니다. 어린이 책을 옮길 때는 특히 이 점에 신경을 써야 합니다.

A memorial is something that is built or done to help people continue to remember a **person** or an **event**.
큰사람이나 큰일을 오래 기억하려고 세운 탑이나 조각, 건물을 기념물이라고 한다.

어린이 책에 나오는 용어 설명입니다. 어린이가 읽는 책이니 될수록 한자어를 안 쓰면 좋습니다. 여기서 person은 '사람'이라고 하면 되지요. 문제는 event입니다. 이것은 '사건'이라는 한자어밖에 없거든요. 그런데 '사람과 사건'이라고 하면 앞은 토박이말이고 뒤는 한자어라서 균형이 맞지 않습니다. 기왕이면 사건을 고유어로 바꾸고 싶습니다. 그럼 떠오르는 말이 '일'인데, 기념물을 세울 만한 일이면 작은 일은 아닐 테니까 '큰일' 정도로 바꿀 수 있겠지요. 그런데 '사람과 큰일'이라고 하면 또 균형이 안 맞습니다. 그래서 '큰사람과 큰일'로 하니까 원문에서는 겉으로 드러나지 않았지만 숨어 있는 '큰'이라는 뜻도 살려주면서 한국어로도 안정된 번역이 나왔습니다.

'사건'을 '큰일'로 바꾸는 데는 생각보다 깊은 뜻이 담겨 있습니다. 현대 한국인이 쓰는 한자어의 90퍼센트 이상은 19세기 말 이후에 일본에서 만들어진 외래산 근대어입니다. 한국은 일본과 한자를 공유하기 때문에 일본에서 생산된 이 한자 근대어를 그대로 받아들일 수가 있었습니다. 단지 읽기만 한국식으로 읽어주었지요. 심지어 일본인이 외국어를 소리 나는 대로 읽으려고 써준 한자어까지도 한국인은 아무 생각 없이 그냥 한국식으로 읽었습니다. 가령 일본은 Deutchland를 '도이쓰'라고 읽으면서 獨逸이라는 한자어로 나타냈습니다. 한국은 이것을 그냥 '독일'로 받아들였습니다. 말을 쓰면서 말의 뿌리라고나 할까 기원을 꼭 알아야 하는 건 아니지만, 이렇게 원산지에서는 한자어였던 단어를 그냥 슬쩍 한국식 발음으로만 읽어서 쓰다 보면 말을 수박 겉핥기식으로 쓸 수밖에 없습니다. 근대 이후 한국의 발전 과정에서 저는 어떤 가려움 내지는 불안을 느낍니다. '기원'의 실종 내지는 은폐라고

나 할까요. 전통이 폭력적으로 단절되었을 뿐 아니라 외국 문화도 스스로 받아들인 것이 아니라 일본을 통해서 받아들인 이유가 크겠지요. 그러다 보니 해방 이후 60여 년이 지났는데도 아직도 스스로 전통을 쌓아 가는 자신감이 부족합니다. 자신감 상실이 전통을 지속적으로 단절시켰다고나 할까요. 최인훈은 바로 이런 문제 의식을 느끼지 않았나 싶습니다.

최인훈은 1960년에 낸 소설 《광장》을 여러 번 고쳐 썼습니다. 작가는 한자어를 그저 한국식으로 읽고 한글로 적는다고 해서 언문일치의 문제가 해결되는 것은 아니라고 생각한 듯합니다. 최인훈은 19세기 후반 이후로 일본에서 집중적으로 만들어진 근대 한자어를 그대로 들여와 그냥 한글로만 적는 것을 진짜는 은행에 맡겨 두고 가짜 반지를 끼고 다니는 사람의 처지에 빗댑니다. 물론 서양어도 자기네끼리 영향을 많이 받았습니다. 하지만 알파벳 계열의 언어들과 한국어는 처지가 좀 다릅니다. 현대 영어에 흘러 들어온 프랑스어, 독일어, 라틴어, 그리스어에 뿌리를 둔 외래어는 원어의 '모습'이 보존되어 있습니다. 가령 '점유'를 뜻하는 프랑스어 원어 appropriation은 영어에 들어가서도 그대로 appropriation으로 쓰입니다. 원어의 모습이 그대로 남아 있습니다. 하지만 일본산 한자어 占有의 한글 표기 '점유'에서는 한자의 모습은 흔적도 없이 사라집니다. 작가는 이것이 글쓰기를 가볍게 만든다고 걱정했습니다. 다른 나라에서 만든 한자어를 그냥 한글로만 읽고 적으면서 자족하는 것을 돈에 비유하자면, '한국어'라는 통화의 가치 보증을 한국은행에서 하는 것이 아니라 일본 중앙은행에서 하는 꼴입니다.

최인훈은 한자를 쓰지 않고 오로지 한글로만 적으려면 그 원칙을 끝까지 밀고 나가서 한자어도 될수록 고유어로 바꾸면서 고유어의 테두리를 넓혀야 한다고 생각했기에 작품을 자꾸만 고쳤습니다. 역사 의식이 있는 작가도 있고 심미 의식이 있는 작가도 있지만 이렇게 철저한 언어 의식을 지닌 작가는 한국에서 보기 드뭅니다. 최인훈은 한국어의 뿌리를 들여다본 작가입니다. 바로 제가 최인훈이라는 작가를 존경하는 까닭입니다. 최인훈은 적어도 문학어로서 한국어는 일본어에 무임승차해서는 안 된다고 믿었고 결국 그 믿음이 토박이말의 표현 가능성을 최대한 넓히려는 노력으로 나타난 게 아닌가 싶습니다. 가령 그는 《광장》을 이런 식으로 고쳤습니다. 조금 길지만 인용해보겠습니다.

《광장》 원문

시간의 흐름 속에서 완결한 전체를 붙잡아, 안식을 얻으려 기대했다. 하지만 생활은 아랑곳없이 흐르고 있었다. 미련스럽게 움켜 온 강바닥 모래들도, 돌아가는 굽이에서 벌써 산산이 흩어졌다. 무엇인가 마지막 것을 얻은 후에는 다시 생각이란 이름의 요부를 침실에 들이지 않으리라 마음먹으면서, 표정과 제스처를 훈련하는 마음의 화장실에서는 자꾸 루즈가 빗나가고 아이섀도우가 번졌다. 끝없이 실수를 거듭하고 끝없는 뉘우침이 따랐다.

윤리적 노력이라는 것이 고상하나마 비극적 자기 도취에 그치는 것이며, 더 혹독하게는 신에 대한 무모한 반항이라면 이리도 저리도 못 하는 피곤한 마음은 또 한 번 제자리에 주저앉는다. 현상이 가지는 상징의 냄새를 혼곤히 맡아보며 에고의 패배감을 관용이라는 포장지로 그럭저럭 꾸려 가지고, 신이 명령한다는 '이웃 사랑'의 대용물로 쓰기로 한다는 선에서 주저앉곤 했다.

### 1차 개정

시간의 흐름 속에서, 마무리진 뜻을 읽어내서 허전함을 달래려 한다. 하지만 삶은 아랑곳없이 흐르고 있다. 미련스럽게 움켜 온 강바닥 모래들도, 돌아가는 굽이에서 벌써 산산이 흩어진다. 무언가 마지막 것을 얻기만 하면 다시 생각이란 요부를 침실에 들이지 않으리라 마음먹으면서 낯빛과 몸짓을 가꾸는 마음의 화장실에서는 자꾸 연지가 빗나가고 곤지가 번진다. 끝없이 실수를 거듭하고 끝없는 뉘우침이 따른다.

실수가 없어지라는 것이 갸륵하나마 자기 됨됨이를 모르고 제멋에 겨웁는 데에 그치는 것이며, 더 혹독하게는 신에 대한 철없는 대듦이라면, 이리도 저리도 못 하는 고단한 마음은 또 한 번 제자리에 주저앉는다. 누리와 삶의 뜻을 더 깊이 읽을 힘이 없는 자기처럼 남도 불쌍한 삶이거니 싶은 마음을 너그러움이라는 싸개로 그럭저럭 꾸려 가지고 신이 바란다는 '이웃 사랑'의 대용물로 쓰기로 한다는 언저리에서 주저앉곤 한다.

### 2차 개정

때의 흐름 속에서 마무리진 뜻을 읽어내서, 허전함을 달래려 한다. 하지만 삶은 아랑곳없이 흐르고 있다. 미련스럽게 움켜 온 강바닥 모래들도, 돌아가는 굽이에서 벌써 알알이 흩어진다. 무언가 마지막 것을 얻기만 하면 다시 생각이란 이름의 화냥년을 잠자리에 들이지 않으리라 마음먹으면서, 낯빛과 몸짓을 가꾸는 마음의 거울 속에서는 자꾸 연지가 빗나가고 곤지가 번진다. 끝없이 실수를 거듭하고 끝없는 뉘우침이 따른다.

　실수가 없어지라는 것이 갸륵하나마 자기 됨됨이를 모르고 제멋에 겨웁는 데에 그치는 것이며, 더 혹독하게는 신에 대한 철없는 대듦이라면, 이리도 저리도 못하는 고단한 마음은 또 한 번 제자리에 주저앉는다. 누리와 삶의 뜻을 더 깊이 읽을 힘이 없는 자기처럼, 남도 불쌍한 삶이거니 싶은 마음을 너그러움이라는 싸개로 그럭저럭 꾸려 가지고, 신이 바란다는 '이웃 사랑'과 바꿔 쓰기로 한다는 언저리에서 주저앉곤 한다.[1]

　물론 토박이말만 쓰는 것이 능사는 아닙니다. 말은 어디까지나 쓰임새가 중요합니다. 가령 국어사전에서 '곤색'을 찾으면 '감색(紺色)'이 표준어라고 나오고 '곤'은 紺의 일본식 발음이라는 설명이 달려 있습니다. 그런데 한국어에는 먹는 과일인 감의 빛깔을 뜻하는 '감색'이란 말도 있습니다. 주황색과 비슷합니다. 그러니까 한자 없이 그냥 '감색'이라고만 쓰면 파랑에 가까운 감색을 말하는 것인지 주황에 가까운 감색을 말하는 것인지 알 수가 없습니다. 실제로 감색으로 '구글' 이미지 검색을 해보면 두 색깔이 엇비슷하게 나옵니다. 따라서 정확한 의사소통을 위해서는 '곤색'이라는 말을 쓸 필요가 있습니다.

　'행길'도 그렇습니다. 역시 국어사전에서 행길을 찾으면 '한길'이 표준어로 나옵니다. 그런데 한길에는 '큰길'이란 뜻 말고 '외길'이란 뜻도 있습니다. 그러니까 '한길'이라고만 하면 '큰길'을 뜻하는 것인지 '외길'을 뜻하는 것인지 알 도리가 없습니다. 맞춤법을 그냥 왜색을 없앤다거나 무조건 토박이말을 써야 한다는 안이한 기준으로만 밀어붙여서는 곤란합니다.

맞춤법은 무너뜨리기는 쉬워도 정하기는 굉장히 어렵습니다. 그래서 어느 정도 인위성이 전제되어야 합니다. 하지만 어느 정도 시일이 흘러 맞춤법이 정착된 후에는 현실을 중시하는 방향으로 나아가는 것이 좋습니다. 그런데 한국에서는 아직도 무리하게 관념에 현실을 뜯어 맞추는 경우가 있습니다. 맞춤법은 무엇보다도 의사 소통의 정확성을 높이는 데 이바지해야 합니다. 다음 장에서는 맞춤법에 대해서 자세히 알아보겠습니다.

■ 한자어 동사와 토박이 동사

| 영어 | 한자어 동사 | 토박이 동사 |
|---|---|---|
| abandon | 방기하다 | 내치다 |
| abdicate | 양위하다 | 넘기다 |
| abduct | 유괴하다 | 꾀어가다 |
| abort | 낙태하다 | 떼다 |
| accommodate | 수용하다 | 재우다 |
| accompany | 동반하다 | 곁들이다 |
| accumulate | 축적하다 | 쌓다, 쟁이다 |
| accuse | 질책하다 | 나무라다 |
| achieve | 성취하다 | 이루다 |
| acknowledge | 인정하다 | 알아주다 |
| acquire | 획득하다 | 거머쥐다 |
| adapt | 적응하다 | 맞추다 |
| add | 추가하다 | 보태다, 덧붙이다 |
| adhere | 부착하다 | 달라붙다, 엉겨붙다 |
| adjust | 조정하다 | 가다듬다 |
| admire | 감복하다 | 우러러보다 |
| admit | 시인하다 | 받아들이다 |
| admonish | 훈계하다 | 타이르다 |
| advocate | 표방하다 | 내걸다 |
| aggravate | 악화시키다 | 덧내다 |
| agitate | 궐기하다 | 들고일어나다 |
| allot | 책정하다 | 잡아놓다 |
| allow | 허용하다 | 터놓다, 터주다 |
| allude | 암시하다 | 비추다, 빗대다 |
| anticipate | 예견하다 | 내다보다 |
| appease | 회유하다 | 어르다 |

| | | |
|---|---|---|
| appropriate | 착복하다 | 우려먹다 |
| ascertain | 확인하다 | 밝히다 |
| assemble | 조립하다 | 맞추다, 짜다 |
| assert | 단언하다 | 큰소리치다 |
| assort | 분류하다 | 가르다 |
| assume | 가정하다 | 셈 치다 |
| assure | 확언하다 | 다짐하다 |
| attack | 공격하다 | 덤비다 |
| attribute | 전가하다 | 덮어씌우다 |
| avoid | 회피하다 | 꺼리다 |
| barter | 물물교환하다 | 맞바꾸다 |
| believe | 신봉하다 | 곧이듣다 |
| belittle | 비하하다 | 깎아내리다 |
| besiege | 포위하다 | 에워싸다 |
| bewitch | 매혹하다 | 호리다 |
| brew | 양조하다 | 빚다 |
| calculate | 계산하다 | 따지다 |
| captivate | 현혹하다 | 홀리다 |
| carve | 각인하다 | 아로새기다 |
| charge | 장전하다 | 재다 |
| clarify | 규명하다 | 밝히다 |
| collapse | 붕괴하다 | 무너지다, 내려앉다 |
| collect | 수집하다 | 모으다, 거두다 |
| compare | 비교하다 | 대다 |
| conceive | 구상하다 | 짜다 |
| condense | 응축하다 | 엉기다 |
| conform | 순응하다 | 좇다 |
| consider | 검토하다 | 따지다 |
| consolidate | 강화하다 | 굳히다 |
| conspire | 공모하다 | 짜다 |

| | | |
|---|---|---|
| contaminate | 전염시키다 | 물들이다 |
| contend | 경쟁하다 | 다투다, 겨루다 |
| contract | 수축하다 | 오그라들다 |
| contrive | 고안하다 | 짜다 |
| control | 통제하다, 제어하다 | 휘어잡다, 다스리다 |
| convert | 전향하다 | 돌아서다 |
| copulate | 교미하다 | 흘레붙다 |
| corrode | 부식하다 | 삭다 |
| covet | 선망하다 | 넘보다 |
| cram | 주입하다 | 우겨 넣다 |
| criticize | 비판하다 | 까다, 꼬집다 |
| cultivate | 경작하다 | 일구다 |
| damage | 훼손하다 | 망치다 |
| date | 교제하다 | 사귀다 |
| decay | 부식하다 | 삭다 |
| declare | 선언하다 | 밝히다, 못 박다 |
| decline | 사양하다 | 마다하다 |
| deduce | 도출하다 | 이끌어내다 |
| deduct | 공제하다 | 까다 |
| defeat | 격파하다 | 무찌르다 |
| defend | 비호하다 | 싸고돌다 |
| defy | 반항하다 | 대들다 |
| deify | 신성시하다 | 떠받들다 |
| deliberate | 숙고하다 | 재다 |
| deluge | 쇄도하다 | 빗발치다 |
| delve | 탐구하다 | 캐다 |
| demand | 요구하다 | 몰아세우다 |
| demolish | 파괴하다 | 헐다, 부수다 |
| deny | 부인하다 | 잡아떼다 |
| detain | 억류하다 | 잡아두다 |

| | | |
|---|---|---|
| devise | 고안하다 | 짜내다 |
| discern | 식별하다 | 알아보다 |
| disclose | 폭로하다 | 까발리다 |
| disdain | 멸시하다 | 깔보다 |
| disobey | 불복하다 | 거스르다 |
| display | 발휘하다 | 떨치다 |
| dissuade | 단념시키다 | 뜯어말리다 |
| distort | 왜곡하다 | 일그러뜨리다 |
| divide | 분할하다 | 가르다 |
| eliminate | 제거하다 | 들어내다 |
| embezzle | 착복하다 | 떼어먹다 |
| embrace | 포옹하다 | 보듬다, 얼싸안다 |
| emit | 배출하다 | 내뿜다 |
| emphasize | 강조하다 | 다지다, 못박다 |
| encompass | 포괄하다 | 뭉뚱그리다 |
| encounter | 조우하다 | 맞닥뜨리다 |
| engrave | 각인하다 | 아로새기다 |
| escape | 탈피하다, 도주하다 | 벗어나다, 내빼다 |
| estimate | 추정하다 | 가늠하다 |
| evade | 회피하다 | 발뺌하다 |
| exaggerate | 과장하다 | 부풀리다 |
| examine | 점검하다 | 살피다 |
| exceed | 초과하다 | 넘어서다, 웃돌다 |
| excel | 걸출하다 | 빼어나다 |
| exchange | 교환하다 | 맞바꾸다 |
| excise | 절개하다 | 도려내다 |
| exclude | 배척하다 | 따돌리다 |
| excuse | 변명하다 | 둘러대다 |
| exercise | 행사하다 | 휘두르다 |
| expect | 예상하다 | 내다보다 |

| | | |
|---|---|---|
| explain | 설명하다 | 밝히다 |
| exploit | 착취하다 | 뜯어먹다 |
| explore | 탐구하다 | 파다, 캐다, 따지다 |
| expose | 폭로하다 | 까발리다, 들추어내다 |
| fabricate | 날조하다 | 꾸미다 |
| fade | 변색하다 | 바래다 |
| fail | 실패하다 | 틀어지다 |
| feign | 가장하다 | 시늉하다 |
| ferment | 발효하다 | 띄우다, 삭히다, 괴다 |
| flatter | 아첨하다 | 알랑거리다 |
| flee | 도주하다 | 내빼다 |
| forecast | 예상하다 | 내다보다, 점치다 |
| forget | 망각하다 | 까먹다 |
| form | 형성하다 | 이루다 |
| found | 설립하다 | 차리다 |
| frequent | 출입하다 | 드나들다 |
| gloss | 호도하다 | 둘러대다 |
| groan | 신음하다 | 끙끙거리다 |
| grumble | 불평하다 | 툴툴거리다 |
| guess | 추측하다 | 넘겨짚다, 때려잡다 |
| heal | 치유되다 | 아물다 |
| hint | 암시하다 | 내비치다 |
| hold | 함유하다 | 머금다 |
| imitate | 모방하다 | 본뜨다 |
| impend | 임박하다 | 닥치다 |
| impress | 감동시키다 | 사로잡다 |
| imprison | 투옥하다 | 잡아들이다 |
| incise | 절개하다 | 쨰다 |
| include | 포괄하다 | 아우르다 |
| infect | 감염시키다 | 물들이다 |

| | | |
|---|---|---|
| instigate | 선동하다 | 부추기다, 들쑤시다 |
| intimidate | 협박하다 | 으르다 |
| inundate | 쇄도하다 | 빗발치다 |
| involve | 연루시키다 | 끌어들이다 |
| join | 합류하다 | 어울리다 |
| leave | 방치하다 | 내버려두다 |
| listen | 경청하다 | 새겨듣다 |
| load | 장전하다 | 재다 |
| look for | 물색하다 | 노리다 |
| malign | 비방하다 | 헐뜯다 |
| manage | 관리하다 | 꾸리다 |
| massage | 안마하다 | 주무르다 |
| meditate | 반추하다 | 곱씹다 |
| mention | 거론하다 | 들먹이다 |
| misjudge | 오판하다 | 헛다리 짚다 |
| monopolize | 독점하다 | 독차지하다 |
| neglect | 무시하다 | 푸대접하다 |
| obtain | 취득하다 | 따다 |
| offer | 제안하다 | 나서다, 내놓다 |
| open | 개업하다 | 차리다, 내다 |
| oppose | 대항하다 | 맞서다 |
| overcome | 극복하다 | 이겨내다 |
| overestimate | 과대평가하다 | 도두보다 |
| overtake | 추월하다 | 앞지르다 |
| pass | 합격하다 | 붙다 |
| pay | 부담하다 | 대다 |
| press | 압박하다 | 다그치다 |
| probe | 조사하다 | 캐다 |
| quote | 인용하다 | 따다 |
| raise | 제고하다 | 끌어올리다 |

| | | |
|---|---|---|
| reach | 도착하다 | 닿다 |
| release | 석방하다 | 풀어주다 |
| reduce | 감소시키다 | 줄이다 |
| refuse | 거부하다 | 뿌리치다 |
| relapse | 재발하다 | 도지다 |
| replace | 교환하다 | 갈다 |
| respect | 존경하다 | 우러러보다 |
| ruminate | 반추하다 | 곱씹다 |
| run for | 출마하다 | 나서다 |
| select | 선별하다 | 추리다 |
| sink | 함몰하다 | 꺼지다 |
| slander | 중상하다 | 헐뜯다 |
| slaughter | 도축하다 | 잡다 |
| stay | 투숙하다 | 묵다 |
| substitute | 대신하다 | 갈음하다 |
| support | 부양하다 | 먹여 살리다 |
| surpass | 능가하다 | 넘어서다 |
| take | 소요되다 | 걸리다 |
| tally | 부합하다 | 맞아떨어지다, 들어맞다 |
| tolerate | 포용하다 | 끌어안다 |
| underestimate | 과소평가하다 | 얕잡아보다 |
| understand | 납득하다 | 알아듣다 |
| usurp | 찬탈하다 | 가로채다 |
| utilize | 활용하다 | 써먹다 |
| violate | 위반하다 | 어기다 |
| wield | 행사하다 | 휘두르다 |

■ 영한사전에 없는 토박이말

| | |
|---|---|
| **ability** 깜냥 | **intent** 벼르는 |
| **afraid** 저어하는 | **interested** 솔깃한 |
| **agreeable** 곰살 맞은 | **joint** 뼈마디 |
| **anger** 부아 | **kernel** 고갱이 |
| **backyard** 뒤꼍, 뒤란 | **melodious** 구성진 |
| **beg** 동냥하다 | **nonsense** 너스레 |
| **brag** 뻐기다 | **peak** 멧부리 |
| **busy** 부산한 | **perversity** 몽니 |
| **care** 구완 | **point** 갈피 |
| **chat** 노닥거리다 | **promising** 될성부른 |
| **cold** 고뿔 | **quarrel** 실랑이 |
| **confusion** 북새통 | **rash** 섣부른 |
| **cutting** 마름질 | **roadside** 길섶 |
| **defiant** 당찬 | **second** 버금 |
| **delighted** 반색하는 | **short** 바투 |
| **demanding** 버거운 | **sly** 의뭉스러운 |
| **disgust** 넌더리 | **smoky** 매캐한 |
| **excuse** 빌미 | **sole** 애오라지 |
| **exhaustion** 녹초 | **tardy** 굼뜬 |
| **guide** 길라잡이 | **uninterested** 심드렁한 |
| **immature** 설익은 | **vegetable** 남새 |

## 17장

# 맞춤법도 법이다

한국어의 힘을 키우는 길

1880년 프랑스 외방선교회 소속 신부들이 펴낸 《한불자전》은 조선에서 처음으로 나온 본격 서양어 두말사전입니다. 그보다 십여 년 앞서 1869년에 역시 같은 외방선교회의 페롱 신부가 편찬한 《불한사전》도 있었지만 그 사전은 인쇄본이 아니라 그냥 필사본이었습니다. 《불한사전》도 325쪽이었으니까 양이 만만치 않았지만 《한불자전》은 더욱 방대한 분량이었습니다. 본문만 615쪽에 모두 2만 5천 개 가까운 표제어가 올라갔습니다.

그런데 이 표제어 가운데 상당수는 중복 수록된 단어였습니다. 표준어를 모르니까 똑같은 단어를 가리키는 여러 개의 표기를 모두 실어준 것이지요. 가령 '메추라기'라는 새 이름이 요즘 국어사전에는 모두 '메추라기'로 나오지만(물론 준말 '메추리'도 있지만 메추리는 《한불자전》에도 따로 나오니까 따지지 않겠습니다) 《한불자전》에는 '못차라기, 모차라기, 뫼차라기, 묘차락이'가 따로따로 표제어로 올라왔습니다. 표기의 안정성이 없다 보니까 똑같은 단어를 네 번이나 같은 사전에 올린 겁니다. 너무 낭비가 심하지요. 사전의 생명은 같은 부피 안에 조금이라도 더 많은 정보를 집어넣는 것인데 이 점만 놓고 보면 《한불자전》은 사전으로서는 좋은 점수를 받기 어렵습니다. 물론 그것은 사전을 편찬한 프랑스 신부들의 잘못이 아닙니다. 한국어의 표기는 그 정도로 불안했습니다.

표기의 불안정성은 10년 뒤인 1890년에 나온 언더우드의 《한영자전》에서도 여전히 골치 아픈 문제였습니다. 언더우드는 서문에서 사전 편찬에서 가장 힘들었던 점이 '한국어 철자법의 혼란상'이었다고 밝힙니다. 조선인에게 물어보면 같은 단어를 사람마다 다르게 적고 저마다 자기 표기가 옳다고 말하는데, 어느 것이 옳은지를 따질 만한 객관적 기준이 없어서 당혹스러울 때가 많았다는 겁니다. 이듬해, 그러니까 1891년에 나온 스콧의 영한사전에서도 영어 단어 풀이어는 혼란상을 보여줍니다. 가령 assemble이라는 단어는 '모히다, 모호다, 모다, 모도다'로 풀이되었습니다. '모히다'는 자동사니까 별개로 치더라도 나머지 셋은 모두 똑같은 뜻을 지닌 타동사인데 표기가 제각각이었습니다.

하지만 표기 불안은 어느 나라나 부딪친 문제였습니다. 영어만 하더라도 아직 맞춤법이 통일되지 않았던 16세기 중반에는 지금처럼 English로 일관되게 쓴 것이 아니라 어떤 사람은 Englissh로, 어떤 사람은 Englyshe로, 어떤 사람은 Englishe로, 어떤 사람은 Englysh로, 어떤 사람은 Englych로 제각각 다르게 썼습니다. 그래서 개탄을 하는 사람이 많았습니다.

그로부터 약 200년 뒤인 1755년에 그때까지 나온 영어사전의 전통을 집대성하여 가장 권위 있는 영어사전 《A Dictionary of the English Language》를 내놓은 새뮤얼 존슨도 서문에서 표준어를 정하는 과정에서 얼마나 많은 고민을 했는지를 고백합니다. 존슨은 라틴어 계열과 프랑스어 계열의 표기법이 뒤섞여 어지러운 영어 표기를 사전 편찬자가 어느 정도는 정리해야 한다고 믿었기에 가령 그때까지 혼용되던 intire와 entire는 라틴어 integer보다는 프랑스어 entier에서 들어왔다고 보고 entire를 표제어로 올렸다고 말합니다. 하지만 choke와 choak, soap와 sope, fuel과 fewel은 어느 쪽에 더 무게 중심을 둘 수가 없어서 둘 다 받아들였습니다. 물론 지금은 나중 짝은 모두 영어에서 사라졌지만 당시만 하더라도 존슨은 판단을 내릴 수가 없었습니다.

그런데 존슨 본인의 하소연과는 달리 막상 존슨이 쓴 서문을 자세히 읽어보면 현대 영어와 표기법이 다른 단어를 찾아보기 어렵습니다. 그러니까 표기법이 어지러웠던 16세기 중반에서 약 200년이 흐르는 동안 영어의 맞춤법은 거의 오늘날과 같은 형태로 굳어졌음을 알 수 있습니다. 그리고 존슨의 사전은 영어 표기법이 더욱 일관되고 통일된 틀을 갖추는 데 결정적으로 기여를 했습니다.

안정된 맞춤법이 있으면 문화를 공유하는 데 엄청나게 유리합니다. 가령 16세기 후반에서 17세기 초반에 걸쳐서 활동한 셰익스피어의 작품은, 물론 함축적이고 압축적인 표현이 많아서 더 어렵게 느껴지는 점이 있겠지만 지금과는 뜻도 다르고 철자도 다른 단어가 많아서 따로 해설이 없으면 영국 학생도 쉽게 이해할 수가 없습니다. 원문을 그대로 읽을 수가 없고 단어 풀이나 해설서의 도움을 조금은 받아야 하니까 한 다리를 걸치는 셈이고 효율성이 떨어지는 셈입니다.

하지만 18세기 초반에 나온 대니얼 디포의 《로빈슨 크루소》 같은 작품은 현대 영어를 읽을 줄 아는 사람은 그냥 줄줄 읽을 수 있습니다. 외국인도 쉽게 읽을 수 있습니다. 지금은 21세기 초반이니까 무려 300여 년 전의 작품을, 다른 문화권에서 자란 외국인도 단지 영어를 할 줄 안다는 이유 하나만으로 공유할 수 있는 것입니다. 과거의 문화 유산을 에누리 없이 이용할 수 있는 것이지요. 당연히 더 많은 사람에게 다가갈 수 있습니다.

반면 한국은 불과 100여 년 전까지 조상이 써놓은 수많은 책을 지금 후손은 읽을 수가 없습니다. 조상들은 한문으로 글을 썼는데 후손들의 한문 해독력은 턱없이 모자라기 때문입니다. 따라서 한문을 못 읽는 현대 한국인은 한글로 옮긴 번역을 통해서만 조상들이 남긴 고전을 읽을 수 있습니다. 원문을 그대로 읽는 것이 아니라 한 다리 거치다 보니까 아무래도 문화 유산의 활용성이 떨어질 수밖에 없지요.

하지만 이것은 어쩔 수 없는 현실입니다. 그렇다고 조상이 남긴 글을 원문으로 읽기 위해 우리가 다른 중요한 일을 미뤄 두고 새삼스럽게 다시 한문 공부에 몰두할 수는 없는 노릇이니까요. 아니, 뜻 글자인 한문을 버리고 소리 글자인 한글을 택한 것은 사실은 훌륭하고 다행스러운 결정입니다. 너무 많이들 이야기해서 이제는 식상한 감도 있습니다만 한글은 정말로 좋은 글자입니다. 우리가 입말로 쓰는 한국어를 담아내기에는 너무나 안성맞춤인 글자입니다.

한글이 얼마나 훌륭한 글자인가 하는 것은 앞서 말한 《한불자전》의 서문에서도 확인할 수 있습니다. 《한불자전》은 표제어로 한글이 먼저 나오고 그 다음에 알파벳으로 발음을 적어줍니다. 사전 편찬자들은 조선어를 배우려는 프랑스인을 염두에 두고 만든 이 사전의 표제어를 프랑스어 알파벳이 아니라 생소한 한글로 적은 데 불만을 품은 사용자가 있을지 모르겠지만 그것은 하나만 알고 둘은 모르는 일이라고 지적합니다. 한글 자모는 워낙 합리적이고 조직적으로 만들어진 글자라서 유럽인 입장에서도 같은 소리 글자인 히브리어, 그리스어, 아랍어, 러시아어보다 훨씬 쉽게 익힐 수 있다는 것이지요. 또 일본 글자인 '가나'는 철저하게 한자의 보조적 지위에 있지만, 조선에서는 한자가 우대받기는 하지만 누구나 한글을 쉽게 익힐 수 있다고 평가했습니다. 한글만 익히면 유럽어처럼 책을 술술 읽을 수 있다는 것이지요. 한글은 다양한 음을 정확하고 체계적으로 나타낼 수 있는 소리 글자라는 것을 프랑스 신부들도 일찌감치 알아차렸던 것입니다. 조선에서 기독교가 중국이나 일본과 달리 무서운 속도로 퍼진 데는 한글로 번역된 성서를 누구나 쉽게 읽을 수 있었기 때문이라는 설도 있습니다.

프랑스 신부들의 지적대로 '가나'와 '한글'은 일본어와 한국어에서 차지하는 비중이 많이 다릅니다. '가나'는 인위적으로 만든 글자가 아니라 아득히 먼 옛날부터 자연스럽게 만들어진 글자입니다. 서기 8세기 중반에 나온 시가집 《만엽집》을 적는 데 쓰인 '만요가나'가 바로 가나의 뿌리입니다. '만요가나'는 글자가 없었던 일본인이 중국 한자에서 뜻은 버리고 소리만 받아들여서 일본어를 적는 데 쓴 글자입니다. 한자 초서체를 간단히 줄여서 가나로 썼습니다. 가령 '아'로 발음 나는 あ는 한자 安에서 나왔고 '이'로 발음 나는 い는 한자 以에서 나왔습니다.

조선에서 한글을 주로 여자들이 편지나 일기를 쓸 때 썼던 것과 마찬가지로 일본에서도 가나는 주로 여자들이 썼습니다. 유명한 일본 중세 소설 《겐지 이야기》도 가나로 씌어졌습니다. 여자들은 한문을 제대로 배울 기회가 없었기 때문이었습니다. 교육을 받은 남자들은 한자로 글을 썼습니다. 그런데 일본인의 한자 사용과 한국인의 한자 사용은 조금 다른 점이 있습니다. 한국인은 한자를 음으로만 읽었습니다. 그리고 일찍부터 나라에서 '운서'라는 것을 만들어서 표준음을 통일하는 데 힘썼습니다. 그래서 한국의 한자음은 한 글자이며 소리를 다르게 내는 이음(異音)이 적습니다. 물론 이음이 없는 것은 아닙니다. 惡 같은 한자는 '악하다'는 뜻일 때는 '악'이라고 읽지만 '미워한다'는 뜻일 때는 '오'로 읽습니다. 說은 說明에 들어갈 때는 '설'로 읽지만 遊說에 들어갈 때는 '세'로 읽고 '크나큰 기쁨'을 뜻하는 悅樂에 들어갈 때는 '열'로 읽습니다. 金도 사람의 성은 '김'이지만 料金은 '금'이고 車도 自動車는 '차'지만 自轉車는 '거'로 읽습니다. 그렇지만 한국어에서 하나의 한자를 둘 이상의 발음으로 읽어주는 글자는 스무 개 남짓입니다. 한국어에서 한자는 대부분 한 가지 발음으로 소리 납니다.

일본어에서는 한자를 한국어처럼 음으로도 읽어주지만 뜻으로도 읽어줍니다. 그렇지만 음도 대부분 둘 이상으로 읽어줍니다. 生은 한국어로는 그냥 '생'으로만 읽습니다. 그런데 일본어에서는 生死의 生은 '쇼'라고 읽지만 生活의 生은 '세이'라고 읽습니다. 그런가 하면 衆生의 生은 '조'라고 읽고 平生의 生은 '제이'라고 읽습니다. 훈으로 읽으면 더 복잡해집니다. '살다'를 일본어로 生きる라고 하는데 이때는 生을 '이'로 읽습니다. 生む(낳다)의 生은 '우'로 읽고 生い先(앞날)의 生은 '오'로, 生娘(숫처녀)의 生은 '키'로, 生水(생수)의 生은 '나마'로, 生る(맺히다)의 生은 '나'로, 生える(돋아나다)의 生은 '하'로 읽습니다.

잔디밭을 일본어로는 芝生라고 적는데 이때의 生은 '후'라고 읽습니다. 여기다가 生이 들어간 인명과 지명 중에는 生을 위에 나온 발음 말고도 '이키, 이쿠, 오우, 미부' 등으로 읽어줄 때가 있습니다. 아마 生이 들어간 단어를 사전에 기대지 않고 정확히 읽는다는 것은 어지간히 글 공부에 시간을 쏟아붓지 않는다면 일본인에게도 쉽지 않은 일일 것입니다.

그래서 복잡한 문자 생활을 하면서 언제 서양을 따라잡겠느냐면서 한자를 버리고 영어 알파벳으로 바꾸어야 한다고 주장한 사람도 있었습니다. 마에지마 히소카는 벌써 1866년에 한자 폐지 건의안을 냈으며 모리 아리노리는 한 걸음 더 나아가 한자는 물론 가나까지 영어 알파벳으로 대체해야 한다고 주장했습니다. 그렇지만 천오백 년이 넘게 일본인이 써 온 한자를 하루아침에 버린다는 것은 엄청난 저항을 불러일으켰습니다. 동음이의어가 많은 일본어를 한자 없이 적을 경우 의사 소통에 어려움이 초래될 것이라는 반론도 일었습니다.

그런데 한자를 안 쓰면 정말 일본어 의사 소통이 곤란해질까요? 꼭 그렇지는 않은 것 같습니다. 실제로 미 군정기에 일본어를 알파벳으로 쓰고 읽는 실험이 이루어지기도 했습니다. 마셜 웅거라는 언어학자에 따르면 한자가 없어도 실제로 혼동이 일어날 정도로 뜻이 모호해지는 경우는 드물다고 합니다. 뿐만 아니라 한자는 모호함을 없애주는 역할을 하지만 거꾸로 상황을 더 모호하게 만들기도 합니다. 가령 '모토'에 해당하는 한자는 元, 基, 本, 下, 素 등 최소 다섯 가지가 있는데 이중 어떤 것을 써야 할지 모호할 때가 있습니다. 이럴 때는 히라가나로 'もと'라고 써주는 것이 더 명확할 수 있습니다.

일본어가 한자를 버릴 수 없는 더 중요한 이유는 사실은 일본어의 특성과 관련이 있습니다. 일본어는 음소와 음절의 수가 모두 적은 언어입니다. 이 세상에 있는 글자는 크게 두 가지로 나눌 수 있습니다. '뜻 글자'와 '소리 글자'입니다. 오늘날 쓰이는 뜻 글자로는 한자가 유일하고 나머지 글자는 모두 소리 글자입니다. 영어 알파벳은 물론이고 한글과 일본어 가나도 소리 글자입니다. 소리 글자는 다시 '음절 글자'와 '음소 글자'로 나뉩니다. 음절 글자는 일본어 가나처럼 글자 하나하나가 음절인 글자, 다시 말해서 모음을 지닌 글자입니다. 일본어 가나는 자음과 모음이 명확히 구별되지 않습니다. '아, 이, 우, 에, 오'는 물론 모음이지만 '마, 미, 무, 메, 모' 안에는 자음 성분과 모음 성분이 모두 담겨 있습니다. 이 세상의 모든 물질을 기호로 나타내자면 머리가 아플 겁니다. 하지만 분자 단위로 나타내면 간단할 것이고 원자 단위로 나타내면 더 간단할 겁니다. 음절 글자는 가령 분자에다 기호를 붙이려는 꼴이고 음소 글자는 원자에다 기호를 붙이는 꼴입니다. 한글이 만약 음절 글자였다면 한국어 안에 있는 음절이 모두 3천 개쯤 되니까 글자도 3천 개 가까이 되어야 했을 겁니다. 가나는 음절 글자인데도 글자 수가 많지 않은 것은 일본어의 음절이 60개 정도밖에 안 되기 때문입니다. 물론 음절 글자라고 해서 한자를 꼭 써야 한다는 법은 없습니다. 하지만 뜻이 혼동되는 것을 막으려면 단어의 길이가 늘어날 수밖에 없습니다.

   중국어는 익혀야 할 글자가 많아서 어려워 보이지만 사실 중국어 자체는 배우기 쉬운 언어입니다. 우리에겐 익숙지 않은 '성조'라는 것이 있어서 조금 까다로워 보이지만, 10장에서 알아보았듯이 소리를 한번 익혀놓으면 영어와는 달리 모양을 바꾸지 않고 그대로 써먹을 수가 있습니다. 중국어라는 입말을 글말로 옮겨 적는 한자 자체도 이 세상에서 가장 어려운 글자이긴 하지만 어떤 면에서는 가장 효율적인 글자이기도 합니다. 한 글자로 온전한 뜻을 담을 수 있으니까요. 한자와 컴퓨터 언어를 생각하면 이해하기 쉽습니다. 한자는 수천, 아니 수만 개 글자로 이루어졌습니다. 그래서 '사람'은 人으로 나타내고 '쥐'는 鼠로 나타냅니다. 한 글자로 충분합니다. 반면 컴퓨터는 0과 1만으로 모든 정보를 인지하고 나타냅니다. 그래서 가령 '사람'은 '000110011001'이 되고 '쥐'는 '100010001101'로 나타냅니다. 컴퓨터의 처리 속도가 엄청나게 빠르기에 망정이지 사람이 이런 글자를 쓴다면 너무나 어지러워서 의사 소통에 큰 어려움을 겪을 것입니다.

    음절이 많고 적고에 따라서 언어가 잘나고 못난 것은 절대로 아닙니다. 하지만 일본어는 음절 수가 적어 간결한 표현을 하는 데 불리한 것은 사실입니다. 일본 언어학자 스즈키 다카오도 그 점을 지적합니다. 가령 '메'라는 단순한 음형은 '눈(目), 싹, 여자, 암컷, 말, 미역'을 모두 가리키는데, '메' 혼자만 있으면 어떤 뜻을 가리키는지 모호할 때가 있으므로 '눈'을 제외한 나머지 뜻은 '키노메(나무 순)', '오토메(소녀)', '메우마(암말)', '메테(오른편 : 말의 고삐를 오른손으로 잡는다는 데서)' 등으로 보통 복합어의 일부로 쓰인다는 겁니다. 만약 me라는 음절에다 t, d, k, g 같은 음소를 붙여서 met, med, mek, meg, mem 같은 음절을 새로 만들 수 있다면, 가령 met는 '눈', med는 '싹', mek는 '여자', meg는 '암컷', mem은 '말'이라는 짧은 말로 각각 다르게 나타내 애매함을 피할 수 있었을지도 모릅니다. 하지만 일본어는 그렇게 할 수가 없습니다. 천상 met는 불가능하며 적어도 meta나 mete나 meto처럼 두 음절 이상이 되어야 합니다.

　이렇게 가나로만 쓰면 단어 길이가 늘어나는 문제를 해결해주는 것이 바로 한자입니다. 일본이 19세기 후반에 서양 문물을 받아들이면서 번역어를 만들어낼 때 한자에 기댔던 이유도 바로 여기에 있습니다. 한자는 글자 수가 많아서 배우기는 어렵지만 한 자 한 자가 개념을 나타내는 데다가 중국어 자체가 고립어라서 어미나 조사 같은 군더더기 없이도 말과 말이 자유롭게 결합할 수 있어 간결한 단어를 만들어내는 데는 그만입니다. 이런 한자의 장점은 한국어 속담을 사자성어로 번역해보면 알 수 있습니다. "같은 값이면 다홍치마."라는 속담을 한자로는 同價紅裳(동가홍상)으로 간결하게 나타낼 수 있습니다. "까마귀 날자 배 떨어진다."도 烏飛梨落(오비이락)이라는 네 글자로 간단히 처리됩니다.

　초기 영일사전과 영한사전에서는 서양의 낯선 개념을 간결한 한자로 바꾸는 방법이 아직 서툴렀기 때문에 풀이가 길어졌습니다. 1890년에 나온 언더우드의 영한사전에서는 astrology를 '별을 보고 길흉을 아는 법'으로 풀이했고, 1862년에 호리 다쓰노스케가 만든 영일사전에서는 같은 단어를 '별을 보고 점을 치는 술'이라고 풀이했습니다. 반면 1848년에 메드허스트라는 선교사가 낸 영중사전에서는 astrology를 星氣學, 星家學法으로, 1866~1869년에 나온 로브샤이트의 영중사전에서는 星學, 星氣學, 星家學法, 占星之理로 번역했습니다. 우리가 지금 쓰는 '점성술'이라는 단어는 이 로브샤이트의 영중사전에 나오는 '점성지리'를 일본의 사전 편찬자와 번역가가 좀 더 다듬어 만들어낸 말입니다. 한자의 왕성하고 간결한 조어력을 새삼 확인할 수 있습니다.

현대 한국인이 쓰는 근대어는 대부분 이렇게 19세기 후반과 20세기 초반에 일본에서 한자를 바탕으로 창조된 한자어입니다. 바로 앞 문장의 '현대, 근대어, 후반, 초반, 창조'라는 말도 모두 이때 만들어졌습니다. 모든 언어의 어휘는 보통 일상 어휘와 고급 어휘의 두 층위로 나뉩니다. 영어는 특히 그런 현상이 심합니다. 프랑스어에서 들어온 어휘도 많지만 그 뒤 르네상스기를 거치면서 라틴어와 그리스어에서 들어온 과학어와 학술어가 많기 때문입니다. 가령 hydrocephalus는 '물'을 뜻하는 그리스어 hydro와 '머리'를 뜻하는 그리스어 kehpale가 합쳐진 단어입니다. 그러나 이 두 그리스어계 형태소는 일상 영어에는 없는 것이라 보통 사람은 이 영어 단어만으로는 뜻을 짐작하기가 어렵습니다. 이 단어를 일본인은 水頭症이라고 옮겼습니다. 이 단어의 전문적 의미는 모를지 몰라도 水라는 한자, 頭라는 한자, 症이라는 한자가 모두 일본어에서 일상적으로 쓰이는 형태소니까 웬만한 사람은 '물 때문에 머리에 생기는 병이로구나' 하고 어느 정도 짐작할 수가 있습니다. scialytic이라는 영어 단어도 역시 각각 '그림자'와 '녹이다'라는 뜻을 지닌 그리스어계 형태소의 결합으로 이루어졌습니다. 수술실에서 쓰는 '그림자가 안 생기는 등'이라는 뜻입니다. 이것을 일본인은 無影燈으로 옮겼습니다. 역시 정확한 뜻은 몰라도 대강의 뜻은 일상 어휘에서도 쓰는 한자어 덕분에 짐작할 수가 있습니다.[1] 이것이 한자어의 힘입니다. 익숙한 한자라는 외피에 둘러싸여서 그렇지 엄밀한 의미에서 이런 일본산 한자어는 모두 외래어라고 말할 수 있겠지만 이런 외래어를 배제한다면 한국인은 아마 정상적인 언어 생활을 할 수가 없을 것입니다. 하지만 한국어 안에 한자에서 유래한 단어가 많다고 해서 일본어처럼 꼭 한자에 기대는 정도가 높아지느냐 하면 그렇지는 않습니다.

먼저 한국어는 일본어보다 음절이 풍부해서 나타낼 수 있는 음절의 수가 많습니다. 현대 중국어에서 쓰는 한자는 수만 개에 이르지만 한자를 읽어주는 소리의 갈래는 (방언에 따라 다르지만) 적게는 400개에서 많게는 800개라고 합니다. 평균 600개라고 가정해보지요. '國 궈', '背 베이', '大 다이' 이런 식이 되겠지요. 한국에서 만들어진 옥편을 보면 맨 뒤에 달린 색인에서 한글 발음으로 한자를 찾을 수 있게 되어 있습니다. 그런데 여기 나오는 한글 소리의 종류는 약 500개입니다. '국 國', '배 背', '대 大' 이런 식으로요. 일본 옥편에도 그런 색인이 있는데 일본 글자 가나로는 약 400개 정도의 소리를 나타냅니다. '고쿠 國', '하이 背', '다이 大'처럼요. 간단히 말해서 중국어 발음 600가지를 한국 글자는 500개로 담아냈고 일본 글자는 400개로 담아냈습니다. 큰 차이가 없어 보입니다. 하지만 한국 글자는 모두 한 음절로 되어 있습니다. 중국어 '베이'와 '다이'는 모두 두 음절이지만 한국어에서는 '배'와 '대'라는 한 음절, 일본어에서는 '하이'와 '다이'라는 두 음절입니다. 만약 한국어와 일본어가 모두 한자에 기대지 않고 자국 글자로만 쓴다면 한국어로 썼을 때가 일본어로 썼을 때보다 단어 길이가 짧아집니다. 언어학자들은 일상적으로 자주 쓰는 말은 길이가 짧고 드물게 쓰는 말은 길이가 길다고 말합니다. 또 원래 긴 단어도 자주 쓰면 생략되거나 축약되어서 길이가 짧아집니다. 뒤집어 말하면, 단어 길이가 짧을수록 단어의 활용도가 높아진다는 뜻입니다. 그러니까 한자에 기대지 않고 자국 글자로만 글을 썼을 경우 한글로 적은 단어가 일본 글자 가나로 적은 단어보다 잠재적으로 쓰임새가 높아진다는 논리가 성립됩니다.

한자어 발음의 종류도 한국이 600가지로 일본의 500가지보다 더 많으니 동음어 때문에 혼동될 확률도 일본어보다 한국어가 더 적다고 볼 수 있습니다. 물론 한국어도 동음어 때문에 뜻이 모호할 때가 있습니다. 그러나 이것은 다른 말을 선택하는 방법으로 얼마든지 극복할 수 있습니다. 가령 coat of arms를 영한사전에서는 보통 '문장(紋章)'으로 풀이하고 insignia는 '기장(記章)'으로 풀이합니다. 그런데 이 두 한국어 단어는 비슷한 맥락에서 쓸 수 있는 '문장(文章)'과 '기장(旗章)'이라는 동음어가 각각 있으므로 한자가 없으면 뜻이 모호해질 수 있습니다. 하지만 각각 '방패휘장'과 '휘장'으로 바꿔주면 한자어 없이도 얼마든지 뜻을 온전히 나타낼 수 있습니다. 영한사전에서도 한자에 기대지 않고도 명확한 뜻을 나타낼 수 있는 우리말을 풀이어로 앞에 올려야 합니다.

그러나 한글의 힘은 무엇보다도 토박이말의 다양한 소리를 나타낼 수 있는 잠재력에 있습니다. 한글은 '귀'는 물론이거니와 '꿔, 꿩, 꿰, 꽈' 같은 소리도 얼마든지 나타낼 수 있고요, 베이는 물론이거니와 '뻬, 뻥, 뺑, 뻥'도 얼마든지 나타낼 수 있고, '다이'만이 아니라 '닥, 단, 닫, 달, 담, 답, 닷, 당, 닻, 닻, 닿, 닭, 닮, 닯, 닿'까지 얼마든지 나타낼 수 있습니다. 물론 이중에서 실제로 쓰는 음절은 일부분에 불과합니다.

다만 한글의 표현 잠재력이 중국 한자나 일본 가나에 비해 그만큼 풍부하다는 것이지요. 한글은 또 한국어의 형태소를 정확히 분석하여 담아내는 능력이 뛰어납니다. 다시 말해서 형태소를 드러내는 힘이 탁월합니다. '글'은 어디까지나 말을 적는 수단입니다. '말'이 먼저이지 '글'이 먼저는 아닙니다. 글 없는 민족은 있어도 말 없는 민족은 없습니다. 말이 우선입니다. 말을 얼마나 정확하게 적을 수 있느냐를 기준으로 글이 얼마나 뛰어난가를 판단할 수 있습니다.

그런데 여기서 '정확하다'는 것은 소리 나는 대로 적는다는 뜻일까요? 가령 옛날에는 한글을 소리 나는 대로 적었습니다. 지금은 '샘이 깊은 물은'이라고 적지만 옛날에는 '새미 기픈 므른'이라고 적었습니다. 앞의 것을 '끊어 적기'라고 하고 뒤의 것을 '이어 적기'라고 합니다. 끊어 적기는 한국어의 형태소를 올곧게 담아내는 데 안성맞춤이었습니다. 끊어 적기를 한 덕분에 한국어는 '샘'이라는 형태소, '깊'이라는 형태소를 얻었습니다.

지금은 '끊임없이'라고 적지만 옛날 책을 보면 '끈힘업시'라고 적었고, '높이'를 '노피'로 적었습니다. 옛날이나 지금이나 '끊임없이'라고 읽거나 '끈힘업시'라고 읽거나, '높이'라고 읽거나 '노피'라고 읽거나 듣는 사람은 어려움 없이 알아들을 것입니다. 하지만 글로 읽었을 때는 사정이 달라집니다. '끈힘업시'를 '끊임없이'로 적은 것은 국어학자들이 한국어의 형태소를 명확히 분석해냈기 때문입니다. 물론 그것은 다양한 받침을 적을 수 있는 한글의 장점 덕분이기도 합니다. '자른다'라는 뜻을 가진 형태소 '끊'을 파악하여 글자에 담아낸 것이지요. 그래서 이제 한국인은 '끊'이라는 형태소와 '끈'이라는 형태소를 구분합니다. 마찬가지로 '없'이라는 형태소와 '업'이라는 형태소도 구분합니다. 맞춤법을 지킨다는 것은 바꾸어 말하면 형태소를 지킨다는 뜻도 됩니다. 맞춤법이 흐트러지면 형태소도 무너집니다. 그래서 나중에는 '없는 이'와 '업는 이'를 구분하기 어렵게 되며 '끊기'와 '끈기'의 변별력도 잃게 됩니다. 그래서 "기자 끊기가 보통이 아니다."라는 문장과 "기자 끈기가 보통이 아니다."라는 문장을 구분하지 못하게 됩니다. 이것을 말로 하면 "기자 끈키가 보통이 아니다."와 "기자 끈기가 보통이 아니다."로 구별이 되는데 막상 글로 적으면 구별 못하는 일이 벌어집니다.

옛날에는 '높이'라고 적지 않고 '노피'라고도 많이 적었습니다. 그런데 국어학자들이 '낮다'의 '낮'에 반대되는 뜻을 지닌 형태소는 '노'가 아니라 '높'이라는 사실을 밝히고 표준어를 '높이'로 정했습니다. 그렇게 많이 쓰다 보니까 이제는 '높'이라는 글자만 보고도 이것이 '낮다'의 반대말이라는 것을 대번에 알아차립니다. '높푸른' 하늘 하면 '높고 푸른' 하늘이라고 알아듣지요. 그런데 만약 소리 나는 대로 쓴다고 이것을 다시 '노피'라고 적는 사람이 많아지면 어떤 일이 벌어질까요? '높'이라는 형태소는 '낮다'의 반대라는 독보적 뜻을 더는 지닐 수 없을 겁니다. 그래서 '노푸른' 하늘이라고 하면 이게 '노랗고 푸른' 하늘을 뜻하는지 '높고 푸른' 하늘을 뜻하는지 알 수 없게 됩니다. 그래서 색채만을 뜻할 때는 '노〔黃〕푸른'으로, 고도까지 뜻할 때는 '노〔高〕푸른'으로 각각 한자를 덧붙여야 하는 웃지 못할 처지에 몰릴지도 모릅니다. 물론 과장된 예입니다. 하지만 맞춤법이 무너지면 다양한 형태소를 나타낼 수 있는 한국어의 무한한 잠재력이 망가지고 결국 한자에 다시 기대는 상황이 벌어질 수도 있습니다.

한자는 물론 뜻 글자입니다. 하지만 영어 알파벳에 비해 그렇다는 것이지 사실은 한자도 소리 글자의 요소가 많습니다. 한자도 처음에는 사물의 모습을 본딴 상형 글자로 시작했지만 차차 그 안에 발음의 단서까지 담아 넣은 글자가 크게 늘어났습니다. 다시 말해서 뜻과 소리를 모두 나타내는 형성의 원리로 만들어진 한자가 전체 한자의 90퍼센트에 가깝습니다. '고무래 丁'은 땅을 고르는 농기구의 모양을 본따서 만들어진 것으로 보입니다. 그렇지만 여기서 '정자 亭, 정수리 頂, 취할 酊, 못 釘, 밭두둑 町'처럼 안에 '丁'이라는 일종의 발음 기호를 담은 형성 글자가 나왔고, 이것이 더욱 발전하여 '머무를 停, 괼 渟'처럼 그 자체가 형성 글자이면서 발음을 나타내는 亭을 담은 '2차 형성 글자'가 만들어졌습니다.

한자는 아무런 뜻이 없는 고유 명사를 적는 데도 불리합니다. 뜻 글자는 의미 환기력이 워낙 강하다 보니 그것을 차단하려면 될수록 의미가 이어지지 않는 글자들을 모아야 하고 심지어 새 글자를 만들어내야 하는 경우도 있습니다. 같은 소리로 나는 수많은 한자어 중에서 어떤 한자어를 고유 명사의 발음에 대응시킬지 막연합니다. 유명한 고유 명사는 세월이 흐르면 통일되겠지만 그렇지 않은 고유 명사는 혼선이 빚어집니다. 가령 고대 이집트에 Merenptah라는 왕이 있었는데 이 왕의 이름을 나타내는 현대 중국어 표기를 구글에서 찾아보면 莫尼普塔, 迈尔奈普塔, 美耐普塔, 梅佗普塔, 迈瑞普特, 麦佗普塔赫 등 여러 가지로 나옵니다. 어쩌면 한자는 '소리 글자라는 꿈을 이루지 못한 뜻 글자'라고 말할 수 있을지도 모릅니다. 중국인들이 한자의 탁월한 조어력과 압축력에도 불구하고 문자 개혁 방안을 놓고 20세기에 들어와 고민을 거듭한 것도 결국은 뜻 글자에서 소리 글자로 넘어서는 문턱을 넘지 못하는 한자 때문에 벌어진 일입니다.

한글은 방향이 거꾸로입니다. 처음에는 소리 글자였지만 점점 뜻 글자로 가능성을 확대하고 있습니다. 그리고 이런 가능성을 확대하는 데 결정적 역할을 하는 것이 바로 받침이고 형태소이고 맞춤법입니다. 발음은 모두 [낫]으로 나지만 모습은 각기 다른 글자들을 볼까요. '낟'은 낟알의 '낟', '낫'은 벼 베는 '낫', '낮'은 어둡지 않은 '낮', '낯'은 뻔뻔스러운 '낯', '낳'은 새끼 얻을 '낳'. 어떤 사람들은 그냥 소리 나는 대로 편하게 '낫'이라고 통일하면 되지 뭐하러 복잡하게 맞춤법을 따지느냐고 따지기도 하지만 그건 그리 볼 일이 아닙니다. 일본 글자 '가나'에서는 아무리 다양하게 표현하고 싶어도 발음도 표기도 가령 '나 쓰'라고밖에는 못합니다. 그러니까 구별을 하려고 자꾸만 한자에 기댔던 겁니다.

한글은 좋은 소리 글자이자 좋은 뜻 글자입니다. 《한불자전》에 '빗최다'라는 단어를 설명하는 예문에 '거룩한 빗차로 내마음을 빗최샤'라는 문장이 나옵니다. 현대 한국어 같으면 '거룩한 빛으로 내 마음을 비추사'라고 했을 것입니다. 글자를 모아서 적어주었기 때문에 '빛'이라는 형태소가 살아났습니다. 소리 나는 대로만 적었다면 '빗'은 소리 글자에 머물렀겠지만 모아 적기를 하고 받침을 정확히 살렸기 때문에 '빛'이라는 뜻 글자로 올라설 수 있었습니다.

하지만 맞춤법이 자꾸만 흐트러지면 한글은 '가나'처럼 머지않아 다시 한자에 기대야 할지도 모릅니다. 맞춤법을 지키는 것이야말로 한글의 잠재력을 지키고 키워 나가는 지름길입니다. 맞춤법은 적당히 지켜도 된다고 생각하면서 외국어는 본토 발음으로 해야 한다고 주장하는 사람들이 있습니다. 외국 단어까지는 그래도 본토 발음이 중요하다고 칩시다. 하지만 외래어까지도 그래야 한다고 주장하는 것은 문제입니다. 그런 식으로 원산지 발음을 고집한다면 우리는 국어 공부를 새로 하기 위해서 하던 일을 다 팽개치고 초등학교에 다시 다녀야 할지도 모릅니다. 우리가 쓰는 '흐지부지'라는 말은 원래 諱之祕之(휘지비지)에서 온 말입니다. 잘못 알아들은 말이지요. 하지만 흐리멍덩하다고 말할 때의 '흐'와 잘 모르겠다는 뉘앙스를 담은 '부'가 들어가니까 얼마나 뜻이 명료합니까.

맞춤법을 지켜야 하는 이유는 원어에 충실해지기 위해서가 아니라 명료한 의사 소통을 하기 위해서입니다. 인터넷을 통한 자유롭고 거리낌 없는 글쓰기는 바람직하지만 한 가지 걱정스러운 것이 있습니다. 맞춤법이 급격히 무너지고 있다는 것입니다. 특히 '의'라고 해야 할 것을 '에'라고 쓰는 사람이 많아졌습니다. '데'와 '대'의 경계선이 무너지는 현상도 심각합니다. "그 남자 참 웃기더라."를 줄여서 "그 남자 참 웃기데."라고 써야 할 것을 "그 남자 참 웃기대."라고 쓰는 사람이 많습니다. 그렇게 말하면 "그 남자 참 웃기다더라."의 줄임말인 "그 남자 참 웃기대."와 구별이 안 됩니다. 물론 입말에서도 구별은 안 됩니다. 하지만 입말에서는 억양이라는 정보가 추가되기 때문에 똑같이 "그 남자 참 웃기대."로 들려도 '웃기다더라'라고 남의 말을 전하는 것인지 아니면 '웃기더라'라고 본인의 경험을 말하는 것인지 얼마든지 구분이 갑니다. '데'와 '대'는 귀로는 같게 들릴지 몰라도 눈으로는 엄연히 구별을 할 수 있고 또 그래야 뜻이 바르게 전달됩니다. 그러려면 맞춤법을 잘 지켜야 합니다.

  하지만 아무리 토박이말을 살려 쓰고 맞춤법을 잘 지켜도 뜻이 제대로 전달되지 않을 때가 있습니다. 한자어에 많은 동음이의어가 비슷한 맥락에서 쓰일 때입니다. 가령 앞에서 예로 든 coat of arms가 그렇습니다. 영한사전에서는 보통 '문장(紋章)'으로 풀이하지만 비슷한 맥락에서 쓸 수 있는 '문장(文章)'이라는 동음어가 있으므로 한자가 없으면 뜻이 모호해질 수 있습니다. 저는 이것을 '방패휘장'으로 고쳤으면 좋겠다고 제안했지만 실제로는 모든 영한사전에 그냥 '문장(紋章)'으로 나옵니다. '문장(紋章)'이라는 말은 영한사전을 통해서 번역어로 한국어에 들어왔을 가능성이 높습니다. 따라서 영한사전을 만들 때부터 그 말이 한국어로 잘 쓰일 수 있을지 여부를 잘 따져서 풀이어로 올릴 필요가 있습니다. 하지만 지금의 영한사전은 그런 점에서는 부족합니다. 왜 그런지, 그리고 앞으로 어떻게 고쳤으면 좋을지 다음 장에서 알아보겠습니다.

■ 틀리기 쉬운 맞춤법

지금으로서는 성공 여부를 가늠하기 어렵다.
직원을 대하는 사장의 태도가 회사의 성공을 가름한다.
점심과 함께 나누는 오붓한 담소를 전화 통화로 갈음할 수 있을까요?

달을 가리키면 달을 봐야지 왜 손가락을 보나?
국어를 영어로 가르친다는 게 말이 됩니까?

그 값이면 거저나 마찬가지네.
그저 죄송할 따름입니다.

나이가 들어도 자기 계발에 소홀해서는 안 됩니다.
신약 개발에 아직 성공하지 못했다.

남편이 코를 골아서 간밤에 통 잠을 못 잤어요.
배를 곯아본 사람은 그 심정을 알지요.

궂은일은 도맡아 하는 분이랍니다.
덕분에 만 원 굳은 셈이네요.

선배를 깍듯이 모시라니, 여기가 무슨 군대입니까?
콩나물 값 깎듯이 인건비를 깎으면 어떡합니까?

가보니까 별거 없데.

내일 눈이 온대.


어찌나 춥던지 손이 다 곱았어.

가든지 말든지 마음대로 해라.


누이가 애 딸린 이혼남과 결혼을 생각하고 있습니다.

나이 들어 공부하려니까 체력이 달린다네요.


새로 방을 하나 드려서 세를 놓읍시다.

돈 들여 새 옷을 맞출 필요 없어요.


퇴근길에 잠깐 가게에 들렀습니다.

하도 소음이 심해서 말소리가 잘 안 들렸습니다.


요즘은 눈에 띄는 신인이 통 없다.

모처럼 활기 띠는 추석 재래시장을 찾아가보았습니다.


"들어오지 마라!" 하면 들어오지 말아야지.

들어오지 말라니까 정말 안 들어오던데?


사진의 빛바램을 막아줍니다.

사진을 잘 찍었으면 하는 바람이 있습니다.

사방이 산으로 둘러싸인 곳이다.
아직 경험이 덜 쌓여서 그렇습니다.

부인 속 좀 그만 썩이시지요.
그 좋은 재주를 썩혀서야 되겠습니까?

비가 안 오면 좋겠는데.
말도 않고 그냥 가는 법이 어디 있어?

사람이 그러는 게 아니오.
그런 게 아니라요.

선생님 의견을 좇겠습니다.
저는 쫓기는 몸입니다.

눈을 지그시 감고 생각에 잠긴다.
나이가 지긋이 든 아낙네였다.

우리는 문화 관광 도시를 지향합니다.
무분별한 민영화는 지양해야 마땅하다.

양주를 병째로 마시는 술고래랍니다.
낙지를 산 채로 먹었다.

18장

# 말의 지도, 사전
#### 우리 삶이 담긴 사전이 필요하다

한번은 번역을 하다가 이런 문장을 만난 적이 있습니다.

Born into a **Moravian** family, he was pious, but it was not religious devotion that made him oppose the highly successful practice of the Jesuit teachers.

처음에는 앞부분을 무심코 '모라비아 지방의 한 가정에서 태어난'이라고 옮겼는데 아무래도 석연치 않았습니다. '예수회 신부들의 아주 잘 나가는 교육 사업에 주인공이 반기를 든 것은 독실한 신앙심 때문이 아니었다'? 어딘지 논리가 허술해 보였습니다. 혹시 Moravia에 '모라비아 지방'이라는 뜻 말고 다른 뜻이 있는 것은 아닐까? 사전을 찾아보았더니 역시 다른 뜻이 있었습니다. 이 영문에서 Moravian은 '모라비아 지방'이 아니라 '모라비아 형제단'이라고도 하고, '보헤미아 형제단'이라고도 하는 개신교 종파를 뜻했습니다. 모라비아 형제단은 개신교이고 예수회는 가톨릭이니까 당연히 사이가 안 좋을 수밖에 없었지요. 만약 제가 이 단어를 아무 생각 없이 '모라비아 지방'이라고 옮겼더라면 심각한 오역이 되었을 것입니다. 번역을 할 때는 이렇게 조금이라도 이상하다 싶으면 반드시 사전을 찾아서 확인하는 버릇을 들여야 합니다.

그런데 번역을 할 때 정말로 어려운 것은 Moravia 같은 고유 명사나 아주 난해한 단어가 아니라 알기 쉬운 단어들로만 이루어진 숙어입니다. 숙어는 그 숙어를 이루는 개별 단어들의 뜻만 가지고는 숙어 전체의 뜻을 헤아리기 어려운 단어들의 덩어리를 말합니다. 저는 다음 영문의 뜻을 파악하지 못해서 헤매다가 사전을 보고 겨우 알아낸 적이 있습니다.

People always **go on about** peace and quiet and that there isn't enough of it.

영어 입말에 능통한 사람은 go on about이 '떠들어대다'라는 뜻이라는 사실을 바로 알아차리겠지만 꼭 입말에 능통한 사람만 번역을 하는 것은 아닙니다. 그리고 사실은 번역을 할 때 더 중요한 것은 입말 실력이 아니라 글말 구사력입니다. 특히 원어(출발어)보다는 번역어(도착어)의 글말 실력이 좋아야 합니다. 가령 영어를 한국어로 번역할 때는 영어가 출발어가 되고 한국어가 도착어가 되니까, 영어 실력보다 한국어 실력이 더 중요하다는 소리입니다. 어차피 번역은 통역과는 다르기 때문입니다. 입으로 하는 통역은 어법에는 다소 안 맞더라도 의사 소통이 가능하고 또 설령 실수를 저질렀다 하더라도 금세 다시 만회할 수 있는 기회가 있지만, 글로 하는 번역은 그럴 기회가 없습니다. 처음부터 어법에 맞는 정확한 글말을 구사해야 합니다. 그래서 한국어를 영어로 번역하는 사람은 영어 글말 구사력이 뛰어난 사람이어야 하고 영어를 한국어로 번역하는 사람은 한국어 글말 구사력이 출중해야 합니다.

하지만 한 언어에 완벽하게 통달한 사람은 아무도 없습니다. 아무리 영어 책을 많이 읽은 사람도 영어가 모국어가 아니라면 소설에서 어떤 숙어가 나오면 막힐 수가 있습니다. 그런데 go처럼 많이 쓰이는 동사는 웬만한 영한사전에서는 몇 쪽이 넘게 풀이해놓아서 오히려 알맞은 뜻을 찾아내기가 쉽지 않습니다. 가령 대부분 영한사전에서 go on about은 go 항목 안의 숙어로 따로 올라오지 않고 go on의 여러 가지 뜻 중에서, 다음에 about이 올 때는 '지껄이다, 떠들어대다'라는 뜻이라고 슬쩍 지나가듯이 나옵니다. 그래서 어지간한 인내심이 없으면 조금 찾다가 지레 포기하고 얼렁뚱땅 넘어가기 쉽습니다. 참고로 위 영문은 "사람들은 평화와 안식이 부족하다고 입만 열었다 하면 떠들어댄다."라는 뜻입니다. 그런데 이런 숙어는 영한사전보다는 영영사전을 보면 뜻을 찾기가 쉽습니다. 특히 '롱맨 출판사'에서 나온 《Longman Dictionary of Contemporary English》 같은 영영사전은 숙어가 굵은 글씨로 나와서 눈에 쏙 들어온다는 장점이 있습니다.

영영사전에서 이런 숙어를 찾기 쉬운 까닭은 영한사전과 달리 영영사전은 단어든 숙어든 철저히 사용 빈도를 따져서 자주 쓰는 뜻부터 먼저 사전에 올려놓은 경우가 많기 때문입니다. 화석화해서 이제는 잘 쓰지 않는 뜻은 빼버리고 요즘 쓰는 뜻부터 올려놓으니까 눈에 쏙쏙 들어올 수밖에 없지요. 하지만 영영사전이라고 해서 다 그렇지는 않습니다. 1970년대 이후 영국의 롱맨, 콜린스, 옥스퍼드, 케임브리지 같은 출판사에서 낸 영영사전만 그렇지 미국에서 나온 영영사전은 아직도 뜻 풀이가 사용 빈도순으로 나오지 않는다는 점에서 영한사전과 별로 차이가 없습니다.

동아시아에서 줄곧 영어 두말사전의 선도자 노릇을 해온 영일사전도 19세기 말, 처음 영일사전의 틀을 잡아 갈 무렵에는 웹스터 영어사전 같은 미국 영어사전의 틀을 그대로 받아들였습니다. 그래서 지금도 수많은 영일사전이 쏟아지지만 빈도순으로 뜻 풀이가 나오는 사전은 많지 않습니다. 빈도순으로 뜻 풀이를 하려면 corpus, 곧 '말뭉치'라고 해서 신문, 책, 광고, 텔레비전, 라디오, 각종 공문서에서 적어도 수천만 건이 넘는 언어 자료를 뽑아서 계속 보완하면서 분석해야 하는데 그러자면 엄청난 비용이 듭니다. 1960년대까지 세계 영어사전 시장을 주도한 미국이 1970년대에 들어와 영국에게 자리를 내준 것도 민영화와 함께 장기 투자보다는 단기 이익에 치우쳐 제대로 투자를 하지 못하는 바람에, 자연히 영어사전의 질이 영국에 뒤졌기 때문입니다. 그런데 영일사전도 그렇고 영한사전도 그렇고 한번 사전의 틀을 미국식으로 맞춰놓으니까 이것을 쉽게 바꾸지 못합니다. 경제와 정치에서는 미국의 패권이 아직까지 이어지는지 몰라도 적어도 영어사전 분야에서는 1980년대 이후로 영국이 패권을 되찾았지만 영한사전은 그렇게 달라진 현실을 제대로 담아내지 못하고 있습니다.

가령 invoke 같은 단어만 하더라도 그렇습니다. 대부분 영한사전에서는 '신에게 호소하다'나 '간청하다'가 맨 앞에 나옵니다. 옛날에는 그런 뜻으로 많이 썼을지 모르지만 지금은 그렇지 않습니다. 롱맨 영영사전에는 1번이 '법을 행사하다, 발동하다'라는 뜻이고 2번이 '불러일으키다'이며 '신에게 호소하다'는 5번, '혼이나 넋을 불러내다'는 6번으로 맨 끝에 옵니다. 콜린스 영영사전에는 5번, 6번 뜻이 아예 안 나옵니다. 영한사전 이용자가 현실에서 부딪치는 문장은 대부분이 1번 아니면 2번일 텐데, 영한사전을 보면 당혹스러울 수밖에 없을 것입니다. 그런가 하면 accommodate 같은 단어도 시대 착오적으로 풀이되어 있습니다. '(남에게) 친절하게 하다, (남을) 돌보다'라는 뜻은 콜린스, 롱맨에는 아예 나오지도 않는데 맨 앞에 올려놓은 영한사전도 있습니다. 그리고 '감안하다, 고려하다'라는 뜻과 '받아들이다'라는 뜻은 콜린스와 롱맨에서는 아주 중요한 뜻인데도 이 영한사전에서는 제대로 풀이되지 않고 뒤로 밀렸습니다.

이것은 미국에서 나온 웹스터 영어사전의 영향 탓으로 보입니다. 웹스터 영어사전을 보면 뜻을 여섯 가지 이상으로 잘게 나누었지만 사용 빈도대로 번호를 매기지 않았습니다. 웹스터에는 또 '친절을 베풀다'가 맨 먼저 나옵니다. 《아메리칸 헤리티지 사전》도 비슷합니다. 그러나 앞에서 말한 대로 1980년대 이후로 영국에서 나온 사전들은 철저히 빈도를 따져서 풀이어를 제시했고 이것은 롱맨, 콜린스, 옥스퍼드가 모두 같습니다. 롱맨의 경우 '1. 수용하다 2. 재우다 3. 헤아리다 4. 받아들이다', 콜린스의 경우 '1. 수용하다 2. 재우다 3. 받아들이다 4. 적응하다', 옥스퍼드의 경우 '1. 재우다 2. 수용하다 3. 헤아리다 4. 받아들이다 5. 적응하다'로 나옵니다. 옥스퍼드가 롱맨과 콜린스보다 빈도 수 제시에서 출발은 늦었지만 둘을 종합하면서 무섭게 추격하고 있음을 알 수 있습니다.

그러므로 앞으로 영한사전은 신어를 받아들이는 데만 급급할 것이 아니라(물론 신어도 주체적으로 먼저 풀이하려는 노력은 중요하지요) 기존의 풀이가 정말로 언어 현실을 제대로 반영한 것인지 근본적으로 되짚어보아야 합니다. 이런 다지기가 없으면 언제나 사상누각입니다. 일본에서 가장 권위 있는 겐큐샤의 《English-Japanese Dictionary for the General Reader》 2판만 하더라도 복잡한 풀이를 '편의를 제공하다'와 '적응시키다' 두 가지로 정리했지만, 여전히 accommodate라는 단어의 핵심은 찌르지 못했습니다. 잘못된 전통과 결별하기가 얼마나 어려운지를 보여줍니다. 영한사전의 이런 한계를 이겨내기 위해서라도 번역자는 영영사전을 적극적으로 이용할 필요가 있습니다. 물론 그것은 미국 영영사전이 아니라 영국 영영사전입니다.

영영사전은 영한사전에서 놓친 중요한 뜻을 드러내기도 합니다. 가령 "He was standing at the gate, his peaked cap pushed back on his head and his hair tumbled over a face of bronze." 여기서 tumble은 머리카락이 치렁치렁 늘어졌다는 뜻인데 웬만한 영한사전에는 이런 뜻이 안 나옵니다. 롱맨 영영사전에는 그런 뜻이 정확하게 나옵니다. 그래서 "그는 선장모를 비뚜름히 올려 쓰고 집 앞에 서 있었다. 그을은 얼굴은 덥수룩한 머리에 덮였다."라고 번역할 수 있습니다.

번역자에게 사전은 참 중요한 도구입니다. 특히 동아시아의 번역가들에게는 더더욱 그렇습니다. 동아시아에서는 유럽보다 훨씬 오래전부터 지식인들 사이에서 한문으로 된 서적을 통한 교류가 활발하게 이루어졌지만 간헐적으로 이루어지는 외교 사절의 방문을 제외하고는 인적 교류는 퍽 드물었습니다. 외교 사절에도 물론 통역이 있기는 했지만 한문 필담으로 해도 의사 소통에 큰 어려움이 없었습니다. 따라서 조선의 지식인이 중국어나 일본어를 익혀서 중국인이나 일본인과 대화를 나눈다든지 하는 일은 좀처럼 드물었습니다.

유럽은 사정이 다릅니다. 유럽은 예로부터 지금의 국경선 문턱을 넘어 왕족끼리 교류가 많았습니다. 왕위 계승 문제를 둘러싸고 전쟁도 자주 벌어졌지만 그만큼 왕족과 지식인 사이에서 활발한 접촉이 이루어졌습니다. 가령 1066년 잉글랜드를 침공하여 정복한 프랑스 노르망디 지방의 윌리엄 공은, 자식 없이 죽은 잉글랜드의 에드워드 왕 모친이 노르망디 출신이고 에드워드가 노르망디에서 망명 생활을 할 때 자신에게 왕위를 물려주기로 약속했다면서 잉글랜드로 쳐들어갔습니다. 그 뒤로 300년 동안 잉글랜드는 영어를 할 줄 모르는 프랑스 지배층의 지배를 받았습니다. 그리고 이 과정에서 영어와 프랑스어, 잉글랜드인과 프랑스인 사이에 심도 깊은 교류와 접촉이 이루어집니다.

그 뒤에도 영국에서 정변이 일어나면 수많은 왕족과 지식인이 프랑스 파리로 망명했습니다. 일례로 17세기 중반 영국에서 청교도 혁명이 일어나자 왕당파를 중심으로 영국 귀족과 지식인이 대거 프랑스로 달아났습니다. 이들은 프랑스에 오래 체류하면서 프랑스어와 프랑스 문화를 익혔고 영국에서 크롬웰이 죽은 뒤 1660년 왕정 복고가 이루어지자 영국으로 돌아와서 그동안 익힌 프랑스 문화를 영국에 소개하는 데 앞장섰습니다. 근대 유럽에서 가장 먼저 중앙 집권 국가의 틀을 세운 프랑스는 자국어에 대한 자부심도 유럽에서 가장 먼저 싹터서 라틴어와 그리스어로 된 고전을 번역할 때도 원문에 충실한 것보다는 프랑스어로 얼마나 자연스럽고 아름답게 나타냈는가를 좋은 번역의 잣대로 삼는 전통이 새롭게 생겨났는데, 파리에 망명했다가 돌아온 영국의 지식인들도 번역을 하면서 여기에 영향을 받아 고전어보다는 영어를 중시하는 것이 근대적이라는 발상의 전환을 하게 되었습니다.

프랑스 지식인도 런던으로 피신할 때가 많았습니다. 계몽주의를 대표하는 프랑스 지식인 볼테르는 자유 사상으로 정부의 탄압을 받게 되자 1726년부터 몇 년 동안 영국으로 피신했습니다. 그러면서 그동안 영어를 열심히 배워서 셰익스피어를 비롯하여 영국의 뛰어난 작가와 저술가를 프랑스 문단에 소개했습니다. 1789년 프랑스 혁명이 일어나자 이번에는 수많은 프랑스 귀족과 왕당파 지식인이 런던으로 망명하여 영국에 프랑스 문화를 소개했습니다. 영국에서는 이미 17세기 후반부터 귀족 자제를 중심으로 몇 년 동안 유럽을 유람하면서 프랑스어, 이탈리아어 같은 외국어도 익히고 그리스 로마 유적을 돌아보는 이른바 '그랜드 투어'가 뿌리 깊은 전통으로 내려왔습니다. 자연히 라틴어나 그리스어 같은 고전어만이 아니라 당대의 살아 있는 외국어를 익힐 수 있는 기회가 많았습니다. 물론 사전이 없었던 것은 아니었지만 꼭 사전에 기대지 않아도 번역을 할 수 있을 만큼 살아 있는 입말을 익힐 기회가 많았습니다.

동아시아는 지식인이 다른 나라에 가서 장기 체류를 하면서 현지 입말을 익히는 전통이 없었으며 철저히 글말 중심이었습니다. 입말을 통한 지적 교류는 내부적으로도 전혀 없었습니다. 19세기 후반부터 일본을 중심으로 서양 문물을 대거 도입하고 번역에 나설 때도 서양인과 인적 교류를 했지만 영어 입말과 글말에 두루 능한 번역자는 거의 없었습니다. 외국어 학습은 철저한 글말 중심의 학습이었고 번역을 할 때도 사전에 압도적으로 기댔습니다.

앞에서 19세기 말 이후로 영일사전이 웹스터 영어사전의 영향을 크게 받았다고 했지만 그것은 웹스터 영어사전이 백과사전의 성격을 강하게 띠었기 때문이었습니다. 영국 영어사전의 전통과 미국 영어사전의 전통은 많이 다릅니다. 영국에서는 영어사전 하면 어디까지나 국어사전이었습니다. 웬만한 가정에서는 백과사전을 따로 구입했습니다. 하지만 영국의 식민지에서 벗어나 서부 개척에 여념이 없던 미국인은 국어사전 따로, 백과사전 따로 사들일 만한 여유가 없었습니다. 그래서 국어사전 안에 백과사전처럼 갖가지 잡다한 정보를 곁들인 웹스터 영어사전이 각광을 받았습니다. 일본도 처음에는 영일사전을 만들면서 아무래도 영어의 종주국 영국에서 만든 영어사전을 전범으로 삼았습니다. 하지만 얼마 안 가서 백과사전처럼 다양한 정보와 어휘가 실린 웹스터 영어사전이 사전을 바탕으로 수많은 서양서를 번역해야 하는 일본 번역자들에게 훨씬 도움이 된다는 사실을 깨달으면서 웹스터 영어사전을 바탕으로 영일사전을 만들기 시작했습니다. 인적 교류가 극히 드물었던 당시 상황에서는 번역을 하는 데 사전이 절대적으로 중요했고 영국 사전보다 수록 어휘와 정보의 양이 훨씬 많은 미국 웹스터 영어사전은 일본의 사전 편찬자와 번역자에게 각광을 받았습니다.[1] 예전보다 인적 교류가 훨씬 늘어난 것은 사실이지만 번역자가 사전에 기대는 비율이 아직도 동아시아에서는 무시 못할 정도로 높습니다.

저는 특히 사전이 많은 편입니다. 정확히 헤아려보지는 않았지만 아마 종수로는 500종 이상, 권수로는 모두 1천 권이 넘을 겁니다. 명색이 번역자라면서 외국어로 된 책을 읽을 줄만 알았지 말은 못하는 절름발이 어학력밖에 갖추지 못한 데 대한 자격지심이었겠지만, 신어나 슬랭 관련 사전은 닥치는 대로 샀습니다. 아무리 비싼 돈을 주고 산 사전도 단 한 번이라도 번역하는 데 도움이 되면 조금도 아깝다는 생각이 들지 않았습니다. 하지만 아무리 사전의 뒷받침을 받는다 해도 문학 작품 번역은 쉽지가 않습니다. 역사서나 과학서는 사실의 비중이 크고, 사실의 영역은 공적 논리를 따르므로 이리저리 확인할 수 있는 경로가 다양합니다. 반면 문학서는 특히 뛰어난 작가의 작품일수록 논리가 개인적이고 창조적입니다. 논리의 전개가 상투적이지 않아서 끌려드는 맛은 있지만 그 논리를 정밀하게 좇는다는 것은 웬만한 내공이 아니고서는 어렵습니다. 제가 어느 시점부터 역사나 과학 같은 논픽션 분야만을 번역하게 된 것도 그래서입니다. 논픽션은 사실 관계를 정확히 알면 무난히 번역을 할 수 있습니다. 그러나 소설 같은 허구의 세계는 꼭 그렇지 않습니다. 뛰어난 작가일수록 상투적이지 않은 자기만의 논리로 이야기를 엮어 나가므로 다음에 오는 내용을 예측하기가 어렵습니다. 그 작가가 쓰는 언어와 문화를 완벽하게 알지 못하면 따라가기가 어렵습니다.

그렇지만 요즘은 인터넷에서 검색할 수 있는 사전과 자료가 많아서 예전과는 비교할 수도 없을 만큼 상황이 좋아졌습니다. 시간이 걸려서 그렇지 성의만 있으면 번역을 하다가 벽에 부딪친 내용은 인터넷을 통해서 웬만큼 알아낼 수 있습니다. 물론 이 경우 외국어를 하나라도 더 많이 알면 그만큼 정보 검색에 유리한 것은 말할 나위도 없겠지요.

특히 역사서 같은 경우 배경 지식이 굉장히 중요한데 '위키피디아' 백과사전에는 알찬 내용이 잘 정리되어 있어 큰 도움이 됩니다. 어떨 때는 위키피디아에 정리된 내용을 링크에서 링크로 넘어가면서 읽다 보면 몇 시간이 후딱 지나가기도 합니다. '구글'은 더 요긴합니다. 보통은 한국어 검색으로 해당 영어 단어의 한국어 번역 용례를 찾지만, 거기서 마음에 드는 용어가 눈에 안 띄면 환경 설정에서 검색 언어로 일본어와 중국어를 추가하여 검색하기도 합니다. 한번은 히틀러 전기를 번역하다가 Reichsbanner라는 조직이 나왔는데 마땅한 이름이 떠오르지 않았습니다. 그래서 검색 환경을 다시 설정하여 일본어 검색에서는 '제국군기단'이라는 번역어를 건졌고 중국어 검색에서는 '국기군'이라는 번역어를 건졌는데, 둘 중에 더 간결한 후자를 택했습니다. 저는 번역을 할 때 원문을 될수록 달아주지 않는 편인데, 번역이 막혔을 때 이렇게 원어를 병기한 다른 번역자들의 도움을 톡톡히 얻다 보면 좀 미안한 마음이 들기도 합니다.

구글 이미지 검색도 요긴합니다. 가령 cockle은 유럽에서도 많이 먹는 아주 흔한 조개인데 영한사전에는 '새조개'로 나옵니다. 구글 이미지로 cockle을 검색해보니 아무래도 '꼬막'하고 비슷해 보였습니다. 그래서 이번에는 '꼬막'을 구글 이미지로 검색해보았더니 역시 비슷하더군요. 그래서 cockle이 유럽 개펄에서 가장 흔한 조개이듯이 꼬막도 한반도 바닷가에서 가장 흔한 조개라는 데서 그냥 '꼬막'으로 옮긴 적이 있습니다. 엄밀성을 요구하는 과학 논문이라면 다른 식의 접근법이 필요했겠지만 그런 글이 아니었기 때문에 이 정도의 융통성은 용인된다고 생각했습니다.

구글 못지않게 요긴한 것이 동영상 공유 사이트인 '유튜브(You Tube)'입니다. 유튜브에는 서양 건축물을 소개하는 짧은 동영상이 꽤 됩니다. 한번은 여행서를 번역하는데 이런 대목이 튀어나왔습니다.

The main entrance of the church is decorated with a Romanesque arch, or rather with a curved stone relief in the façade comprising thirteen arches all aligned with the Romanesque arch and becoming progressively taller and wider from the inside out, a scaled-down portal.

건축사에 조예가 깊지 않아서인지 저는 언뜻 이미지가 잘 안 떠올랐습니다. 개인적으로 저는 묘사문이 가장 어렵습니다. 묘사문에는 논리가 없어서 요소 하나하나를 개별적으로 파악해야 하기 때문입니다. 따라서 이런 데서 막혔을 때는 천상 이미지로 실물을 봐야만 머리에 들어옵니다. 번역자는 시각적으로 대상을 완전히 파악하지 못하면 묘사문을 옮기기 어렵습니다. 원문도 어차피 이미지가 아니라 글자이니까 번역자가 대상을 온전히 파악하는 데는 한계가 있을 수밖에 없습니다. 자꾸만 글자에 현혹당하니까요. 이럴 때는 유튜브의 동영상이 크게 도움이 됩니다.

위의 영문은 스페인의 나바라 지역에 있는 monastery of Oliva, 곧 '올리바 수도원의 입구'를 묘사한 대목입니다. 유튜브에서 monastery of Oliva를 치면 건물 입구의 모습을 담은 동영상이 뜹니다. 그것을 보니 바로 이해가 되어서 이렇게 번역을 했습니다.

교회의 중앙 출입구는 로마네스크 양식의 아치로 장식되었다. 아니, 좀 더 정확하게 말하자면 안에서 밖으로 나갈수록 점점 커지고 넓어지는 열세 개의 아치를 로마네스크 아치 모양으로 포갠 모습으로 돌에다 곡선으로 파 넣은 돋을새김이었다. 안으로 갈수록 입구가 좁아지는 현관문이라고나 할까.

이 번역문만 읽고서 독자가 얼마나 올리바 수도원의 정문을 잘 이해했을지는 미지수입니다. 하지만 적어도 번역자는 묘사 대상을 정확히 파악하고서 옮겼으니 여한이 없습니다. 대상을 정확히 파악하는 데 이처럼 시각 자료는 필수 불가결합니다.

그렇지만 구글과 유튜브의 단점은 필요한 정보를 얻는 데 시간이 상당히 많이 걸릴 수도 있다는 것입니다. 따라서 종이책 사전도 무시할 수 없습니다. 영미인에게 자명한 개념일수록 온라인에서는 그 뜻 풀이를 찾기가 쉽지 않습니다. 그럴 때는 앞에서 말한 《Brewer's Dictionary of Phrase and Fable》이라는 사전이 도움이 됩니다. 어떤 영어 단어가 함축하는 의미를 정확하게 풀이한 사전입니다. 한번은 이런 영문과 만난 적이 있습니다.

In those days among foreign communists the thought of Stalin was as sincere, unforced, unsullied by knowledge and universal as the genuine grief most of us felt in 1953 at the death of a man whom no Soviet citizen would have wanted, or dared, to call by a pet name like 'Uncle Joe' in Britain of 'Big whiskers' in Italy.

이 문장을 제대로 번역하려면 Uncle Joe의 뉘앙스를 정확히 파악해야 합니다. 스탈린에 대한 부정적 선입견이 워낙 강한 상황에서는 더욱 그렇습니다. 그런데 아무리 큰 영어사전을 뒤져도 Uncle Sam은 있어도 Uncle Joe의 풀이까지는 안 나옵니다. 이럴 때 《Brewer's Dictionary of Phrase and Fable》이 도움이 됩니다. 이 사전을 보면 냉전이 본격화하기 전까지만 하더라도 영국 서민층 사이에서 스탈린의 인기가 하늘을 찌를 듯했으며 Uncle Joe는 영국 서민들이 스탈린을 부르던 애칭이었음을 알 수 있습니다. 위의 영문을 번역하면 이렇게 됩니다.

영국에서는 '조 아저씨'라고 불렀고 이탈리아에서도 '왕콧수염'이라고 불렀지만 정작 소련 국민은 그런 애칭으로 부르고 싶은 마음이 없었고 또 감히 그럴 엄두도 내지 못했던 이 사내에 대해서 외국의 공산주의자들이 품었던 생각은 누가 강요한 것이 아니라 진심에서 우러나온 것이었고 내막을 몰랐으므로 누구든지 느꼈던 호감이라서, 1953년에 그가 죽었을 때는 우리는 대부분 정말로 비통함에 젖었다.

번역자가 사전을 뒤지는 까닭은 모르는 단어의 뜻을 알아보고 싶어서일 때도 있지만 사실은 뜻은 알아도 마땅한 표현이 떠오르지 않아서, 말하자면 참신한 표현을 찾아내기 위해서일 때도 많습니다. 가령

amiable이라는 영어 단어는 '상냥한'이라는 뜻이 있다는 것을 웬만한 번역가는 모르지 않습니다. 그런데도 굳이 영한사전을 뒤지는 것은 이를테면 '붙임성 있는'이라는 좋은 표현과 만나고 싶어서입니다. 예를 들어 appearance가 '생김새'라는 것을 모를 번역가는 없습니다. 그런데도 굳이 사전을 찾는 것은 '풍채'라는 멋진 표현을 만날지 모른다는 기대가 있어서입니다. 그렇지만 실망스러울 때가 많습니다. 풀이가 천편일률적이기 때문입니다. 영한사전만 맹신했다가는 낭패를 보기 십상입니다. 예를 들어볼까요.

몇 년 전부터 한국에서는 선거 때만 되면 '매니페스토'라는 말이 나돕니다. 심지어 '한국매니페스토실천본부'라는 단체까지 생겼습니다. 요즘 한국에서 매니페스토는 '책임 있는 공약'이라는 뜻으로 쓰이는 듯합니다. 그런데 정말로 그럴까요? 영어 manifesto를 영한사전에서 찾으면 '선언서, 성명서, 공포' 등으로 나옵니다. 그런데 《Collins Advanced Learner's English Dictionary》는 manifesto를 '개인이나 집단 특히 정당이나 정부가 이런저런 정책과 목표를 추구하겠다는 내용을 담아서 공표한 선언'으로 풀이합니다. 그런가 하면 《Longman Dictionary of Contemporary English》는 '통치자나 정당 같은 집단이 자신의 신조와 의도를 글로 공표한 선언'으로 풀이합니다. 둘 다 정확히 '공약'이라는 뜻입니다. 콜린스 사전에는 "The Tories are currently drawing up their election manifesto."라는 예문도 나옵니다. "영국 보수당은 선거 공약을 마련하고 있다."라는 뜻입니다. manifesto가 원래는 선언서나 성명서 같은 뜻이었는데 나중에 '공약'이라는 뜻이 덧붙여졌느냐 하면 그런 것도 아닙니다. 1886년 6월 17일자 〈뉴욕타임스〉에는 Lord Hartington has issued a manifesto to the Rossendale electors라는 기사 제목이 나옵니다. '하팅턴 경, 로젠데일 주민들에게 공약 발표'라는 뜻입니다. 또 이 기사 첫머리는 "Mr. Parnell is preparing an election manifesto."라는 문장으로 시작하는데 "파넬이 선거 공약을 준비한다."라는 뜻입니다. 100여 년 뒤에 나온 콜린스 사전에 풀이된 뜻과 정확히 일치합니다. 영어에서는 manifesto라는 말은 적어도 지난 120년 동안은 한결같이 '공약'이라는 뜻으로 쓰였음을 알 수 있습니다.

그런데 왜 멀쩡한 '공약'이라는 좋은 말을 두고 '매니페스토'라는 말을 요즘 뜬금없이 쓰는 것일까요? 기존 영한사전에 manifesto의 풀이어로 '공약'이 안 나오기 때문입니다. 그래서 manifesto는 그냥 공약이 아니라 책임 있는 공약이거나 한 것처럼, 흔히 말하는 '공약'과는 구별해서 써야 하는 말인 것처럼, 한국어 '공약'은 영어 manifesto의 뉘앙스를 제대로 살리지 못하는 것처럼 호들갑을 떠는 것입니다. 그런데 왜 영한사전에 manifesto의 풀이어로 '공약'이 실리지 않았을까요? 영일사전에 그런 풀이어가 안 나오기 때문입니다. 예문만 보아도 뻔히 공약임을 짐작할 수 있는데도 영일사전에 안 나오니까 감히 쓰지 못한 것이지요. 영한사전을 만들면서 자국어의 현실을 살피기보다는 다른 나라 사전의 눈치를 본 셈입니다. 그러다 보니 영일사전의 오류라기보다는 어떤 한계를 영한사전도 그대로 답습하는 것이지요.

이런 예는 수두룩합니다. 가령 thatch는 영한사전에 보통 '(지붕 따위를 이기 위한) 짚, 억새, 풀'이나 '초가 지붕'으로 나오지만 콜린스 영영사전에는 '지붕을 만드는 데 쓰이는 짚이나 갈대'로 나옵니다. 바로

'이엉'이라는 뜻입니다. 영일사전에 설명식 풀이가 나오니까 '이엉'이라는 적확한 고유어가 있었는데도 영한사전도 그대로 영일사전을 따라갔습니다. 영일사전에도 없는데 어떻게 영한사전이 감히 대응어를 제시할 수 있을까 하는 사대주의 의식이 아직도 한국 사전 편찬자들의 의식을 지배하는 듯합니다. manifesto와 thatch에서 알 수 있듯이 영영사전을 보아야만 그 단어의 핵심을 정확히 포착할 수 있을 때가 많습니다. 롱맨이나 콜린스 같은 영영사전에 딸려 나오는 CD에는 풍부한 예문이 실려 있어 영어 단어의 뜻을 파악하는 데 큰 도움이 됩니다.

영한사전의 문제는 내적으로 축적된 사전 편찬의 전통이 박약하다는 것입니다. 처음으로 영한사전을 만든 것은 선교사들이었습니다. 1885년 조선에 발을 디딘 미국인 선교사 H. G. 언더우드는 1890년에 한영사전과 영한사전을 묶어서 《한영자전》이라는 이름으로 냈습니다. 이듬해에는 역시 선교사인 제임스 스콧도 《English-Corean Dictionary》라는 이름으로 영한사전을 냈습니다. 한국인이 만든 영한사전은 해방 뒤에야 나왔습니다.[2] 초기 영한사전은 선교사들이 내긴 했지만 그들은 조선인과 함께 작업했습니다. 자연히 이 사전에는 '돌(anniversary), 발(blind), 탕감하다(cancel), 부러(deliberately), 지아비(husband), 상전(master), 토색하다(extort), 육시하다(dismember)'처럼 당시 조선인이 쓰던 전통어가 많이 들어갔습니다. 현대 영한사전에서 extortion을 찾으면 '(관리의) 금품 강요죄'라든가 '(관리의) 직무상의 부당 이득, 재물 강요(죄)'처럼 풀이가 장황하고 지저분하기 이를 데 없습니다. 이것을 초기 영한사전에서 영감을 얻어 '토색질'이라고 하면 참으로 적확하고 간결하지 않습니까. 또 dismember도 현대 영한사전에는 '팔다리를 절단하다' 내지 '팔다리를 잘라버리다'처럼 단어를 제시하지 못하고 설명으로 그칩니다. 그런가 하면 effigy 같은 단어도 현대 영한사전에서는 '인형, 우상, 초상'으로 풀이하면서 변죽만 울렸지만 1925년에 나온 언더우드 영한사전 재판은 이것을 '제웅'으로 정확하게 풀이했습니다. 미국에는 싫어하거나 밉살스러운 사람의 인형을 만들어 불에 태우는 풍습이 있는데 한국에도 정월 보름 전날 저녁에 짚으로 '제웅'이라는 인형을 만들어 막대기로 두드리면서 액땜을 하는 풍습이 있었습니다.

조선의 풍부한 직책어도 초기 영한사전에는 살아 있는데 해방 이후의 영한사전은 이것을 살리지 못했습니다. 일본이 조선을 식민지로 삼은 뒤인 1911년에 역시 선교사였던 조지 히버 존스가 만든 《An English-Korean Dictionary》만 하더라도 prince에 '부마, 위'가 들어갔고 princess에는 '옹주'가 들어갔습니다. 초기 영한사전에 실렸던 이런 전통어는 지금도 얼마든지 쓸 수 있는 말이기에 만약 이런 풀이어가 후대의 영한사전에 계승되었더라면 현대 영한사전은 지금보다 훨씬 알찼을 것입니다. 식민 통치의 가장 큰 해악은 자기 전통을 업신여기게 만드는 것이라는 사실을 영한사전 편찬의 전통이 끊어진 데서도 확인할 수 있습니다. 이제라도 영한사전 편찬자들은 초기 영한사전의 성과를 정성껏 살펴야 합니다.

나아가 지금 나오는 영영사전도 꼼꼼히 점검하고 영어 신문과 잡지, 책을 꾸준히 살피면서 혹시라도 누락된 의미가 없는지, 잘못 받아들여진 의미가 없는지 따지고 기존 틀에서 벗어나려는 노력을 해야 합니다. 앞에서 manifesto의 예를 들었지만 protocol이라는 영어 단어만 하더라도 그렇습니다. 대부분의 영한사전에서는 이것을 '외교 의례'나 '의정서'로 풀이합니다. 그런데 롱맨이나 콜린스 영영사전을 보면 protocol은 꼭 외교적 맥락에서만 쓰는 말은 아닙니다. 가령 롱맨에서는 protocol을 '공식적인 자리에서 탈 없이 받아들여질 만한 규칙의 체계'로 정의했고 콜린스에서는 '공식적인 상황에서 이루어지는 올바른 행동에 대한 규칙의 체계'로 정의했습니다. 그러니까 '행동 수칙, 규약, 규범, 강령' 정도의 뜻도 있는 셈입니다. 실제로 "Scientific protocol in the 1960s was not what scientific protocol is in the 1990s." 같은 문장은 "1960년대가 요구한 과학자의 행동 수칙은 1990년대가 요구하는 과학자 행동 수칙과는 다르다."라고 번역할 수 있습니다. 그런데 영한사전(영일사전도 마찬가지입니다만)의 풀이가 이런 뉘앙스를 담아내지 못하다 보니까 대부분의 번역자가 러시아 제정기에 비밀경찰이 유대인이 세계 지배 음모를 꾸미고 있다는 낭설을 퍼뜨리기 위해서 날조한 protocols of the Elders of Zion이라는 문서도 '시온 의정서'로 번역합니다. '의정서'는 나라와 나라의 대표가 잠정적으로 맺은 외교적 약속으로서 자국 의회에서 비준이 되면 최종적으로 효력이 발생하는 문서라는 뜻입니다. 의회에서 최종 결정된다고 해서 '의정서'라고 부릅니다. 그런데 나라도 아닌 민간인들의 비밀스러운 약속을 의정서라고 부르는 것은 어불성설입니다. 따라서 위의 영문은 '시온 장로회 수칙' 내지는 '시온 장로회 규약' 정도로 번역하면 무난할 것입니다.

영어 brassware를 영한사전에서 찾으면 보통 '놋쇠 제품'으로 나옵니다. brassware에 해당하는 한국어는 고유어로는 '놋그릇', 한자어로는 '유기'가 있는데도 '놋쇠 제품'이라는 국적 불명의 어설픈 풀이어에 그쳤습니다. 이것도 영일사전에 실린 眞鍮製品(진유제품)이라는 장벽에 가로막혀서 나타난 현상입니다. 眞鍮(진유)는 '놋쇠'에 해당하는 일본어입니다. 만일 '놋그릇'이나 '유기'라는 우리말이 영한사전 편찬자의 머릿속에 들어 있었다면 이렇게 어설픈 풀이어는 나오지 않았을 것입니다. 야채의 물기를 거르는 데 쓰는 colander도 기존의 영한사전에는 '여과기'로 나오지만 이 말은 무슨 실험 도구처럼 들립니다. 이것도 한국어 사정에 밝은 사람은 '소쿠리'라는 적절한 말을 떠올릴 수 있을 것입니다. 영어 brisket은 소의 가슴살을 뜻합니다. 한국어로 '양지머리'라는 딱 어울리는 말이 있습니다. 그런데 현대 영한사전에서는 이런 풀이어를 거의 찾아보기가 힘듭니다. 1950년대 초반에 나온 이양하와 권중휘의 《포켓영한사전》만 하더라도 brisket을 '양지머리'로 풀이했고 1968년에 삼화출판사에서 나온 《스탠다드 영한사전》에서도 역시 '양지머리'라는 풀이어가 나오는데 그 뒤로는 이 말이 영한사전에서 종적을 감추었습니다.

또 queen dowager를 일반 영한사전은 '황태후, 국왕의 미망인'으로 풀이합니다. 영일사전의 풀이와 대동소이합니다. '황태후'는 '황제의 살아 있는 어머니'를 뜻하는 말로는 정확합니다. 줄여서 '태후'라고도 합니다. 그러나 왕의 살아 있는 어머니를 부르는 이름으로는 부적절합니다. 조선에서는 queen dowager를 '대비'라고 불렀습니다. 또는 '왕대비'라고도 합니다. '국왕의 미망인'이라는 풀이도 잘못입니다. '국왕의 어머니'라고 하든가 '선왕의 미망인'으로 해야 옳습니다. 나아가 이런 설명식 풀이가 아니라 '대비'라는 정확한 대응어를 제시할 수 있어야 합니다. 그러자면 어휘력이 뛰어나야 합니다. 참고로 1911년에 나온 조지 히버 존스의 영한사전은 dowager의 올림말에서 dowager empress를 '황태후'로, dowager queen을 '왕대비'로 정확하게 풀었습니다. 그런데 이런 전통이 계승되지 못했습니다. 신하가 왕을 부를 때도 조선에서는 '전하'라고 했지 '폐하'라고 하지 않았습니다. 폐하는 황제를 부르는 이름이었습니다. 《조선왕조실록》에도 '폐하'는 옛날 중국 문헌을 인용할 때만 나옵니다. 그런데 천황제를 내거는 일본에서 영일사전에 majesty를 '폐하'로 적었으니 한국의 사전 편찬자들이 아무 생각 없이 그것을 그대로 받아들인 듯합니다. 사전을 만들려면 무엇보다도 자기 언어의 현실을 잘 알고 또 거기서 출발해야 하는데 남의 현실에서 출발한 것입니다.

웹스터가 영국 영어사전에 반기를 들고 1828년에 《American Dictionary of the English Language》 곧 미국 영어사전을 낸 것도, 미국 영어는 '영국 영어의 아류가 아니며 엄연히 다른 현실에 기반한 언어'라는 냉정한 현실 인식이 있었기 때문이었습니다. 웹스터는 프랑스어의 영향을 받아 현실 발음과는 동떨어진 centre를 center로 바꾸어 적었고, 군더더기도 없애 가령 colour는 color로 적었습니다. 이 뒤로 미국인의 영어 표기는 웹스터 사전을 대체로 따랐고 그 전통은 지금까지 내려오고 있습니다. 자기 현실에 대한 주인 의식 없이는 사전 편찬의 전통도 이어지기 어렵습니다.

언어의 개성을 잘 드러내는 사전이 좋은 사전입니다. 아주 오래된

사전이긴 하지만 미국의 언어학자 새뮤얼 마틴이 이양하, 장성언과 함께 1968년에 낸 《한미대사전》이 바로 그렇습니다. 보통의 한영사전은 한국어를 영어로 나타내려는 한국인을 겨냥하여 만든 영어 표현 사전이지만, 《한미대사전》은 한국어를 영어로 이해하려는 외국인을 겨냥하여 만든 한국어 독해사전입니다. 그래서 한국어에 서투른 외국인 학습자가 어려워하는 부분을 잘 짚어줍니다. 《한미대사전》은 교착어답게 어미 변화가 복잡한 한국어의 특징을 놓치지 않고 어지러운 어미 활용을 개별 단어마다 살려주었습니다. 가령 일반 한영사전에서는 '휘다'라는 기본꼴만 올림말로 나오지만 《한미대사전》에서는 '휘게, 휘고, 휘곤, 휘구(사투리), 휘군, 휘기, 휘긴, 휘길, 휘나, 휘네, 휘는, 휘니, 휘데, 휘든, 휘디, 휘라, 휘랴, 휘러, 휘려, 휘며, 휘면, 휘셔(경칭어 활용), 휘시다(경칭), 휘신(경칭어 활용), 휘실(경칭어 활용), 휘심(경칭어 활용), 휘어, 휘오, 휘자, 휘지, 휘지를, 휘질, 휜, 휜다, 휠, 휠라, 휨'이 다 올림말입니다. 한국어에 능통한 사람에게는 낭비로 보일지 모르지만 이런 배려가 한국어에 서투른 외국인에게는 큰 도움이 됩니다. 외국인에게는 기본꼴을 찾는 것 자체가 힘들기 때문입니다.

마찬가지로 한국에서 나오는 영한사전의 목적은 한국인이 영어를 아름답고 정확한 한국어로 이해하고 표현하도록 돕는 것이므로 한국어의 개성을 살릴 필요가 있습니다. 저는 지금까지 한국어의 개성을 살리는 번역에 대해서 말씀드렸습니다만 여기서 나온 요령은 그대로 영한사전 만들기에도 적용됩니다.

첫째, 같은 값이면 어려운 한자어보다는 알기 쉬운 토박이말을 많이 실어주었으면 좋겠습니다. 가령 hawthorn을 영한사전에서 찾으면 보

통 '산사나무'로 나옵니다. 영일사전에는 サンザシ(山査子)로 나오는데 여기서 영향을 받은 듯합니다. 영중사전에도 hawthorn은 山植树로 나오니까 '산사'라는 것은 동아시아에서 공통적으로 부르던 나무 이름에 가장 가까운 말임을 알 수 있습니다. 열매를 한방 약재로 썼으니까 한·중·일에서 모두 비슷하게 불렀을 테지요. 하지만 남영신의 《한플러스 국어사전》에서 산사나무를 찾으면 '아가위나무'와 같은 뜻이라고 나옵니다. 실제로 1890년에 나온 언더우드 영한사전을 보면 hawthorn이 '산사, 아가위'로 풀이되었습니다. 1950년대 초반에 나온 이양하의 영한사전에도 '아가위나무'로 나옵니다. 그런데 그다음에 나온 영한사전에서는 이 말을 찾아보기 어렵습니다. '아가위'는 토박이말이고 그만큼 더 친숙하게 다가옵니다. 앞으로 영한사전을 만들 때는 이런 토박이말을 자꾸 찾아서 함께 실어주었으면 좋겠습니다. 그러자면 국어사전을 열심히 찾는 버릇을 들여야 합니다. 번역자도 영한사전에 나온 풀이어가 마음에 안 들 때는 다시 그 말을 국어사전에서 찾아서 더 좋은 토박이말이 없는지 알아보는 정성이 필요합니다.

이 점에서는 국어사전도 아쉬운 점이 있습니다. 남영신의 《한플러스 국어사전》 같은 예외도 있지만 웬만한 국어사전을 찾다보면 풀이어가 표제어보다 더 어려울 때가 많습니다. 가령 '현궁'이라는 말을 국어연구원의 《표준국어대사전》에서 찾으면 '임금의 관(棺)을 묻던 광중(壙中)'이라고 나옵니다. 한글학회에서 만든 《우리말큰사전》에도 '임금의 관을 묻던 광중'으로 나옵니다. 그런데 '광중'을 몰라서 사전에서 찾으니 '시체가 놓이는 무덤의 구덩이 부분을 이르는 말', '구덩이 속. 주로 시체를 묻는 구덩이를 일컫는다'로 각각 풀이되었습니다. 금성《국어대사전》과 민중《엣센스 국어사전》은 더 난해합니다. 앞에는 '임금의 재궁(梓宮)을 모신 광중(壙中)'으로 풀이했고 뒤에는 '임금의 재궁(梓宮)을 묻은 광중(壙中)'으로 풀이했습니다. 그런데 두 사전에서 모두 '재궁'을 찾으면 '자궁의 본디말'이라고 나옵니다. 다시 '자궁'을 찾아가야 겨우 왕, 왕대비, 왕비, 왕세자 등의 시체를 넣던 관임을 알 수 있습니다. 굳이 이렇게 이중, 삼중으로 힘을 쓰게 만들어야만 하는 걸까요? '임금의 관을 묻던 구덩이를 높여 부르던 말'이라고 처음부터 할 수는 없었을까요? 모르는 말을 찾으려고 사전을 찾는 법인데 막상 사전을 찾으면 풀이어가 더 어렵습니다. 혹 떼려다가 혹 붙이는 셈이라고나 할까요.

둘째, 꼭 토박이말이 아니라 한자어더라도 일본산 한자어에 밀려 괄시당한 전통어를 찾아서 실어주었으면 좋겠습니다. 가령 music의 풀이어로는 '음악'만이 아니라 '풍악'도 들어가면 좋겠습니다. 또 majesty의 풀이어로는 당연히 '전하'가 들어가야겠지만 아울러 '상감'도 들어가야겠지요. 아울러 '종'과 '노비'도 slave의 풀이어로 오를 자격이 있습니다. memorial도 '진정서, 청원서'만 올릴 것이 아니라 '상소, 장계'도 함께 풀이어로 올려야 합니다.

셋째, 한국어의 개성인 '존칭어'를 꼬박꼬박 넣어줄 필요가 있습니다. 가령 teacher는 '스승', sleep은 '주무시다', recovery는 '쾌차', promotion은 '영전', order는 '분부'를 풀이어로 올릴 필요가 있습니다. 또 name에는 '이름' 말고 '존함, 함자'도 넣어야 하고 meal은 '진지, 수라'도 올려야 합니다. 영어를 한국어로 나타내는 영한사전은 한국어의 개성인 존칭어도 당연히 소중히 여겨야 합니다.

한국어의 또 한 가지 개성은 친족어가 발달했다는 것입니다. 그런데 영한사전의 풀이를 보면 그런 개성이 잘 묻어나지 않습니다. 가령 cousin을 민중《엣센스 영한사전》에서 찾으면 '사촌'과 함께 '종(從)형제(자매)'로 풀이되었습니다. 이것은 영일사전의 풀이를 그대로 따른 것입니다. 겐큐샤에서 나온 《English-Japanese Dictionary for the General Reader》라는 사전에는 cousin이 한국어로 '사촌'을 뜻하는 いとこ와 함께 從兄(弟), 從姉(妹)로 풀이되었습니다. 그런데 일본어 從兄弟, 곧 'じゅうけいてい 주케이테이'와 한국어 '종형제'는 똑같지 않습니다. 14장에서 모양이 같지만 뜻은 다른 '사이비 친구'를 알아보았는데 바로 거기에 해당합니다. '주케이테이'는 친가와 외가를 막론하고 나하고 사촌 관계인 남자를 부르는 이름입니다. 그러니까 큰아버지, 작은아버지, 고모의 아들, 곧 친가 쪽 남자 사촌은 말할 것도 없거니와 외삼촌과 이모의 아들, 곧 외가, 쪽 남자 사촌도 똑같이 '주케이테이'라고 말합니다. 한국어 '종형제'는 범위가 훨씬 좁습니다. 친가 쪽 남자 사촌만을 가리키는 말입니다.

한국어에서는 '사촌'을 단순히 친가, 외가로만 나누는 것이 아니라, 아버지 형제의 자식인지 아버지 누이의 자식인지도 구별하고 어머니 오빠나 남동생의 자식인지 어머니 언니나 여동생의 자식인지도 구별합니다. 아버지 형제의 자식은 나에게는 그냥 '사촌'이 되고 고모의 자식은 '고종사촌' 또는 '내종사촌'이 됩니다. 한국어에서 '종형제'라고 하면 큰아버지나 작은아버지가 낳은 아들과 나의 관계를 말합니다. 손위 남자 사촌은 '종형'이라고 하고 손아래 남자 사촌은 '종제'라고 합니다. 고모의 자식은 나보다 나이가 많으면 '고종형'이나 '내종형'이라 부르고 나이가 나보다 어리면 '고종제'나 '내종제'라고 부릅니다. 또 어머니 쪽으로는 외삼촌의 자식은 나에게 '외종사촌'이 되고 이모의 자식은 '이종사촌'이 됩니다. 그러니까 영한사전에서 cousin을 '사촌'과 함께 '종(從)형제(자매)'라고 적어놓으면 '내종'이나 '고종', '외종', '이종' 사촌은 모두 빠지는 셈입니다. 물론 요즘은 그냥 사촌이면 '사촌'이라고 하지 '고종이다, 내종이다, 외종이다, 이종이다' 엄격히 따지지는 않습니다. 그래도 '사촌'이라면 풀이를 정확하게 해야 합니다. 옛날에 나온 영한사전에는 상당히 정확하게 풀이되었습니다. 가령 1890년에 나온 언더우드의 영한사전에는 cousin이 '사촌, 고종, 내종, 이종'으로 나옵니다. 옛날 영한사전은 한국어 현실에서 출발했지만 요즘 영한사전은 일본어 현실에서 출발한 경우가 적지 않다는 것을 cousin의 풀이가 잘 보여줍니다.

넷째, 풀이어가 간결했으면 좋겠습니다. 영어 nimbus를 금성출판사 《영한대사전》에서 찾으면 '빛의 구름'으로 나옵니다. 단어가 아니라 '구'로 나타냈습니다. 여기서 '의'를 빼면 '빛구름'이라는 깔끔한 단어가 됩니다. 또 같은 사전에 Bluebeard는 '푸른 수염의 사나이'로 나오는데 이것도 '푸른 수염'이라고 하면 간결하고 번역어로서 활용도도 훨씬 높아집니다. 영문학자 이재호는 《영한사전비판》에서 영한사전에서 불필요한 군더더기를 줄여야 한다면서 예를 풍부하게 듭니다. 가령 lamppost는 '가로등의 기둥'이 아니라 '가로등 기둥'으로, fighting attitude는 '호전적인 태도'가 아니라 '호전적 태도'로, juggle은 '교묘하게 다루다'가 아니라 '교묘히 다루다'로, strike는 '파업을 하다'가 아니라 '파업하다'로, fortunate는 '재수가 좋은'이 아니라 '재수 좋은'으로, red herring은 '훈제한 연어'가 아니라 '훈제 연어'로, taintless는 '오점이 없는'이 아니라 '오점 없는'으로 간결하게 풀이해야 한다는 것입니다.3) 해마다 쏟아지는 신어를 싣는다고 무한정 영한사전의 부피를 늘릴 수 없는 일이고 보면 이렇게 불필요한 군더더기를 없애려는 노력이 필요하다는 지적에 저도 백번 공감합니다.

예문 번역도 간결하고 한국어다워야 합니다. 가령 "If she apologizes, I'll forgive her."를 어떤 영한사전에서는 "만약 그녀가 사과를 한다면 나는 용서해주겠다."라고 옮겼습니다. 이 번역문은 군더더기가 많아서 한국어답지가 않습니다. '-면'이라는 어미가 있으니까 '만약'이라는 접속사 번역어는 불필요하겠지요. 또 '나는'이라는 주어도 한국어에는 군식구입니다. "그녀가 사과를 한다면 용서해주겠다." 정도가 무난하고 "여자가 사과하면 용서하련다."면 금상첨화겠지요. 사전의 부피를 무한정 늘릴 수는 없으므로 예문의 간결한 번역은 아무리 강조해도 지나치지 않습니다.

다섯째, 영한사전은 국어사전 노릇도 웬만큼 해주면 좋겠습니다. 가령 six라는 수사만 하더라도 그렇습니다. 보통 영한사전에는 달랑 '여섯'이라고만 나옵니다. 여기다 '육, 유, -뉴, -륙, 엿-'도 덧붙이자는 겁니다. 물론 예문도 알맞게 실어야겠지요. 그래서 six months는 '여섯 달, 육 개월'로, five or six months는 '오륙 개월, 대여섯 달'로, six days는 '엿새'로 해줄 필요가 있습니다. 또 June은 보통 영한사전에는 '6월'로만 나오지만 이것도 '유월'을 덧붙이고 May and June 같은 예문을 넣은 다음 '오뉴월'로 옮기고 "음력으로는 오뉴월이 한여름이었다."라는 예문도 덧붙이면 좋지 않을까요. 아울러 앞서 말한 majesty

도 그냥 '폐하, 전하'라고만 하지 말고 '폐하(황제), 전하(왕)'라고 설명을 끼워넣으면 좋겠습니다. 또 앞에서 예로 든 cousin만 하더라도 요즘 독자는 고종, 내종, 이종, 외종 같은 말의 뜻을 정확히 모를 테니까 '고종(=내종 : 고모의 자식), 이종(이모의 자식), 외종(외삼촌의 자식)'처럼 간단히 설명을 덧붙이면 더 좋겠지요.

한국어가 더 세밀한 어휘를 갖고 있는 경우에는 영한사전에서도 그것을 드러낼 필요가 있습니다. 가령 pheasant는 '꿩'인데 한국어에서는 수컷은 수꿩이라고도 하지만 '장끼'라고도 합니다. 또 암컷은 암꿩이라고도 하지만 '까투리'라고도 합니다. 그렇다면 영한사전에서도 올림말 pheasant의 풀이어를 그냥 '꿩'으로만 할 것이 아니라 관련어를 덧붙여서 cock pheasant는 '장끼'로, hen pheasant는 '까투리'로 구별해주는 것이 좋습니다.[4]

아울러, 지금은 안 쓰는 말이더라도 전통어는 적어도 규모가 큰 영한대사전에는 집어넣어주었으면 합니다. 가령 bribe를 지금은 '뇌물'이라고 하지만 이것은 일본에서 들어온 말입니다. 옛날에는 '청전'이라고 했습니다. 또 confess는 지금은 일본에서 들어온 '자백하다'와 '고백하다'에 밀려났지만 옛날에는 '자복하다'라고 했습니다. '(한국 전통어)' 같은 범주 표시를 해주고 bribe의 풀이어로 '청전'을, confession의 풀이어로 '자복하다'를 덧붙이면 가령 서양의 역사 소설을 번역할 때 예스러운 말투를 한국어로 옮길 때 요긴하게 쓸 수 있습니다. 영한사전에는 꼭 일상생활에서 실제로 쓰는 말만 풀이어로 올라가야 한다는 법은 없습니다. 영한사전이 번역 작업에서 중요한 역할을 한다는 점을 감안해서라도 이런 전통어를 넣어줄 필요가 있습니다. 한국어의 개성이 담긴 영한사전을 한국인의 손으로 차근차근 만들어 간다는 상징적 의미도 있습니다.

여섯째, 너무 점잖은 말로만 풀이하려고 해서는 안 됩니다. 요즘 한국인이 쓰는 말을 과감히 영한사전에 집어넣어야 합니다. 그래서 a **catchy** rhythm은 '쌈박한 리듬'으로, a **mundane** job은 '허접한 일자리'로, a **replica**는 '짝퉁'으로 풀이해야 합니다. 살아 있는 말을 올려야 합니다. 감탄사도 무조건 점잖게 풀이해야 한다는 생각에서 벗어나야 합니다. 감탄사는 실생활에서 사람들이 실제로 툭툭 내뱉는 말이므로 더더욱 살아 있는 표현을 올려놓아야 합니다. 가령 oops 같은 말은 조금 당혹스러운 상황에서 영국인이 많이 내뱉는 말입니다. 그런데 어떤 영한사전에는 oops가 '아뿔싸'로 풀이되었습니다. '아뿔싸'는 감탄사지만 요즘 한국인이 실제로 쓰는 말이라고 보기 어렵습니다. 일종의 문어지요. 그렇다고 '아뿔싸' 같은 문어 감탄사를 빼야 한다는 소리는 아니지만 요즘 들어 많이 쓰는 '헉'이나 '허걱' 같은 말도 oops의 풀이어로 오를 자격이 충분히 있다는 말씀을 드리고 싶습니다. 너무 교과서적일 뿐 아니라 엉뚱하게 풀이된 감탄사도 있습니다. 가령 blimey는 깜짝 놀랄 만한 일을 겪었을 때 영국인이 흔히 내뱉는 말로 '와' 내지는 '세상에' 정도의 뜻입니다. 그런데 대부분의 영한사전에는 '아뿔싸, 빌어먹을, 제기랄' 등으로 나옵니다. 표현도 딱딱하지만 무엇보다 놀람을 나타내는 blimey와는 겉도는 풀이입니다.

그런가 하면 alas 같은 감탄사는 모든 영한사전에서 하나같이 '아아'로 처리했습니다. 이것은 실생활에서 쓰는 oops와는 달리 문학 작품 같은 데서 주로 나오는 문어 감탄사입니다. 격조가 있는 감탄사라고나 할까요. 이런 경우에는 '오호 통재라' 할 때 쓰는 '오호'라는 말을 써주는 것이 어떨까요. '오호'는 실생활에서는 안 쓰는 말이니까 alas 의 풀이어로는 제격입니다. 같은 감탄사라도 실제로 말할 때 쓰는 감탄사는 좀 더 입말처럼, 글에서만 볼 수 있는 감탄사는 좀 더 글말처럼 옮겨주자는 것이지요.

의성어도 좀 더 세심하게 풀이했으면 좋겠습니다. 벌이 날 때 나는 소리를 영어로 boom이라고 하는데 이것이 대부분의 영한사전에는 '윙윙'으로 나옵니다. 벌레 소리가 아니라 기계 소리처럼 들립니다. 북한에서 만든 영조사전에서는 이것을 '붕붕'으로 풀었습니다. 기타 치는 소리를 영어로는 tum-tum이라고 하는데 이 말은 대부분의 영한사전에는 그냥 '현악기를 튕기는 소리'처럼 설명으로만 나옵니다. 이것도 영조사전처럼 '둥둥, 퉁퉁'처럼 구체적인 소리로 나타내주는 편이 한결 낫습니다.

일곱째, 균형 감각이 필요합니다. 가령 relief라는 단어를 영한사전에서 찾으면 '양각, 부조' 같은 한자어와 함께 '돋을새김'이라는 토박이말도 올려놓았습니다. 하지만 relief의 반대말인 intaglio는 '음각, 요조(凹彫)'라고만 나오지 토박이말은 볼 수 없습니다. 남영신의 《한플러스 국어사전》에서 음각을 찾으면 '오목새김'이라는 토박이말이 나옵니다. 앞에서 산사나무가 토박이말로는 '아가위나무'라는 사실도 국어사전을 뒤져서 알 수 있었습니다. 영한사전을 만들 때는 국어사전을 샅샅이 뒤져서 쉽고 깔끔한 말을 많이 발굴해서 사전에 올려야 합니다.

한영사전과의 균형 감각도 중요합니다. 한영사전에서 '포승'이나 '오라'를 찾으면 보통 rope로 나옵니다. 그런데 영한사전에서 rope를 찾으면 '포승'도 '오라'도 안 나옵니다. 12장에서 '좁히기'의 중요성에 대해서 말씀드렸지만 그냥 "죄인을 밧줄로 묶었다."라는 표현보다는 "죄인을 포승으로 결박했다."나 "죄인을 오라로 묶었다."가 한결 구체적이라는 점에서 더 현실에 밀착된 좋은 번역입니다. 설령 영어에서는 죄인을 묶는 데 rope를 쓰지 않았다 하더라도 '포승'과 '오라'라는 한국말의 번역어로 rope가 쓰였다면 이 두 단어는 영한사전에 rope의 풀이어로 오를 자격이 충분합니다. 영어는 영어를 모국어로 쓰는 사람들만의 것이라는 생각도 어떻게 보면 고정관념입니다. 영한사전에서는 적어도 맨 끝에라도 '오라, 포승'처럼 rope가 번역을 통해서 얻은 의미를 덧붙여줄 수 있어야 합니다. 또 actor에도 '광대'를 넣어줄 만합니다. 마찬가지로 대부분의 한영사전에서 '달구지'는 cart로 풀이되었는데도 막상 cart를 영한사전에서 찾으면 '달구지'라는 풀이는 좀처럼 찾아보기 어렵습니다. '상여'는 한영사전에 bier로 나오지만 bier를 영한사전에서 찾으면 '관가'나 '관대' 같은 일본제 한자어가 버티고 있습니다. 같은 출판사에서 나오는 영한사전과 한영사전을 대조하여 풀이를 일관되게 맞추는 작업만 해도 영한사전에 좋은 표현이 많이 올라갈 수 있을 것입니다.

같은 영한사전 안에서도 일관성이 있어야 합니다. 민중서림의 《엣센스 영한사전》 10판에는 frieze를 '프리즈, 소벽(小壁)'으로 풀이하고 '처마 복공과 평방(平枋) 사이의'라는 설명을 덧붙였습니다. 서양 건축에는 entablature라고 해서 기둥 상단을 띠처럼 두른 장식부가 있는데 이것은 위에서부터 cornice, frieze, architrave 세 부분으로 되어 있습니다. 그런데 frieze는 cornice와 architrave 사이에 있으니까 cornice

는 '처마 복공'에 해당하고 architrave는 '평방'에 해당합니다. 그런데 같은 사전에서 cornice를 찾으면 '처마 복공'이라는 풀이가 없고 '배내기'로 나옵니다. 번역자는 어느 장단에 맞춰야 하는지 난감할 수밖에 없습니다.

마지막으로, 영어를 소리 나는 대로 적는 차음어를 남발하지 않았으면 좋겠습니다. 금성《영한대사전》에서 boo를 찾으면 '부우'로 나옵니다. 이것은 '우우'라는 야유의 소리로 바꿔줘야 합니다. 그런가 하면 영어 감탄사 hurrah의 풀이어로 동아《프라임 영한사전》과 시사영어사의《e4U 영한사전》은 '만세'와 함께 '후라'라는 차음어를 올렸고 민중《엣센스 영한사전》은 '만세'와 아울러 '후레이'라는 차음어를 올렸습니다. 영일사전에도 hurrah는 フレー가 올라가 있습니다. 그런데 일본어 차음어 フレー는 일본국어대사전에 올라가 있지만 한국어 차음어 '후라'나 '후레이'는 국어대사전에 나오지 않습니다. 다시 말해서 한국어로 뿌리내린 외래어가 아니라는 뜻이지요. 한국에서 만든 영한사전이 차음어에서도 영일사전을 무비판적으로 따랐음을 알 수 있는 대목입니다.

지금까지 저는 주로 영한사전에 대해 말씀드렸습니다만, 번역가는 영어 말고 다른 외국어도 많이 알면 알수록 도움이 됩니다. 적절한 표현이 생각나지 않을 때 여러 나라 말로 된 사전에서 도움을 얻을 수 있기 때문입니다. 한번은 이런 영문을 만난 적이 있습니다.

Defeat in the First World War had then brought the dismembering of the **sprawling**, multi-ethnic empire of the Habsburgs.

여기 나오는 sprawling을 영한사전에서 찾으면 금성 《뉴에이스 영한사전》 3판에는 '(도시 등이) 불규칙하게 퍼져 있는'으로 나오고, 동아 《프라임 영한사전》 5판에는 '(도시·가로 등이) 불규칙하게 넓어지는 [뻗는]'으로 나옵니다. 민중과 시사에서 나온 영한사전은 sprawling을 따로 안 올리고 sprawl을 설명해놓았습니다. 민중 《엣센스 영한사전》 10판에는 '(건물·필적 등이) 보기 흉하게[불규칙하게] 퍼지다, 마구 뻗다'로 나오고, 시사 《e4U 영한사전》에는 '(도시·건물 따위가) 보기 흉하게[불규칙하게] 퍼지다, 마구 뻗다'로 나옵니다. 위의 영문을 멋지게 번역하는 데는 별로 도움이 안 됩니다.

그런데 sprawling을 《Collins Robert French Dictionary》에서 찾으면 tentaculaire라는 프랑스어로 풀이되었습니다. tentaculaire를 동아 《프라임 불한사전》에서 찾으면 '문어발식의, 사방으로 뻗어나가는'으로 나옵니다. 문어발이라는 낱말을 보는 순간 제 머리에서는 형광등이 번쩍 켜졌습니다. 바로 제가 찾던 단어였거든요. 덕분에 저는 위의 영문을 이렇게 번역할 수 있었습니다.

1차 세계대전에서 지면서 문어발처럼 뻗어나간 합스부르크 다민족 제국은 해체되었다.

이렇게 영어를 한국어로 번역할 때도 시간이 좀 걸려서 그렇지 영불사전과 불한사전을 뒤지면 크게 도움이 됩니다. 영일사전에서도 도움을 받습니다. 가령 이런 영문을 만났다고 합시다.

Gun control lobbyists were **gloat**ing over the election of Barack Obama as president, with perennial anti-gunner Joe Biden as his vice president.

여기 나오는 영어 단어 gloat을 영한사전에서 찾아보면 금성에는 '(자신의 성공이나 타인의 실패를) 만족스럽게〔기쁘게, 홀린 듯이〕 바라보다, 혼자서 만족하여 기뻐하다'로, 동아에는 '자못 흡족한〔기분 좋은, 반한〕 듯이 바라보다, (남의 불행 등을) 고소한 듯이 바라보다'로, 민중에는 '흡족한〔기분 좋은, 고소한〕 듯이 바라보다, 혼자서 히죽이 웃다'로, 시사에는 '기쁜〔만족스러운〕 듯이 바라보다, (악의를 품고) 고소한 듯이 바라보다'로 나옵니다. 그런데 겐큐샤에서 나온 《English-Japanese Dictionary for the General Reader》에는 gloat를 はくそえむ로 풀이했고 はくそえむ를 금성 《뉴에이스 일한사전》에서 찾으면 '회심의 미소를 짓다'라는 기가 막힌 풀이가 나옵니다. 저는 이 표현을 찾아내자마자 회심의 미소를 지으면서 위의 영문을 이렇게 옮겼습니다.

총기 규제론자들은 버락 오바마가 대통령에 당선되어 총기 소지 허용을 초지일관 반대해 온 조 바이든이 부대통령 자리에 오르자 회심의 미소를 지었다.

프랑스의 명번역가 발레리 라르보도 번역을 하면서 이 사전 저 사전을 많이 뒤졌나 봅니다. 그는 이렇게 말합니다. "이탈리아어로 된 작품을 영어로 번역한다고 하자. 난해한 말은 우선 이·이사전을 찾아보고 다시 이·영사전을 찾아본다. 거기에 해당되는 역어를 그대로 받아들이지 말고 이번에는 그 역어를 영영사전을 조사한다. 열에 아홉 번 정도는 이·영사전의 역어를 쓰겠지만, 그것은 어디까지나 그 단어를 '곰곰이 검토하고, 냄새를 맡고, 찬찬히 뜯어보고, 깊이 파고든 다음'의 일이다." 심지어는 라틴어 사전도 도움이 된다고 라르보는 말합니다.[5]

사전에 나온 풀이어는 빙산의 일각일 뿐입니다. 아무리 좋은 사전도 살아 있는 표현의 아주 일부만을 담아낼 뿐입니다. 사전은 말의 지도입니다. 지도가 살아 있는 땅을 추상화하여 나타내듯이 사전도 살아 있는 말을 체로 걸러 뼈만 추려낸 것이라고 볼 수 있습니다. 가장 뛰어난 지도는 땅 자체이듯이 가장 뛰어난 사전은 사람 머릿속에 날것으로 들어 있는 낱말들입니다. 번역자는 자기 머리에 들어 있는 그 팔팔한 말들을 떠올려야 합니다. 프랑스의 번역가 발레리 라르보도 번역자는 사전이 보여주는 등가어가 아니라 '우리 기억의 사전'에 있는 말을 써야 한다고 말했습니다.[6] 기억의 사전은 하루아침에 만들어지지 않습니다. 좋은 책, 좋은 문장을 평소에 많이 읽고 머릿속에 담아 두어야 알찬 기억의 사전이 만들어집니다. 일본의 추리작가 아토다 다카시는 책을 많이 읽은 사람은 전혀 습작을 안 했어도 마음만 먹으면 금세 좋은 글을 쓸 수 있지만 책을 안 읽은 사람은 아무리 습작을 많이 해도 좋은 글을 쓰기 어렵다고 말합니다. 번역도 결국 글쓰기입니다. 좋은 번역을 하려면 평소에 좋은 문장을 머릿속에 많이 담아놓아야 합니다. 그래서 독서가 중요합니다.

뛰어난 운동 선수는 경기에 임박해서만 운동을 하는 것이 아니라 평소에 착실히 훈련을 합니다. 평소에 사전을 자주 들춰 보면서 영어는 영어대로 한국어는 한국어대로 풍부한 어휘를 머릿속에 담아놓아야 합니다. 구슬이 서 말이라도 꿰어야 보배인 것은 맞지만 구슬 자체가 없거나 빈약하면 제대로 된 목걸이가 나올 리 만무합니다.

기억을 아무리 뒤져도 안 나오는 말은 천상 새로 만드는 수밖에 없습니다. 마땅한 표현이 없을 때는 적극적으로 말을 만들어낼 줄도 알아야 합니다. 하지만 영한사전은 그런 점에서는 부족한 점이 많습니다. 스스로 말을 만들어내기보다는 영일사전에서 먼저 말을 만들면 그걸 그대로 받아들일 때가 많았습니다. 한국은 60여 년 전에 일본으로부터 독립했지만 조어를 놓고 보면 아직도 일본의 식민지에 가깝습니다. 종주국에서 먼저 말을 내놓지 않으면 스스로 만들 줄을 모릅니다. 이제는 달라져야 합니다. 필요하다면 스스로 말을 만들어낼 줄 알아야 합니다. 다음 장에서는 조어에 대해서 알아보겠습니다.

■ 현대 영한사전에 없는 초기 영한 사전 풀이말

abdicate 전위하다
abruptly 홀연히
absolve 사하다
affection 정분
age 연세
all 깡그리
and 하고
annul 폐하다
another 딴
attire 복색
audience 입시
bachelor 총각
banquet 잔치
barren 척박한
bathe 미역 감다
believe 곧이듣다
beseech 간구하다
besom 싸리비
betroth 정혼하다
bind 결박하다
blind 발
bold 담대한
bowl 자배기
brave 담대한, 담력 있는
brew 빚다
bunch 묶음
burn 사르다

buttock 볼기, 볼기짝
cancel 탕감하다
cape 땅머리
capital 밑천, 본전
capital offense 죽을죄
cart 달구지
castrate 불치다
catalogue 물목
celebrate 지내다
cellar 광
charge 받다, 달려들다, 재다
chastity 절개, 수절
cheap 헐한
clench 부르쥐다
coinage 주전
come 임하다
conceive 잉태하다, 수태하다
concubine 소실
condition 지경
conform 좇다
congratulate 감축하다
conserve 보전하다
constable 포교
control 다스리다
convenient 마땅한
corpse 주검
corrode 삭다

18장 말의 지도, 사전 365

county 고을
courier 파발
cousin 고종, 내종, 이종
covenant 언약
create 조성하다
crime 죄과
cringe 옹송그리다
crush 으스러뜨리다
damp 습한
death 절명
decision 작정
decline 사양하다
decorate 단장하다
dense 자욱한
deserted 휑한, 적적한
destiny 팔자
dictionary 자휘
die 작고하다
discrimination 분별
disease -질
dismember 육시하다, 능지하다
display 벌여놓다
drape 드리우다
drill 조련하다
drizzle 는개
drummer 북잡이
dynasty -조
edict 어명
effort 애
eldest 맏-

emperor 천자
enough 족히
etiquette 예모
eunuch 내관
executioner 망나니, 희광이
exorcise 축귀하다
expect -줄로 알다
extort 토색하다
fallow 묵은밭
family 권속, 권솔
fatal 죽을
fate 신수
father-in-law 빙장
feather 새털
fence 목책
fertile 건, 살진
fluctuate 오르락내리락하다
fortune 요행
furniture 세간
genealogy 내력
general 장수
hunter 포수
husband 지아비, 서방
immortality 장생불사
incarnate 강생
inch 치, 촌
indigestion 체증
isthmus 땅목
kill 잡다
king 상감

lantern 초롱
magistrate 수령
majesty 전하
master 상전
meaning 새김
memorial 장계, 상소
menace 으르다
mention 이르다
metamorphosis 환생
mother 자당
needlessly 공연히
official 관원
order 분부하다
outstanding 남은
panic 기겁
place 데
preserve 간수하다
presumptuous 방자하다
pretext 빙자
prince 세자
princess 빈궁
proclaim 반포하다
proclamation 방
providence 천명
queen 중전
recommend 천거하다
refuse 마다하다
relentless 모질다
remainder 우수리
respect 공경

riot 난리
robber 불한당
shame 염치
shameful 망측한
signature 수결
silent 괴괴한
slaughter 도륙
slave 종, 노비
slavery 종노릇
slay 잡다
smallpox 천연두
snout 아가리
sock 버선
soft 연한
some 더러
souvenir 정표
sprain 접질리다
sprout 순
strange 괴이한
summit 마루터기
table 상
tail 꽁지
tangle 엉클다
thatch 이엉
thick 된, 건
throne 용상, 어좌
tide 미세기
tinsmith 땜장이
tired 고단한
tolerable 무던한

**tomb** 산소
**town** 고을
**tribute** 공납
**trinket** 노리개
**war** 난리

**weave** 길쌈하다
**weed** 김
**wing** 나래
**zenith** 중천

19장

# 만들어 쓰기

개념의 핵심을 찌르는 조어법

1954년에 민중서관에서 나온 이양하와 권중휘의 《포켓영한사전》에서 hamster를 찾으면 '일종의 큰 쥐'라고 나오고 '볼주머니가 있고 꼬리가 짧음'이라는 설명이 괄호 안에 담겨 있습니다. 하지만 2005년에 민중서림에서 나온 《엣센스 영한사전》 10판에는 '햄스터'로 나오고 괄호 안에 '일종의 큰 쥐'라는 풀이가 달렸습니다. '일종의 큰 쥐'라는 설명이 주연에서 조연으로 밀려난 셈입니다.

지금은 애완동물로 키울 만큼 hamster라는 동물이 흔해졌지만 지금부터 50여 년 전에 영한사전을 만들던 분들은 hamster라는 낱말이 많이 낯설었을 겁니다. 그래서 영일사전의 풀이를 참조했을 테지요. 그런데 영일사전으로는 가장 권위가 있는 겐큐샤의 《New English-Japanese Dictionary》 2판(1936년)에는 hamster가 바로 '일종의 큰 쥐'로 나옵니다. 겐큐샤의 사전 편찬자들도 hamster라는 낯선 낱말 앞에서 적절한 이름을 찾아내지 못하고 그저 '일종의 큰 쥐'라고 풀이하는 것으로 만족할 수밖에 없었던 것이지요. 그러나 1960년에 나온 4판에서는 사정이 달라져서 ちょうせんねずみ, きぬけねずみ처럼 풀이됩

니다. 각각 '조선쥐'와 '명주실쥐'라는 뜻입니다. 구에서 낱말로 풀이 방식이 바뀌었으니 사전으로서는 진일보한 셈입니다. hamster처럼 덩치가 큰 쥐는 한반도를 포함한 유라시아 대륙에서만 서식하니까 조선의 동식물을 연구하던 일본 학자들이 덩치 큰 쥐에다 '조선쥐'라는 이름을 붙였을 겁니다. 그런가 하면 hamster의 털이 비단처럼 매끄러우니까 '명주실쥐'라는 이름을 붙인 동물학자도 있었을 테지요. '일종의 큰 쥐'라는 막연했던 대상을 '명주실쥐'라는 구체적 이름으로 부를 수 있기까지는 적잖은 시행착오가 있었으리라는 사정을 어렵지 않게 짐작할 수 있습니다. 그 뒤에 한국에서 나온 영한사전들은 영일사전에 나온 풀이를 그대로 받아들였습니다. 1968년에 삼화출판사에서 나온 《스탠다드 영한사전》에도, 1979년 동아출판사에서 나온 《신콘사이스 영한사전》 개정판에도 hamster는 '조선쥐'로 나옵니다. 또 '명주쥐'라는 이름은 그대로 쓰이든가 아니면 '비단털쥐'라는 이름으로 다듬어져서 일부 영한사전에 지금도 올라가 있습니다.

그런데 요즘 나오는 영한사전에 hamster의 풀이어로 압도적으로 많이 올라간 말은 '조선쥐'도 아니고 '명주쥐'도 아니고 '비단털쥐'도 아닙니다. 그것은 hamster를 그냥 소리 나는 대로 읽어준 차음어 '햄스터'입니다. 가령 2004년에 나온 동아 《프라임 영한사전》 5판에는 hamster가 '햄스터, 비단털쥐'로 나오고 역시 2004년에 나온 금성 《뉴에이스 영한사전》 3판에는 '햄스터'로만 나옵니다. 물론 겐큐샤의 《New English-Japanese Dictionary》 5판(1980)에서도 차음어 ハムスター(햄스터)는 キヌゲネズミ(명주쥐)를 밀어내고 앞자리를 차지합니다. 이렇게 먼 길을 돌아서 겨우 다다른 곳이 '햄스터'라는 차음어일

바에야 처음부터 '햄스터'라고 불렀으면 더 좋지 않았을까요? 그러려면 중요한 전제 조건이 붙어야 합니다. 처음부터 hamster라는 말만 달랑 들어올 것이 아니라 hamster라는 동물도 일찌감치 들어왔어야 한다는 것입니다. 다시 말해서 우리가 '햄스터'라는 차용어를 자연스럽게 받아들이는 것은 hamster라는 동물이 단순히 말의 차원이 아니라 현실의 차원에서도 우리 생활에 깊숙이 들어왔을 때 가능합니다.

앞 장에서 한번 말씀드린 적이 있지만 1890년에 나온 언더우드의 영한사전은 butter를 '소젖기름'으로, cheese를 '소젖메주'로 풀이했습니다. 또 wine은 '청주'로, orange는 '귤'로 받아들였습니다. 하지만 coffee만큼은 '가폐, 가폐차'로 풀이했습니다. 이것은 이때 벌써 coffee라는 실물이 조선 사회에 들어와서 극히 일부나마 소비되고 '가폐'라는 차용어로 불렸기에 가능한 일이었습니다. 처음부터 외국어를 차용어로 받아들이기는 쉽지 않습니다. 실물 없이 말만 툭 던져놓아서는 차용어의 실체를 알 길이 없습니다. 그런 어려운 사정이 있었기에 hamster를 처음부터 '햄스터'라고 부르지 못하고 '조선쥐'라고, '명주쥐'라고, '비단털쥐'라고 어떻게 해서든 짐작이 갈 만한 말로 나타내보려고 애쓴 것입니다.

물론 실물 없이 말만 들어온다고 해서 의미가 없지는 않습니다. 가령 아주 오래전에 읽은 러시아 소설에서 본 '페치카'라든가 '사모바르' 같은 말은 한 번도 실물을 본 적은 없어도 작품을 죽 읽어 가다 보면 러시아 특유의 난로와 찻주전자라는 것을 능히 짐작하면서 색다른 이국 정서에 젖어들 수가 있었습니다. 말이라는 기호를 가지고 허구를 현실보다 더 그럴듯하게 꾸며내는 문학의 강력한 현실 환기력 덕분이었을까요. 하지만 어떤 맥락 없이 날것으로 차음어를 불쑥 던져놓으면 이국 정서를 불러일으키기보다는 독자가 장벽을 느낄 가능성이 높습니다. 독자가 느낄 이질감을 덜어주기 위해서라도 이런 경우에는 적극적으로 조어를 할 필요가 있습니다. 차음어를 배제하자는 것은 아닙니다. 차음어는 차음어대로 그냥 두더라도 원어에 대한 진입 장벽을 낮추기 위해 쉽게 다가오는 말을 만들어보자는 뜻이지요.

가령 entablature라는 단어는 대부분의 영한사전에 '엔태블러처'라는 차음어로 풀이되었습니다. 민중서림의 《엣센스 영한사전》 10판에는 '기둥 위에 가로지른 수평부'라는 설명만 나오지 대응어는 없습니다. 영어 entablature는 서양 고전 건축물의 기둥 상단을 띠처럼 두른 장식부를 말합니다. 이 단어가 1954년에 나온 《포켓영한사전》과 1968년에 나온 《스탠다드 영한사전》에는 '돌림띠'라는 좋은 말로 풀이되었는데 어찌 된 영문인지 그다음에는 어떤 영한사전에서도 찾아볼 길이 없습니다. entablature는 세 부분으로 이루어졌는데 맨 위를 cornice라 하고 가운데를 frieze, 맨 아래를 architrave라고 합니다. 대부분의 영한사전에 cornice는 '코니스'나 '처마 돌림띠'로, frieze는 '프리즈'나 '소벽(小壁)'으로, architrave는 '아키트레이브'나 '평방(平枋)'으로 나옵니다. 그런데 이 세 부분의 위치 관계를 정확히 밝힌 사전이 드물뿐더러 일관성도 떨어집니다. 외래어와 한자어, 고유어가 뒤섞여 어지럽습니다. 가령 "An entablature consists of cornice, frieze and architrave."라는 문장을 민중, 동아, 시사, 금성에서 나온 영한사전을 가지고 한국어로 번역하면 이렇게 됩니다.

기둥 위에 건너지른 수평부는 배내기, 프리즈(소벽), 평방으로 이루어졌다.(민중)

엔태블러처는 코니스(처마 돌림띠), 프리즈(소벽), 아키트레이브로 이루어졌다.(동아)

엔태블러처는 처마 돌림띠(코니스), 프리즈, 평방으로 이루어졌다.(시사)

엔태블러처는 코니스, 프리즈(소벽), 아키트레이브(평방)로 이루어졌다.(금성)

한자어, 외래어, 토박이말이 뒤섞여 어지럽습니다. 외래어만 써서 가령 "엔태블러처는 코니스, 프리즈, 아키트레이브로 이루어졌다."라고 해도 어지럽기는 마찬가지입니다. 만약 entablature를 '돌림띠'로 한다면 이것을 이루는 세 부분도 토박이말로 이름을 지어주면 더 좋지 않을까요? 가령 cornice는 맨 꼭대기에 있으니까 '처마띠'로 하고 frieze는 가운데에 있으니까 '사이띠'로 하고 architrave는 '이마띠' 정도로 하면 어떨까요. 물론 위치 관계를 괄호 안에 집어넣어야겠지요. 위 영문을 한국어로 옮기면 "돌림띠는 처마띠, 사이띠, 이마띠로 이루어졌다." 정도가 되겠지요. 독자에게는 이것이 한결 친절한 번역이 아닐까요?

'돌림띠'는 그래도 정착된 말이 아니니까 '엔태블러처'를 고집해도 할 말은 없지만 '매니페스토'나 '레시피' 같은 말은 다릅니다. 이것은 각각 '공약'과 '조리법(요리법)'이라는 한국말과 뜻이 똑같습니다. 그냥 외국어를 한다는 허세를 보이려고 쓰는 말에 지나지 않습니다. 이런 과잉 차음어의 문제는 독자가 manifesto와 recipe라는 원어의 뜻을 알아야만 이해할 수 있는 극단적 직역이라는 데 있습니다. 이제는 하도 많이 들어서 매니페스토, 레시피라는 말이 무슨 뜻인지 알지만 이런 말을 얼른 알아듣지 못해서 여러 사람이 눈치코치 들인 시간을 생각하면 낭비가 아닐 수 없습니다.

사전은 정 마땅한 대응어가 없으면 차음어를 싣든가 아니면 뜻을 설명해놓아도 되지만 번역자는 그럴 수가 없습니다. 대응어가 없으면 만들어내기라도 해야 합니다. 가령 영한사전에서 hung parliament를 찾으면 대부분 '절대 다수당이 없는 의회' 정도로 풀이합니다. 이런 것도 '권력 분점 의회'처럼 압축해서 나타내는 것이 좋습니다. 물론 앞에다가 설명을 덧붙여서 '절대 다수당이 없는 권력 분점 의회'라고 하면 독자에게는 더 친절한 번역이 되겠지요. 영어 journeyman도 '(수습 기간을 마치고) 제 구실을 하는 장인' 정도로 영한사전에 나옵니다. 좀 더 정확히 말하자면 master, 곧 장인과 apprentice, 곧 도제 사이에 있는 숙련공을 뜻합니다. 그런데 번역자가 가령 "Five years later, she married Johann Hiedler, a miller's **journeyman** from Spital, some fifteen miles away." 같은 영문을 한국어로 옮기자면 한 낱말로 된 대응어를 만들어내야 합니다. 그래서 journeyman이 master와 apprentice 사이에 있다는 점을 감안하면 '중간 기술자' 정도로 말을 만들어보는 것도 괜찮지 않을까요? 그럼 "5년 뒤 그녀는 25킬로미터쯤 떨어진 슈피탈에서 제분소 중간 기술자로 일하던 요한 게오르크 히들러와 결혼했다." 정도로 위 영문을 옮길 수 있겠지요.

그런가 하면 diggers라는 말은 금성《그랜드 영한사전》2판(2006년)에 '[英史] 17세기의 평등주의 운동 단체'로 나옵니다. 평등주의를 부르짖었던 단체는 한두 개가 아니었겠지요. 설명은 설명대로 하더라도 사전인 바에는 될수록 대응어를 실어주려는 성의가 필요합니다. 일본 겐큐샤에서 만든《English-Japanese Dictionary for the General Reader》2판에서는 이 말을 '진정수평파, 디거즈(개혁가 제라드 윈스턴리의 지도로 토지 사유의 폐지를 부르짖으며 1649~1650년에 활동한 급진파)'로 풀이했습니다. 앞으로 한국에서 나올 영한사전 개정판에서는 이런 영일사전의 풀이를 그대로 들여와서 '진정수평파, 디거즈'라고 풀이할 가능성이 높습니다. 물론 달랑 '17세기의 평등주의 운동 단체'라고만 적어놓는 것보다는 낫습니다. 하지만 이제는 일본의 풀이를 무작정 따라가서는 안 됩니다. 가령 이 diggers는 공유지를 점거하여 땅을 파고 농사를 짓는 운동을 벌인 사람들을 가리킵니다. 따라서 '토지점유파'라든지 얼마든지 새로운 조어를 만들어낼 수 있습니다.

구나 문장이 아니라 단어로 풀이를 해놓았더라도 너무 어려운 한자어라서 잘 와닿지 않을 때는 과감히 말을 새로 만들 필요가 있습니다. 영한사전은 영일사전에 많이 기댔는데 이 과정에서 불필요하게 어려운 일본식 한자어가 많이 묻어 들어왔습니다. 이런 어려운 한자어를 좀 다듬어야 합니다. 영어 remission은 아픈 사람의 몸이 좋아지는 것을 말하는데 어떤 영한사전에는 '경쾌'로 풀이되었습니다. 이것은 몸이 가볍게 좋아졌다는 뜻을 지닌 일본어 輕快를 그냥 한국어 발음으로 읽어준 것입니다. 일본 국어사전에도 이런 뜻이 나옵니다. 하지만 한국 국어사전에는 '경쾌'라는 단어에 병이 낫는다는 이런 뜻이 안 나옵니다. 영일사전에 나오는 말을 아무런 생각 없이 영한사전에 실어서는 안 됩니다. 이런 경우는 굳이 조어를 할 필요도 없이 그냥 '호전'으로 풀이하면 적당합니다. 가령 caliper는 물체의 지름을 재는 도구인데 보통 '캘리퍼스' 아니면 '측경양각기'로 영한사전에 나옵니다. '캘리퍼스'는 웬만큼 뿌리내린 외래어라서 문제될 것이 없습니다. 그런데 '측경양각기'는 아예 빼든가 좀 쉽게 바꾸면 좋지 않을까요? 캘리퍼스는 주로 안지름이나 바깥지름을 재는 도구니까 '지름자' 정도로 다듬어줄 만합니다. 어떤 영한사전은 '캘리퍼스'로 풀이해놓고 괄호 안에 '내경(內徑), 외경(外徑)을 재는 2각(脚)의 공구'라는 난해한 한자어로 설명을 달아놓았습니다. 내경, 외경, 각은 각각 안지름, 바깥지름, 발로 바꾸면 좋겠습니다.

　말을 지을 때는 원어에 휘둘려서는 안 되고 개념의 핵심을 찔러서 그것을 드러내도록 해야 합니다. 영국에는 Qualifications and Curriculum Authority라는 정부 산하의 시험 감독 기관이 있습니다. 보통 QCA라고 부르는 이 기관은 영국에서 치러지는 각종 시험을 평가하고 교육 방식을 개발하는 임무를 맡고 있습니다. 구글에서 이 용어의 한국어 번역 사례를 검색해보면, 먼저 이것을 한국어로 '자격 및 교육 과정 평가원'이라고 번역한 예가 있습니다. 영어는 기관 이름에 and가 들어가도 어색하지 않지만 한국어는 '과'나 '와'가 들어가면 좀 어색합니다. 한국어의 특징은 명사를 아무리 많이 나열해도 웬만큼 이해가 간다는 것입니다. 그러니까 한글은 of, and 같은 기능어의 도움이 없어도 명사만 나열해서 복잡한 이름을 간결하게 나타낼 수 있는 잠재력이 높습니다. 아울러 기관 이름에는 띄어쓰기보다는 모아쓰기를 하는 것이 좋다고 생각합니다. 그런가 하면 '자격교육과정원'이라고 번역한 예도 있습니다. 이것은 간결하다는 점에서는 '자격 및 교육 과정 평가원'보다 좋습니다. 그런데 도대체 무슨 일을 하는 곳인지 얼른 머리에 와닿지 않는다는 것이 약점입니다. QCA의 역할이 크게 두 가지라는 것은 벌써 이름에 나와 있습니다. 각종 자격 시험을 감독하고 교육 과정의 타당성을 평가하는 곳입니다. 그렇다면 이름에도 그런 핵심 사항이 들어가야 합니다. 영한사전에 qualification이 '자격'으로 나온다고 해서 꼭 이 단어를 고집할 이유가 없고 curriculum도 역시 내용만 제대로 전달하면 되지 영한사전의 '교육 과정'이란 풀이에 집착할 이유가 없습니다. 결국 qualification의 핵심은 시험 내지는 수험이고 curriculum의 핵심은 가르치는 것, 곧 교육입니다. 그렇다면 '수험교육평가원'이라는 말이 자연스럽게 떠오릅니다. 하지만 '수험교육' 하면 시험 보는 방법을 가르친다는 듯한 오해를 살 수 있습니다. 수학 교육, 국어 교육처럼 '교육'은 뒤에 오는 경우가 많기 때문입니다. 따라서 '교육수험평가원'으로 하면 이 기관이 무슨 일을 하는 곳인지 오해를 사지 않고 웬만큼 그 뜻을 전달할 수 있지 않을까요.

오해의 여지가 있다기보다는 너무 일반적이라서 구체적으로 가리키는 바가 모호할 때도 말을 바꿀 필요가 있다고 생각합니다. 가톨릭 교회에는 chapter라는 조직이 있습니다. 성직자들이 모여서 기도도 하고 중요한 일과도 상의하는 모임인데 영한사전에는 '참사회'로 나옵니다. '참사회'라는 말도 일본어를 그대로 읽어준 것으로 보입니다. 물론 참사회는 천주교에서 정착된 말이긴 합니다. 하지만 참사회는 꼭 교회에만 있는 것이 아니라 자치단체 안의 조직을 가리키는 말로도 쓰이고 또 참사관이나 참사 같은 관직명과도 인연이 깊습니다. 그러니까 성직자들만의 고유한 모임이라는 뉘앙스가 참사회라는 말에는 없습니다. 그래서 가령 참사회 대신 '거룩한 일을 하는 모임'이라는 뜻으로 '성무회'라고 하면 한결 품위 있고 또 의미 전달도 확실하지 않을까 하는 생각을 해봅니다. 기존의 영한사전은 chapterhouse를 '참사회 회의장'이나 '참사회 집회소'로 풀이했는데 이것도 '성무소'나 '성무실'로 하면 한결 깔끔하면서도 성스러운 느낌이 들지 않을까요? chapter의 구성원을 canon이라고 하는데 이것도 '참사회 의원'이나 '참사회원'이라는 기존의 영한사전 풀이 대신 '성무원'이라고 옮기면 좋았겠다는 생각을 해봅니다.

예를 하나만 더 들어보지요. 영어 tympanum은 서양 건축어입니다. 교회나 신전 입구 위에 가로로 얹은 길쭉한 돌, 곧 상인방 위에 다시 반원형이나 삼각형으로 뚫은 장식 공간인데, 이 안에는 주로 종교적 의미가 깃든 작은 인물상을 층층이 새겨놓습니다. 물론 전통 한국 건축물에는 여기에 대응하는 말이 없습니다. 영한사전에는 '삼각면'이나 '삼각벽' 아니면 '팀파눔' 등으로 나옵니다. 영일사전의 풀이를 그대로 따랐습니다. '팀파눔'이야 그렇다손 치더라도 '삼각벽'이나 '삼각면'은 너무 안이한 풀이입니다. 삼각꼴로 생긴 벽면이 이 세상에 tympanum 밖에 없을 리 만무합니다. 풀이가 너무 일반적입니다. 조금 더 구체적이고 머리에 와닿는 조어를 만들어낼 수는 없을까요? 가령 '세모이마'나 '반달이마'라고 풀이하고 괄호 안에 설명을 달면 좋지 않을까요. 또 tympanum을 무지개처럼 둘러싼 곡선부는 영어로 archivolt라고 합니다. 이것도 영한사전에는 '장식 홍예 창틀', '궁형 돌출부', '장식 홍예 창도리' 등으로 나오는데, 이런 말도 가령 '무지개틀'처럼 간결하고 쉬운 말로 바꿀 수는 없을까요. 물론 '홍예'라는 말은 예로부터 써 온 한자어이긴 하지만 말입니다. 그런가 하면 arch를 만드는 데 들어가는 역사다리꼴 모양의 돌도 voussoir라고 하는데 이것도 기존의 '홍예석'이라는 표현 말고도 '무지개돌'로 얼마든지 쉽게 나타낼 수 있습니다. 일부 영한사전에는 이것을 '홍옛돌'로 했는데 이렇게 한자어와 토박이말을 어설프게 짜맞춘 것보다는 차라리 '홍예석'이 낫습니다. '석'이라는 단어는 '돌'이라는 토박이말만큼이나 뜻이 강하게 와닿습니다. 이런 것까지 무리하게 바꿀 필요는 없습니다. 그것은 마치 대리석을 '대리돌'이라고 고치는 것만큼이나 우스꽝스럽고 얄팍한 일입니다. 구글에서 검색하면 '홍옛돌'로 나오는 예는 단 하나도 없습니다. 쓰임새가 없는 말인 것입니다.

무조건 토박이말만을 쓴다고 능사가 아닙니다. 가령 swastika라는 낱말을 어떤 영한사전은 '만자 십자상'으로 풀이했습니다. 하지만 한자를 모르는 사람에게는 잘 와닿지 않습니다. 그런가 하면 어떤 영한사전은 '어금껵쇠 십자기장'이라고 했습니다. 이것은 swastika를 토박이말을 써서 나타내려 했다는 점에서는 점수를 주고 싶지만 역시 무슨 뜻인지 잘 안 와닿습니다. '십자'라는 말 안에 '어금'이라는 뜻이 들어가 있으니까 '어금껵쇠 십자기장'은 군더더기가 들어간 지저분한 말입니다. 어떤 영한사전에서는 '갈고리 십자'라고 했습니다. 마음에 드는 말입니다. 조어를 할 때 잊어서는 안 되는 것은 작위적인 토박이말보다는 정착된 한자어가 훨씬 낫다는 것입니다.

조어를 할 때는 구조적으로 접근해야 합니다. 가령 sagittal plane이라는 해부학 용어가 있습니다. 영어 sagittal은 영한사전에 보통 '시상봉합(矢狀縫合)의'로 나옵니다. 사람의 두개골은 좌반구와 우반구가 맞붙은 것인데 이 맞붙은 선이 화살촉처럼 맞물렸다고 해서 이런 이름을 붙였습니다. 하지만 한자를 달아주어도 웬만한 사람은 이해하기 어렵습니다. 그렇다고 해서 이것을 토박이말로 고쳐서 '화살 물림면'이라고 하면 잘 와닿을까요? 역시 아리송할 듯합니다. 조어를 할 때는 원어에 구애받지 말고 핵심을 찔러야 합니다. 해부학에서 sagittal plane은 대개 coronal plane과 transverse plane하고 함께 거론됩니다. 간단히 말해서 sagittal plane은 사람의 몸통을 좌우로 가르는 면이고 coronal plane은 사람의 몸통을 이마와 평행이 되게 앞뒤로 자르는 면이며 transverse plane은 사람의 몸통을 위아래로 양분하는 면입니다. 따라서 sagittal plane은 '좌우절단면'으로, coronal plane은 '전후절단면'으로, transverse plane은 '상하절단면'으로 해주면 머리에 쏙 들어오지 않을까요.

예를 하나만 더 들어보지요. 영어 homograph를 영한사전에서 찾으면 '동형이의어'로 나옵니다. 그런데 homograph는 그저 모양이 같은 글자라는 소리이지 뜻이 다르다는 의미는 없습니다. '이의어'를 써주면 곤란한 이유는 또 있습니다. 한국에서는 형제나 자매 이름을 지어줄 때 돌림자를 집어넣어서 한 부모 밑에서 태어났다는 사실을 드러냅니다. 그러니까 새로 아이가 태어나면 그 아이 하나만 생각하지 않고 나머지 형제들의 이름도 고려해서 이름을 짓는다는 뜻이지요. 조어도 마찬가지입니다. homograph는 두 갈래로 나눌 수 있습니다. 모양도 같고 발음도 같은 말은 homonym이라고 합니다. 가령 bear(곰)와 bear(나르다)가 좋은 예입니다. 모양은 같지만 발음은 다르게 나는 말은 heteronym이라고 합니다. 가령 tear(눈물)와 tear(찢다) 같은 경우입니다. 쉽게 말해서 모양이 같은 단어 homograph에는 모양도 같고 발음도 같은 homonym과 모양은 같지만 발음은 다른 heteronym 두 가지가 있다는 소리입니다. 그런데 이것을 영한사전에서는 어떻게 풀이했을까요? 먼저 homograph는 예외 없이 '동형이의어'라고 했습니다. 또 homonym은 '동음이의어'라고 했습니다. 그리고 heteronym은 '동철이음이의어'라고 했습니다. 어떤 영한사전의 경우는 heteronym에 대응어를 제시하지 못하고 그냥 '철자는 같으나 음과 뜻이 다른 말'이라고 설명만 했습니다. 세 단어에 공통으로 들어가는 게 뭔가요? 맞습니다. '이의어'라는 말입니다. 그러니까 '이의어'라는 성분은 이 세 단어를 변별하는 데 아무런 역할을 못합니다. 원어로 다시 돌아갑시다. 영어 homograph를 직역하면 '동형어'가 됩니다. 이 말은 모양이 같은 말이라는 뜻만 지닌 것이 아니라 모양은 같지만 뜻은 다른 말이라는 뉘앙스까지 당연히 담고 있습니다. 그러니까 '이의어'라고 새삼스럽게 덧붙여주는 것은 군더더기라는 거지요. 만약 homograph라는 말 하나만 있다면 '동형이의어'라고 친절하게 풀이하는 쪽이 더 좋을지도 모릅니다. 하지만 관련 단어들의 풀이까지 염두에 둔다면 이것은 근시안적 풀이입니다.

영일사전에는 homograph는 '동철이의어'로, homonym은 '동철동음이의어' 또는 '동음이의어'로, heteronym은 '동철이음이의어'로 보통 나옵니다. 어떻습니까. 역시 '이의어'가 다 들어갔지요. 이런 불필요한 성분이 들어가니까 말이 늘어지고 복잡해지고 당연히 활용성이 떨어집니다. 그래서 homonym처럼 자주 쓰는 말은 줄여서 '동음이의어'로 써준 것이겠지요. 그럼 이 영어 낱말들을 어떻게 다듬을 수 있을까요? homograph는 '동형어'로, homonym과 heteronym은 각각 '동형동음어'와 '동형이음어'로 해주면 됩니다. 아울러 homophone도 '동음이의어'라고 할 것이 아니라 그냥 '동음어'라고 해주면 충분하다고 생각합니다.

이 책에서도 저는 제가 지어낸 말을 몇 가지 썼습니다. 이 책의 핵심 원칙인 '길들이기'는 영어 domestication을 제 나름으로 풀이한 말입니다. '들이밀기'는 foreignization이라는 말의 대응어로 제가 지어낸 말입니다. 처음에는 '낯설게 하기'라는 말이 떠올랐지만 '길들이기'와 잘 어울리지 않는 느낌이 들어서 한 번 더 생각을 꺾어보았습니다. 그러고 보니 결국 낯설게 한다는 것은 무작정 들이민다는 뜻이 아닌가 싶어서 '들이밀기'라는 말로 밀어붙였습니다. 자화자찬 같지만 괜찮은 조어라는 생각이 듭니다. '외말사전'과 '두말사전'도 monolingual dictionary와 bilingual dictionary의 번역어로 제가 만들었습니다. 그리고 source language와 target language도 '원천어'와 '표적어'로 옮기기도 하지만 저는 조금 막연하고 어렵다는 느낌이 들어서 '출발어'와 '도착어'로 나타내보았습니다. 원어에 얽매이기보다는 말하고자 하는 바를 정확하고 쉽게 전달하는 것이 더 중요하다고 생각했기 때문입니다.

북한은 한자를 안 쓰고 한글만 쓰기로 일찌감치 방침을 정하고 난해한 한자어를 쉬운 한자어나 토박이말로 지속적으로 다듬었습니다. '아이스크림'처럼 이미 실물이 들어와서 외래어로 정착된 말까지 '얼음보숭이'라고 다듬는 것은 지나치다고 볼 수도 있지만, 한글과 토박이말의 가능성을 한껏 넓히는 데는 크게 기여했다고 생각합니다. 북한은 일찍부터 이런 말을 문화어라고 부르면서 많이 다듬어냈고 한국의 영한사전에 해당하는 영조사전에도 그런 성과물이 많이 들어갔습니다.

영조사전도 사실은 영일사전을 전범으로 삼았습니다. 하지만 영한사전이 영일사전에 나오는 한자어를 그대로 한국어 발음으로 고쳐 적는 데 머무를 때가 많았던 반면 영조사전은 그것을 토박이말로 다시 한번 꺾어서 옮기려고 노력했습니다. 영어 fetlock이 영한사전에는 보통 '거모(踞毛)'로 나오지만 영조사전에는 '며느리발톱털'로 나옵니다. 한자 '며느리발톱'을 뜻하는 한자 '踞'와 '털'을 뜻하는 '毛'를 그대로 토박이말로 옮겨준 것입니다. 똑같이 영일사전에 기댔어도 영조사전은 영한사전보다 원어에 덜 얽매였습니다. 가령 roadrunner라는 새를 영한사전은 영일사전에 나오는 ミチバシリ를 직역하여 '길달리기'로 풀었지만 영조사전은 '길발바리'로 풀었습니다. roadrunner라는 동물은 새면서도 뭍짐승처럼 달리기를 좋아하는데, '길달리기'는 이름처럼 들리기보다는 동사의 명사형처럼 들립니다. 동물 이름으로는 어울리지가 않습니다. 반면 '길발바리'는 발바리처럼 빠르게 달리는 모습이 떠오르니까 roadrunner의 특성을 잘 살린 이름이라고 볼 수 있습니다.

영조사전은 영일사전에 얽매이지 않고 독자적으로 다듬은 말도 많습니다. 영한사전은 niche를 '벽감'이라는 난해한 한자어로 풀었지만 영조사전에는 '우묵벽'으로 나옵니다. 머리에 쏙 들어옵니다. 북한의 말 만들기는 동식물 이름에서도 유감없이 발휘되었습니다. 영어

yucca를 대부분의 영한사전은 '유카 속의 식물'이라고 설명해놓았거나 '유카'처럼 소리 나는 대로 적었지만 영조사전에는 '실잎나무'로 나옵니다. 또 raccoon이라는 북미 원산의 너구리 비슷한 동물은 영한사전에는 '미국너구리' 아니면 영일사전의 풀이를 그대로 읽은 '완웅(浣熊)'으로 나오지만 영조사전에는 '개곰'으로 나옵니다. raccoon은 생김새가 영락없이 개와 곰을 섞어놓은 것처럼 생겼는데 그런 특성을 정확히 살려서 이름을 지은 것입니다.

'완웅' 같은 난해한 한자어보다는 '미국너구리'가 너구리 비슷하게 생긴 모양이라고 짐작은 할 수 있으니까 그나마 나은 이름일지 모르지만 이런 식으로 안이하게 붙여진 이름은 결국 오래 가지 못합니다. 쓰임새가 낮기 때문입니다. 가령 "There are many raccoons in America." 같은 영문을 한국어로 번역하면 '미국에는 미국너구리가 많이 산다.'라는 우스꽝스러운 동어 반복이 되어버립니다. '유카'도 마찬가지입니다. "In the past, artists used paintbrushes made from the yucca plant." 같은 문장은 "옛날 화가는 유카 식물로 붓을 만들었다."보다는 "옛날 화가는 실잎나무로 붓을 만들었다."라고 번역하는 쪽이 아무래도 머리에 잘 와닿습니다. 어린이 책이라면 더더욱 그렇겠지요.

더 중요한 것은 '개곰'이나 '실잎나무' 같은 말이 영조사전의 풀이어로만 나오는 것이 아니라 다른 북한 사전에도 올라갔다는 사실입니다. 가령 '개곰'은 북한에서 가장 큰 국어사전인《조선말대사전》에는 아직 없지만 조영사전에 당당히 표제어로 올라갔습니다. '실잎나무'는 거꾸로 조영사전에는 안 나오지만《조선말대사전》에는 표제어로 나옵니다.

반면 '완웅'이나 '미국너구리'는 한국에서 나온 어떤 국어사전에도 안 나오며 '유카'도 한영사전에는 전혀 안 나오고 일부 국어사전에만 나옵니다. 말의 생명은 쓰임새에 있습니다. 여러 사전에 올라간 말은 그만큼 쓰일 가능성이 높고 그것은 그 말이 살아 있는 말임을 뜻합니다. 다른 사전에는 안 보이고 오직 영한사전의 임기응변 풀이어로만 존재하는 말은 죽은 말이나 다를 바 없습니다. 말을 만들 때는 그것이 정말로 쓰일 수 있도록 정성껏 만들어야 합니다.

  번역자는 사전의 틀을 넘어서야 합니다. 사전은 말이라는 거대한 빙산의 극히 일부분만을 담고 있습니다. 거기에 아직 담기지 않은 뜻은 번역자가 스스로 말을 만들어서라도 담아내야 합니다. 외국어와 한국어 사이에는 아직 뚫리지 않은 회로가 무수히 널려 있습니다. 필요하다면 말을 만들어서라도 그 회로를 자꾸만 뚫어야 합니다. 단순히 낱말의 차원이 아니라 문체 차원에서도 그런 회로를 뚫어야 합니다. 다음 장에서는 시 번역을 통해서 문체 개발의 가능성을 알아보기로 하겠습니다.

■ 영조사전의 조어

| 영어 | 영조사전 | 영한사전 |
|---|---|---|
| Adam's apple | 울대뼈 | 후골(喉骨), 결후(結喉) |
| affricate | 터스침소리 | 파찰음(破擦音) |
| alabaster | 눈꽃석고 | 설화석고(雪花石膏) |
| anvil | 모루뼈 | 침골(砧骨) |
| coefficient | 곁수 | 계수(係數) |
| cycloid | 굴렁선 | 파선(擺線) |
| cyme | 고른살꽃차례 | 취산화서(聚散花序) |
| dichasium | 갈래꽃차례 | 기산화서(岐散花序) |
| dye | 물감 | 염료(染料) |
| ecliptic | 해길 | 황도(黃道) |
| far ultraviolet rays | 먼자외선 | 원자외선(遠紫外線) |
| fuse | 녹음쇠 | 퓨즈 |
| harness | 잉아 | 종광(綜鑛) |
| inhalation | 들숨 | 흡식(吸息) |
| intestine | 밸 | 장(腸) |
| laterite | 벌건 흙 | 홍토(紅土) |
| niche | 우묵벽 | 벽감(壁龕) |
| penholder grip | 끼워잡기 | 펜홀더 |
| prime number | 씨수 | 소수(素數) |
| pustule | 고름집 | 농포(膿疱) |
| raccoon | 개곰 | 미국너구리 |
| shake-hand grip | 감아잡기 | 셰이크핸드 |
| shrub | 떨기나무 | 관목(灌木) |
| yucca | 실잎나무 | 유카 |

## 20장
# 셰익스피어와 황진이가 만나려면
#### 리듬을 옮기는 시 번역

먼저 두 편의 시를 소리 내어 읽어보시기 바랍니다.

I

동짓달 기나긴 밤을 한 허리를 베어내어

춘풍 이불 아래 고이고이 넣었다가

님 오신 날 밤이어든 굽이굽이 펴리라

II

내 애인의 눈은 태양과 같지 않아.

그녀의 붉은 입술보다 산호가 훨씬 더 붉네.

백설이 흰빛이면 그녀의 젖가슴은 암갈색.

머리칼이 철사라면 그녀의 머리 위엔 검은 철사 자라고.

희고 붉은 점 박힌 장미를 보았건만 그녀의 뺨엔

그런 장미는 볼 수 없어라.

내 애인이 내뿜는 숨결보다는

향료의 냄새가 훨씬 유쾌하노니.
그녀의 목소리를 듣고 싶지만, 나는 알고 있네,
음악이 훨씬 듣기 좋은 줄을.
여신이 걷는 것을 본 일이 없으나
내 애인은 땅을 밟고 걷노니.
하지만 그녀가 거짓으로 모함한 어느 여성보다
내 사랑은 소중하여라.

처음 시는 조선 시대의 명기 황진이가 쓴 시조이고 두 번째 시는 셰익스피어가 쓴 소네트 130번의 번역입니다. 태어난 곳은 다르지만 모두 사랑하는 이를 그리는 절절한 마음이 느껴지는 시입니다. 두 사람이 활동했던 시기도 비슷합니다. 황진이는 정확한 생몰 연대는 모르지만 대략 16세기 중반에 활동했다고 하며 셰익스피어는 16세기 후반과 17세기 초반에 걸쳐서 극작가이자 시인으로 활약했습니다.

그런데 여러분이 만약에 두 시를 암송한다고 하면 어느 쪽이 더 쉽게 다가올까요? 아마 십중팔구 황진이의 시일 것입니다. 길이가 짧다는 것, 황진이가 여러분과 같은 모국어를 썼다는 것도 꽤 중요한 요인으로 작용하겠지만 그것이 결정적 요인은 아니라고 생각합니다. 황진이의 시가 더 시처럼 다가오는 까닭은 황진이의 시에는 리듬감이 있기 때문입니다. 아니, 여러분의 머릿속에 이미 황진이의 시를 정형시로 받아들일 수 있는 박자 감각이 있기 때문입니다. 그것은 바로 '시조'라는 한국 전통 시의 율격이지요.

시조의 리듬은 구체적으로 어떤 것일까요? 시조의 리듬을 옛날에는

3·4조다 4·4조다 해서 글자 수로 따지기도 했지만 요즘은 '음보'라는 말로 설명합니다. 음보는 쉽게 말하면 박자와 비슷합니다. 황진이의 시조에서 첫 행의 '동짓달'이라는 시구는 세 글자이고 '기나긴 밤을'은 다섯 글자이지만 우리는 이 두 구를 똑같은 시간 안에 읽어줍니다. 또 둘째 행의 '춘풍'이라는 구는 두 글자이고 '이불 아래'는 네 글자이지만 역시 이 구도 같은 시간 안에 읽어줍니다. 노래를 부를 때 박자에 맞춰서 부르는 것처럼 시조를 읊을 때도 박자를 지키면서 읽는 것입니다. 시구마다 글자 수는 달라도 같은 시간 길이로 읽어주니까 리듬감이 느껴지는 것이지요. 음보라는 틀로 시조의 리듬을 파악할 때 시조는 한 행이 네 음보로 이루어지고 시 전체가 세 행으로 이루어진 정형시입니다.

그런데 사실은 셰익스피어가 쓴 연애시도 원문은 정형시입니다. 바로 '소네트'라는 형식입니다. 영시의 소네트는 한 행에 음절이 보통 10개가 오는데 약하게 읽는 모음과 강하게 읽는 모음이 규칙적으로 반복되어서 약강 약강 약강 약강 약강 이렇게 한 행이 다섯 음보로 이루어집니다. 그래서 영시 소네트를 좀 어려운 말로는 iambic pentameter라고 합니다. iambic은 그리스어에서 온 말인데 '약강'이라는 뜻이고 pentameter는 '오음보'라는 뜻입니다. penta-는 '다섯'이라는 뜻이고 meter는 '율격' 내지 '음보'라는 뜻입니다. 그러니까 '약강오음보'라는 뜻이지요. 소네트의 박자는 약강오음보 율격이라는 소리입니다.

소네트의 또 한 가지 중요한 특징은 모두 14행으로 이루어졌다는 것입니다. 시조는 3행이니까 길이로 따지면 소네트가 훨씬 긴 셈이지요. 그런데 소네트에는 시조에는 없는 특징이 또 한 가지 있습니다. 바로 시행의 끝소리를 규칙적으로 만들어주어야 한다는 것입니다. 시에서 규칙적으로 소리 나는 끝소리를 좀 어려운 말로는 '압운'이라고 합니다. 이해를 돕기 위해서 셰익스피어 소네트 130번의 원문을 보여 드리겠습니다.

> My mistress's eyes are nothing like the **sun**;
> Coral is far more red than her lips' **red**;
> If snow be white, why then her breasts are **dun**;
> If hairs be wires, black wires grow on her **head**,
> I have seen roses damasked, red and **white**,
> But no such roses see I in her **cheeks**;
> And in some perfumes is there more de**light**
> Than in the breath that from my mistress **reeks**.
> I love to hear her speak; yet well I **know**
> That music hath a far more pleasing **sound**:
> I grant I never saw a goddess **go**;
> My mistress, when she walks, treads on the **ground**.
>     And yet, by heaven, I think my love as **rare**
>     As any she belied with false com**pare**.

각 행의 끝소리에서 어떤 규칙성이 느껴지시나요? 이 영시에서는 sun과 dun이 발음이 비슷하고 red와 head가 비슷합니다. 또 white와 delight가 비슷하고 cheeks와 reeks가 비슷합니다. 아울러 know와

go가 비슷하고 sound와 ground가 비슷합니다. 또 마지막의 rare와 compare도 비슷하지요. 이런 압운의 규칙성을 기호로 나타내면 처음 네 행은 abab, 다음 네 행은 cdcd, 그다음 네 행은 efef, 마지막 두 행은 gg가 됩니다.

그러니까 소네트는 사실 시조보다 더 엄격한 정형시입니다. 시조에서는 압운은 따지지 않거든요. 그런데 한국어로 번역된 소네트는 정형시라는 느낌을 시조보다 훨씬 덜 줍니다. 자유시 비슷한 느낌을 주지요. 정형시처럼 번역하지 않았기 때문입니다. 서양의 정형시를 한국어로 정형시처럼 번역하기는 쉽지 않습니다. 이유가 뭘까요?

서양시에서 정형시의 규칙성은 보통 음절을 가지고 따집니다. 그런데 서양어는 한 단어가 한 음절로 된 것도 있지만 두 음절, 세 음절, 네 음절로 된 단어도 많습니다. 그러니까 이런 다양한 음절로 된 단어들을 시행 안에서 골고루 섞어 뜻도 나타내면서 리듬감도 나타낼 수가 있지요. 한국어는 낱낱의 글자가 음절을 갖습니다. 가령 위의 소네트 번역문과 원문을 비교하면, 영어 원문은 시행이 모두 10음절로 되어 있지만 한국어 번역문 시행은 가장 짧은 14행은 9음절이고 가장 긴 4행은 무려 22음절로 행마다 다릅니다. 정형시라고 해서 꼭 행마다 글자 수가 같아야 한다는 법은 없지만 글자 수가 너무 많이 차이 나다 보면 아무래도 정형시 같은 느낌이 덜 드는 것이 사실입니다.

반면에 중국어로 번역된 셰익스피어 소네트를 보면 정형시라는 느낌이 팍 옵니다. 똑같은 셰익스피어의 소네트를 한 중국인 번역자는 이렇게 옮겼습니다.

我情妇的眼睛一点不像太阳；

　　珊瑚比她的嘴唇还要红得多：

　　雪若算白，她的胸就暗褐无光，

　　发若是铁丝，她头上铁丝婆娑。

　　我见过红白的玫瑰，轻纱一般；

　　她颊上却找不到这样的玫瑰；

　　有许多芳香非常逗引人喜欢，

　　我情妇的呼吸并没有这香味。

　　我爱听她谈话，可是我很清楚

　　音乐的悦耳远胜于她的嗓子；

　　我承认从没有见过女神走路，

　　我情妇走路时候却脚踏实地：

　　　　可是，我敢指天发誓，我的爱侣

　　　　胜似任何被捧作天仙的美女。

모든 시행이 12글자로 되어 있습니다. 다시 말해서 12음절로 되어 있습니다. 중국어도 한국어처럼 한 글자가 한 음절을 담고 있습니다. 그런데 한국어와 다른 점은 중국어는 낱낱의 글자가 거의 독립된 뜻을 지닌다는 것입니다. 다시 말해서 적은 글자로도 많은 뜻을 나타낼 수 있다는 것입니다. 따라서 음절의 규칙성을 따지는 서양의 정형시를 정형시답게 번역하기가 훨씬 쉽습니다. 심지어 어떤 중국인 번역자는 영시 소네트가 한 행이 10음절로 이루어진 것처럼 중국어 번역시도 한 행을 10글자로 처리하기도 합니다. 중국어에서는 이것이 가능합니다.

중국어는 글자를 익히기는 어려워도 낱낱의 글자로 압축된 뜻을 담아내는 데 유리한 언어이기 때문입니다.

중국어에 비해 한국어는 음절로 규칙성을 따지는 서양 정형시를 정형시답게 옮기기 불리한 언어입니다. 하지만 음절에 구애받지 말고 한국의 전통 율격인 음보로 서양 정형시를 옮긴다는 식으로 발상을 전환하면 정형시다운 맛을 내는 것이 꼭 불가능하지만은 않습니다. 가령 위의 셰익스피어 소네트를 이렇게 한국어로 옮겨보면 어떨까요.

    내 여인 두 눈은 태양을 빼닮지 않았고
    입술도 산호의 붉음엔 미치지 못하네
    백설이 희다면 내 여인 가슴은 암갈색
    금줄이 머리면 내 여인 머리는 까만 줄
    붉고 흰 점 박힌 어여쁜 장미는 봤지만
    내 여인 뺨에선 한 번도 볼 수가 없었네
    내 여인 입에서 나오는 그 숨결보다는
    향긋한 향수가 내겐 더 달게 느껴졌네
    어여쁜 목소리 나 비록 듣고는 싶지만
    그 어찌 비할 수 있을까 달콤한 음악에
    여신의 걸음새 나 비록 본 일은 없지만
    바다를 뭉개는 내 여인 걸음은 아니리
        하지만 거짓된 비교가 꼬집는 내 사랑
        허물도 정녕코 귀하고 귀하네 내게는

영시 소네트의 한 행이 다섯 음보로 이루어진다는 점에 착안하여 번역도 한 행을 다섯 음보로 했습니다. 이 번역시에서는 한 음보 안에 세 글자를 집어넣었습니다. 세 글자가 적게 느껴진다면 네 글자로 할 수도 있겠지요. 물론 논리적으로는 한 음보를 두 글자로 할 수도 있을 것이고 다섯 글자, 여섯 글자로 할 수도 있겠지만, 두 글자로 하면 한 음보 안에서 도저히 의미 있는 표현을 하기가 어렵습니다. 또 다섯 글자나 여섯 글자를 한 음보로 하면 한 행이 스물다섯 글자에서 서른 글자로 너무 길어집니다.

물론 이것은 어디까지나 하나의 실험이고 시도입니다. 사실 한 음보 안에 세 글자를 담으려다 보니까 작위적이고 답답한 느낌도 듭니다. 한국인의 감각으로는 시조 같은 4음보나 "살어리 살어리랏다 청산에 살어리랏다" 같은 3음보 가락은 익숙해도 5음보는 낯선 형식입니다. 그래서 영 시 같지 않고 어색한 느낌을 받을 수도 있습니다. 하지만 새로운 가락이 익숙해지면 그다음에는 얼마든지 변형을 시도할 수 있습니다. 가령 한 음보 안에 다섯 글자나 여섯 글자가 오는 파격이나 불규칙도 어느 정도는 용납하면서 더욱 역동적인 정형시를 만들어 갈 수 있다는 뜻입니다.

번역의 중요한 역할 가운데 하나는 낯선 외국어의 형식을 받아들인다는 데 있습니다. 사실은 영시의 소네트라는 형식도 14세기에 이탈리아에서 영국으로 들어온 이질적 형식이었습니다. 영시 소네트의 5음보는 전통 영시에는 없던 가락이었습니다. 영어에서도 한국어와 마찬가지로 전통 시의 율격은 4음보였습니다.

**Ro**ses are **red**, **vio**lets are **blue**,
**Su**gar is **sweet**, and **so** are **you**.

굵게 나타낸 부분을 강하게 읽어주어 박자를 나타냅니다. 어느 나라에서나 전통 시의 율격은 2박자나 4박자 같은 짝수 박자가 많습니다. 짝수 박자가 심장의 박동과 비슷한 원초적 리듬이기 때문일 것입니다. 원래 전통 영시에서는 음절도 엄격히 따지지 않았습니다. 영어는 프랑스어나 이탈리아어와는 달리 강하게 읽고 약하게 읽는 강세가 발달한 언어라서 이런 강세를 기준으로 율격을 나타냈습니다. 위의 시에서도 1행의 첫째 음보는 3음절, 둘째 음보는 1음절, 셋째 음보는 3음절, 넷째 음보는 1음절이지만 머리 음절을 강하게 읽어주면서 각 음보를 같은 시간 안에 읽어주기 때문에 리듬감을 느낄 수 있습니다.

그런데 11세기 중반에 정복왕 윌리엄의 침공으로 영어가 프랑스어의 영향을 크게 받으면서 강세만이 아니라 음절도 일정하게 배열하려는 경향이 나타났고 약 300년이 지난 14세기 중반이면 박자와 음절을 모두 규칙적으로 살려주는 '강세 음절 율격'이라는 새로운 율격이 자리 잡았습니다. 그런데 이 무렵 왕을 따라 프랑스와 이탈리아를 돌아다니면서 두 나라 시를 두루 접한 초서라는 영국 시인이 당시만 하더라도 문화 선진국으로 일컬어졌던 이탈리아에서 소네트라는 형식을 도입하면서 영시에는 없었던 5음보라는 낯선 정형시 형식을 받아들인 것입니다.

그러니까 초서는 페트라르카 같은 이탈리아 시인의 소네트를 번역하면서 새로운 5음보 정형시 형식을 도입했고 초서가 도입한 형식이 초기의 어색함을 떨쳐내고 영시의 주류로 자리를 잡아서 200년 뒤에는 셰익스피어의 아름다운 창작 소네트를 낳은 것이지요. 그때까지만 하더라도 영국 작가와 시인한테서까지 투박하고 거칠어서 문학어로서는 쓸모가 없다는 평가를 받았던 영어를 초서가 라틴어와 이탈리아어에 못지않은 문학어로 가다듬었다는 평가를 받는 것은 이 때문입니다. 초서는 번역을 하면서 어떻게 하면 이탈리아 원시에 들어 있는 구조를 영시에서 재현할 수 있을까를 고민했습니다. 초서는 소네트라는 정형시 형식의 방정식을 규명하고 그 방정식을 받아들였습니다. 그리고 밀턴과 셰익스피어 같은 영국 시인은 초서 같은 선배 시인이 알아낸 방정식으로 새로운 영시를 창작했습니다. 말하자면 번역이 새로운 장르를 만들어낸 것입니다.

한국의 번역가들은 어느 나라 번역가보다도 원문에 충실한 번역을 해왔습니다. 그러나 원문에는 충실했을지 몰라도 치밀한 분석으로 원문의 구조식 내지는 방정식을 파악하여 새로운 구조로 새로운 문체나 장르, 새로운 형식을 만들어내는 데는 소홀했습니다. 적어도 시 분야에서는 그렇습니다.

고려 시대와 조선 시대에 이루어진 시 번역만 하더라도 그렇습니다. 전통 민요를 한시로 옮기려는 시도는 이미 고려 시대부터 이루어집니다. 고려 말에 익제 이제현은 서민들이 부르던 3음보의 고려 속요를 1행에 한자 7자가 들어가고 시 전체가 4행으로 이루어지는 한시 7언절구 형식으로 번역했습니다. 전통 시를 한자로 번역하는 전통은 그 뒤로 끊겼다가 조선 후기에 와서 신위 등에 의해서 다시 시도되었습니다. 신위는 앞에 나온 황진이의 시조를 격조 있는 7언절구 한시로 이렇게 번역했습니다.

　　截取冬之夜半强
　　春風被裏屈蟠藏
　　燈明酒煖郎來夕
　　曲曲舖成折折長

　시조는 3행인데 번역된 한시는 4행입니다. 절구라는 정형시의 형식이 4행을 요구하기 때문입니다. 한시 형식에 맞추려고 시조의 종장 곧 마지막 행을 두 행으로 늘려서 번역했습니다. 그러다 보니까 원문에는 없는 燈明酒煖, 곧 '등을 켜고 술을 데워'라는 대목을 만들어 집어넣었습니다. 의미로는 시조의 운치가 전달되었다고 볼 수 있겠지만 7언절구라는 기존의 완강한 한시 형식은 그대로 고수되었습니다. 결국 시조 형식이 새로운 형식의 한시 창작에 이렇다 할 자극을 주지 못한 셈입니다.

　《두시언해》에서 보듯 한시를 고유어로 번역하는 작업도 이루어졌지만 원문을 충실하게 옮기는 데 그쳤지 거기서 5언절구나 7언절구(모두 4행으로 이루어진 한시 형식), 또는 5언배율이나 7언배율(모두 8행으로 이루어진 한시 형식)의 번역을 통해 새로운 정형시 형식이 나오는 데까지 이르지는 못했습니다. 《두시언해》는 원문을 충실하게 번역하기는 하지만 어떤 정형화된 운율에 따라서 번역을 한 것은 아닙니다. 가령 시조처럼 일정한 규칙성을 지닌 운문으로 번역하지는 않았다는 소리입니다.

한시 번역을 운율에 맞추어 체계적으로 번역하려는 노력은 최남선에 의해서 다각도로 이루어졌습니다. 최남선은 한시를 정형시답게 운치 있는 가락으로 옮기는 데 탁월한 능력을 보여준 번역가였습니다. 최남선은 이백의 〈추우탄(秋雨歎)〉이라는 7언절구를 이렇게 시조풍으로 옮겼습니다.

| | |
|---|---|
| 雨中百草秋爛死 | 갈비오자 온가지풀 다시 들어 죽노매라 |
| 階下決明顔色鮮 | 섬돌밑에 결명화만 그 얼굴이 싱싱하다 |
| 著葉滿枝翠羽蓋 | 가지가득 잎푸르고 금돈인듯 꽃도 많다 |
| 開花無數黃金錢 | |
| 凉風蕭蕭吹汝急 | 하니쌀쌀 너를쳐도 내내그냥 독립할다 |
| 恐汝後時難獨立 | |
| 堂上書生空白頭 | 당상에 못난선비 속절없이 센머리로 |
| 臨風三嗅馨香泣 | 바람결에 네향내를 세번맡고 눈물진다 |

3행으로 된 시조를 4행으로 된 7언절구로 옮긴 신위처럼 최남선도 8행으로 된 7언배율을 6행으로 된 연시조 형식으로 옮겼습니다. 기존의 정형시 형식을 다시 기존의 정형시 형식으로 옮겨준 것이지요. 하지만 최남선은 전통에 얽매이지 않고 새로운 운율을 실험하기도 합니다. 〈파주문월(把酒問月)〉이라는 7언배율 한시를 최남선은 이렇게 옮겼습니다.

| | |
|---|---|
| 青天有月來幾時 | 하늘에 달 생긴 지 얼마나 되고 |

| 我今停杯一問之 | 내 이제 잔 멈추고 한번 묻노라 |
| 人攀明月不可得 | 사람은 밝은 저 달 잡지 못하되 |
| 月行卻與人相隨 | 도리어 달이 사람 따라오도다 |
| 皎如飛鏡臨丹闕 | 맑기는 나는 거울 단궐에 단 듯 |
| 綠煙滅盡淸輝發 | 푸른 안개 스러지자 더욱 빛나네 |
| 但見宵從海上來 | 해 지자 바다로서 뜸은 보아도 |
| 寧知曉向雲間沒 | 밤 새자 구름 속에 숨긴 몰랐네 |

한시를 정형시답게 옮겼습니다. 그런데 최남선이 옮긴 시는 한국의 전통 운율이 아니라 일본의 7·5조 율격이었습니다. 일본이 서양 시를 번역하면서 자신의 전통 율격을 바탕으로 만들어낸 것이 7·5조인데 그것을 최남선이 그대로 받아들인 것입니다. 소년 시절에 일본에서 유학을 하면서 일본의 근대화가 이루어낸 성취에 압도당한 최남선에게는 운율도 이미 7·5조가 가장 근대적인 것이었습니다. 그리고 7·5조는 어느새 한국 근대 시의 기본 운율로 자리 잡았습니다. "나 보기가 역겨워 가실 때에는 말없이 고이 보내 드리오리다."로 시작하는 〈진달래꽃〉 같은 김소월의 주옥같은 시도 상당수가 7·5조로 씌어졌습니다.

일각에서는 개화기의 조선 시인들이 7·5조 같은 일본 시의 운율을 무비판적으로 받아들였다고 비판하지만 저는 꼭 그렇게만 볼 일은 아니라고 생각합니다. 만약에 7·5조가 한국어와는 영 어울리지 않는 가락이었다면 그렇게 자연스럽게 받아들여졌을 리가 없습니다. 아무리 7·5조가 일본산이라 하더라도 소월의 시처럼 그런 운율을 통해서 마치 전통 민요 못지않은 감동을 줄 수 있는 시가 만들어진다면 그것은 좋은 영향이고, 아무리 일본에서 들어왔다 하더라도 우리가 더욱더 이어가야 할 전통이라고 생각합니다.

바이런의 시를 일본어로 번역한 시를 참조했을 가능성이 높지만 최남선은 바이런의 시도 7·5조로 번역하여 소년지에 발표했습니다. 정작 우리가 부끄러워해야 할 일은 한시든 일본 시든 영시든 어쨌든 최남선은 정형시를 정형시답게 운율을 넣어서 번역하려는 시도를 줄기차게 했지만 아직도 우리는 외국 정형시를 한국어로 정형시답게 옮겨보려는 모색을 충분히 하지 않고 있다는 점이라고 저는 생각합니다.

프랑스의 작가이며 번역가인 유르스나르는 시와 산문은 차이가 있다고 말합니다. 산문의 리듬은 숨어 있지만 시의 리듬은 직접적으로 드러나야 합니다. 곧바로 지각할 수 있는 그런 리듬이 없는 시에는 독자의 마음을 흔드는 게 없다고 유르스나르는 말합니다. 그러면서 전통적으로 프랑스에서는 그리스 시를 번역하면서 지나치게 문헌학 쪽으로 치우쳐서 거의가 운문역이 아니라 산문역이 되었다고 비판합니다. 운문역을 시도하면 대학 강단에서 가르치는 학자들은 덮어놓고 부정확하다는 낙인을 찍어버린다고 합니다. 그렇지만 유르스나르는 줄기차게 운문역을 고집했습니다. 문헌학자나 그리스어를 전공하는 학생을 위해서 시를 번역하는 것이 아니라고 생각했기 때문입니다. 그런 사람들에게는 해설이 달린 대학 총서가 있다고 유르스나르는 일갈합니다.[1] 시라는 운문을 운문답게 번역하는 것은 곧 그 운문의 틀이 가진 방정식을 분석해서 자국어로 재현하는 것입니다.

실제로 시조라는 한국 정형시를 외국에서는 그런 식으로 번역합니다. 서두에 소개한 황진이의 시를 영국의 번역가인 리처드 러트는 이렇게 영어로 옮겼습니다.

> I will break in two the long strong back
> of this long midwinter night.
> Roll it up and put it away
> under the spring time coverlet.
> And the night that my loved one comes back again
> I will unroll it to lengthen the time.

시조는 3행이 기본 형식이지만 영어 번역은 6행으로 늘어났습니다. 3행으로 하면 한 행의 길이가 너무 늘어나서 한 줄에 한 행을 담아내기 어려워서 그렇습니다(물론 원래의 한국어 시조처럼 영어로 번역된 시조도 3행으로 통일해야 한다고 생각하는 사람도 있습니다). 한국어는 한 글자로 한 음절을 나타내지만 영어는 여러 글자로 한 음절을 나타내니까 아무래도 똑같은 음절이면 영어 분량이 길어지기 마련입니다. 이것은 시조를 영어로 번역할 때 시조라는 정형시의 형식을 존중해서 옮기기 때문에 나타나는 현상입니다. 시조는 알다시피 3장 6구 45자 안팎의 길이로 된 정형시입니다. 한국어는 글자 하나가 하나의 음절을 나타내므로 영어로 번역을 할 때도 보통 45음절 안팎의 길이로 정형시답게 번역을 하려고 합니다(여기서는 종장에 해당하는 5행과 6행이 늘어나는 바람에 전체 음절 수가 상당히 불어났지만 특히 영어로 시조 창작시를 지을 때는 45음절 안팎의 정형성을 지키는 것이 일반적입니다).

시조가 영미권에 본격적으로 소개된 것은 1990년대 초반입니다. 그런데 벌써 북미에서는 일본의 하이쿠와는 비교가 안 되지만 한국의 시조라는 정형시에 흥미를 느끼고 시조 형식으로 영시를 쓰는 시인이 나타나고 있습니다. 영미 시인들은 한국의 시조라는 정형시 형식을 분석해서 그 방정식을 알아낸 다음 거기에 자국어를 대입하여 새로운 시 형식으로 만들어내고 있습니다. 그리고 거기서 징검다리 역할을 한 것이 한국의 시조라는 정형시를 정형시답게 규칙성 있는 영시로 번역한 영미 번역가들의 노력입니다.

한국이 소네트라는 정형시 형식을 처음 접한 것은 아무리 늦게 잡아도 해방 이후인데 그때부터 따져도 역사가 적어도 60년은 넘습니다. 하지만 소네트 형식에 맞춰 한국어로 시를 쓰는 한국 시인은 없습니다. 한국 시인의 잘못은 아닙니다. 외국의 정형시를 분석하여 방정식을 알아내고 그 방정식 안에 자국어를 집어넣어서 정형시다운 한국어로 다듬어내려는 노력이 한국의 번역자들에게 그만큼 부족했기 때문에 생긴 일이라고 생각합니다.

한국의 번역 문화는 한국어의 논리보다는 외국어의 논리를 너무 숭상하는 풍토라는 생각이 듭니다만, 그 외국어의 논리라는 것도 심도 있는 분석을 통해서 수미일관한 체계로서 받아들이는 것이 아니라 즉물적이고 맹목적으로 따라가지 않았나 싶습니다. 문화도 그렇습니다. 외국 문화의 방정식을 규명하기보다는 그때그때 유행하는 답만 열심히 받아 적어 왔다는 느낌이 듭니다. 그러다 보니 자기 현실에서 벌어지는 일을 좌는 좌대로 우는 우대로 외국 전문가와 외국 이론을 그대로 들여와서 한국 현실에 들이미는 풍토가 일제로부터 독립한 지 두 세대가 넘은 지금도 크게 달라지지 않았습니다. 자기 현실에서 자기 이론을 만들어야 하는데 남의 이론에다 자기 현실을 억지로 뜯어맞추는 것이지요. 단순히 번역의 차원이 아니라 문화의 차원에서도, 경제의 차원에서도, 정치와 역사의 차원에서도 한국인이 자기 눈으로 자기 현실을 분석하는 방정식을 세우는 데 이 책이 작은 벽돌 하나라도 올려놓을 수 있기를 바라는 마음입니다.

■ 주석

## 1장 들이밀까, 길들일까

1) Rainer Schulte and John Bigueneted(eds.), *Theories of Translation: An Anthololy of Essays from Dryden to Derrida*, The University of Chicago Press, 1992, pp. 41~42.
2) 쓰지 유미, 《번역사 오디세이》, 이희재 옮김, 끌레마, 2008, 136~146쪽.
3) Lawrence Venuti, *The Translator's Invisibility*, Routledge, 1997, pp. 53~56. 데 넘은 또 프리아모스 왕이 그리스 침공군에게 죽는 곳이 바닷가가 아니라 내륙이라는 인상을 주려고 바닷가를 뜻하는 라틴어 litore를 옮기지 않았다. 영국 내전에서 의회군과 치열한 싸움을 벌였던 윈저 성과 파넘 성 같은 영국의 성을 독자에게 은근슬쩍 연상시켜 그리스 침공군이 찰스 1세를 죽인 의회군과 다를 바 없다는 것을 암시하려 한 것이라고 베누티는 풀이한다. 트로이 성의 내부를 묘사한 건축 용어를 영국식으로 바꾼 것도 비슷한 동기라고 베누티는 해석한다.
4) Richard Foster Jones, *The Triumph of the English Language*, Oxford University Press, 1953, p. 17.
5) 같은 책, pp. 13~14.
6) 에릭 홉스봄, 《미완의 시대》, 이희재 옮김, 민음사, 2007, 46~47쪽.
7) Lawrence Venuti, 같은 책, pp. 20.
8) 최남선, 〈불쌍한 동무〉, 《육당 최남선 전집》13권, 현암사, 1974, 269~291쪽.
9) 중국은 일본과는 달리 기존 어휘를 빌려서 쓰는 차의어 방식을 선호했다. 일본에서 전도 활동을 하다가 쓴맛을 본 예수회 신부들은 16세기 중반부터 중국으로 진출하면서 조심스럽게 접근했다. 그래서 일방적으로 기독교 교리를 전하기보다는

중국 고전을 연구하여 중국의 지배층에게 기독교와 유교가 얼마나 비슷한가를 강조하는 포섭 전략으로 나아갔다. 그러다 보니 서양 어휘와 개념을 중국 지식인들에게 익숙한 어휘로 풀이하려고 노력했다. 가령 God는 '상제(上帝)'로, philosophy는 '궁리(窮理)'로, science는 '격치(格致)' 같은 중국 전통 어휘로 옮겼다. Elman, *On Their Own Terms: Science in China, 1550~1900*, Harvard University Press, 2005는 근대 이후 중국에 서양 과학이 어떻게 소개되고 수용되었는가를 새로운 시각에서 정리하면서 일본과는 달리 중국 지식인이 수동적으로 서양 문명을 받아들였다는 통설을 반박한다.

10) 川村二朗·池內紀, 《飜譯の日本語》, 中央公論新社, 2000, pp. 27~29.

11) 이희재, '번역, 번역서, 번역자에 대하여', 〈현대사상〉 6호(1998년 가을), 민음사, 167~182쪽.

12) Yuri Furuno, "Translations in Japan", in Eva Hung(ed.), *Translation and Cultural Change*, John Benjamins, 2005, p. 158. 유리 후루노는 일본인 독자가 번역문과 창작문을 잘 구별하지 못하는 현상을 두 가지 요인으로 해석한다. 첫째는 일본어다운 번역문이 강조되는 분위기 속에서 일본의 번역가들이 자연스러운 일본어 문체로 번역하려고 노력한 성과가 나타났다고 볼 수 있다는 것이다. 둘째는 어느 것이 전통 일본어 문체이고 어느 것이 번역투 문체인지를 구별하기 어려울 만큼 번역투 문장이 일본어 안으로 깊숙이 파고들었다고 볼 수 있다는 것이다. 문체는 갈수록 일본어다움을 중시하면서 개별 단어는 여전히 외국어를 소리 나는 대로 적은 외래어가 범람하는 것은 한문 단어에 토를 달아서 읽던 훈독의 전통이 이어지기 때문일지 모른다는 와카바야시의 흥미로운 분석도 후루노는 소개한다.

13) 김수영, 〈가장 아름다운 우리말 열 개〉, 《김수영 전집2—산문》, 민음사, 1981, 281쪽.

14) James Scott, *English-Corean Dictionary— Being a Vocabulary of Corean Colloquial Words in Common Use*, Corea: Church of England Mission Press, 1891.

15) 1992년 평양 외국문도서출판사에서 펴낸 올림말이 25만 개나 되는 북한의 영조대사전은 일본에서 1980년에 나온 연구사 《新英和辞典》 5판을 저본으로 삼아 편찬했다. 《新英和辞典》은 일본에서 가장 권위 있는 영일사전인데, 최근에 제6판이 나왔다.

16) 이재호,《영한사전비판》, 궁리, 2005, 228쪽.

## 2장 한국어의 개성
1) 조선왕조실록 온라인판 중종 8년 7월 19일(을유) 세 번째 기사, 국사편찬위원회 옮김.

## 4장 주어는 어디 갔지?
1) Frank Stewart(ed.), *The Poem behind the Poem: Translating Asian Poetry*, Copper Canyon Press, 2004, p. 66.
2) 김은숙,《새야 새야 녹두새야》, 현암사, 2007, 15쪽.

## 5장 수동태 길들이기
1) 小川高義,〈小說の飜譯〉, 川本皓嗣・井上健(編),《飜譯の方法》, 東京大學出版會, 1997, p. 144.

## 8장 '적(的)'이라는 문장의 '적(賊)'
1) 大野晋,《日本語の文法を考える》, 岩波書店, 1978, pp. 146~154.

## 9장 간결한 문장의 비밀, 덧말
1) 김슬옹, '이희승 국어사전 문제 많다', 월간〈말〉1994년 10월호.

## 11장 살빼기
1) 大野晋,《日本語の文法を考える》, 岩波書店, 1978, pp. 21~50.

## 13장 덧붙이기
1) 井上健,〈必要惡としての學校文法〉, 川本皓嗣・井上健(編),《飜譯の方法》, 東京大學出版會, 1997, pp. 17~23.

## 14장 짝짓기
1) 丹治愛,《英英辭典活用法》, pp. 95~97.

2) Umberto Eco, *Mouse or Rat?*, Weidenfeld & Nicolson, 2003, pp. 49~50.
3) ibid. pp. 66~68.
4) ibid. pp. 68~70.
5) ibid. pp. 73~76.
6) H. Weinrich, *Linguistik der Lüge*, Heidelberg, L. Schneider, 1966, p. 24.

## 16장 느낌이 사는 토박이말
1) 최인훈, 〈문명의 광장에서 다시 찾은 모국어〉, 《유토피아의 꿈》, 문학과지성사, 1994, 346~348쪽.

## 17장 맞춤법도 법이다
1) 鈴木孝夫, 《日本語と外國語》, 岩波書店, 1990, pp. 135~139.

## 18장 말의 지도, 사전
1) Isamu Hayakawa, *Methods of Plagiarism*, Jiuysha, 2001, p. 20.
2) 이승만과 서재필도 영한사전 집필을 시도했지만 모두 미완으로 끝났다. 이승만은 선교사가 넣어준 웹스터 영어사전을 바탕으로 1903년부터 한성감옥소에서 영한사전을 집필하다가 러·일전쟁이 터지는 바람에 서둘러 《독립정신》을 쓰느라고 F 항목에서 중단했다. 서재필의 육필 영한사전 원고도 D 초반부에서 멈추었다. 두 사람 모두 서양 문물을 받아들이려면 영한사전이 필요하다는 사실을 절감하고 작업에 착수했지만 시대는 그들에게 한가한 시간을 주지 않았다. 정치적 격랑에 휘말리면서 두 사람 중도에 사전 집필을 포기한다. 그러나 엄격한 의미에서 그것은 사전 집필이라기보다는 사전 번역이었다. 이승만의 영한사전 원고는 《우남 이승만 문서 동문편 제3권》(연세대학교 현대한국학연구·중앙일보)에 있고 서재필의 육필 원고는 독립기념관에 보관되어 있다.
3) 이재호, 《영한사전비판》, 궁리, 2005, 173~177쪽.
4) 12장에서 똑같은 marry라도 한국어에서는 남자는 '장가가다', 여자는 '시집가다'처럼 다른 어휘가 있으니까 번역을 할 때도 그 점을 살려줄 필요가 있다고 했지만 한국인이 쓰는 영한사전에서는 marry라는 올림말의 풀이를 가령 '(남) 장가가다, (여) 시집가다'라고 그 어휘의 적용 범위를 구체적으로 나타낼 필요는 없

다. 한국인은 그런 정보를 주지 않아도 '장가가다'와 '시집가다'를 구별해서 쓸 줄 알기 때문이다. 그런데 영한사전에는 두 가지 종류가 있다. 하나는 한국인이 영어 독해를 할 때 쓰는 수동 영한사전이고 또 하나는 외국인이 한국어 작문을 할 때 쓰는 능동 영한사전이다. 기존 영한사전은 거의 한국인의 영어 독해를 위한 수동 영한사전이다. 외국인의 한국어 작문을 돕는 능동 영한사전에는 marry를 '(남) 장가가다, (여) 시집가다'로 풀이해야 한다. 외국인은 '장가가다'를 남자에게만 쓰고 '시집가다'는 여자에게만 쓰는 줄 모르기 때문이다. 마찬가지로 기존의 한영사전은 거의가 한국인의 영어 작문을 돕는 능동 한영사전이고 외국인의 한국어 독해를 돕는 수동 한영사전은 1897년 캐나다 선교사 게일(James S. Gale)이 편찬한 《A Korean-English Dictionary》(일명 《한영자전》으로 1911년에 재판, 1931년에 3판이 나왔다)와 1967년 미국의 언어학자 새뮤얼 마틴(Samuel E. Martin)이 이양하, 장성은과 함께 만든 《New Korean-English Dictionary》(일명 《한미대사전》) 정도다. 임의의 두 언어 사이에는 이처럼 네 가지 유형의 두말사전이 만들어질 수 있다. 자세한 설명은 Mi-ock J. Cho, *A Critical Analysis of Korean-English Dictionaries*, PhD thesis, University of Exeter, 2001, pp. 29~32에 나온다.

5) 쓰지 유미, 《번역사 오디세이》, 이희재 옮김, 끌레마, 2008, 190쪽.
6) 같은 책, 189쪽.

## 20장 셰익스피어와 황진이가 만나려면
1) 쓰지 유미, 《번역사 오디세이》, 이희재 옮김, 끌레마, 2008, 200~201쪽.

■ 인명 찾아보기

## ㄱ

강옥구 69
고종석 59
김소월 399
김수영 28
김슬옹 158
김원일 21, 22

## ㄴ · ㄷ

네르발, 제라드 드(Nerval, Gerard de) 251, 252
네빌, 알렉산더(Neville, Alexander) 19, 279~281
도일, 아서 코넌(Doyle, Arthur Conan) 20
드 라 라메, 마리 루이사(De La Rame, Marie Louisa) 24
데넘, 존(Denham, John) 19
디포, 대니얼(Defoe, Daniel) 309

## ㄹ

라르보, 발레리(Larbaud, Valery) 362, 363
러트, 리처드(Rutt, Richard) 400
레오파르디, 자코모(Leopardi, Giacomo) 253
루쉰(魯迅) 33, 34

## ㅁ · ㅂ

마에지마 히소카(前島密) 313
마틴, 새뮤얼(Martin, Samuel) 350
매컬러스, 카슨(McCullers, Carson) 85, 210
메드허스트, 월터 헨리(Medhurst, Walter Henry) 316
모리 아리노리(森有札) 313
밀턴, 존(Milton, John) 396
바이런, 조지 고든(Byron, Geroge Gordon) 400

바인리히, 하랄트(Weinrich, Harald) 258, 259
베누티, 로렌스(Venuti, Lawrence) 21
베르길리우스 마로, 푸블리우스(Vergilius Maro, Publius) 19
보드, 앤드루(Board, Andrew) 19
볼테르(Voltaire) 336

ㅅ

세네카, 루키우스 안나이우스(Seneca, Lucius Annaeus) 19, 279
셰익스피어, 윌리엄(Shakespeare, William) 139, 309, 336, 388~391, 393, 396
송순용 36
슈나크, 안톤(Schnack, Anton) 108
슐라이어마허, 프리드리히(Schleiermacher, Friedrich) 15
스즈키 다카오(鈴木孝夫) 315
스콧, 제임스(Scott, James) 28, 218, 308, 345
스키아파렐리, 조반니(Schiaparelli, Giovanni) 245
시몬스, 아서(Symons, Arthur) 25
신위 396, 398

ㅇ

아토다 다카시(阿刀田高) 363
야나부 아키라(柳父章) 25
언더우드, 호러스 그랜트(Underwood, Horace Grant) 35, 36, 186~188, 265, 308, 345, 346
에코, 움베르토(Eco, Umberto) 251~255, 258, 259
염상섭 54
오노 스스무(大野晋) 140, 187
오자키 고요(尾崎紅葉) 24
웅거, 제임스 마셜(Unger, James Marshall) 313
윈스턴리, 제라드(Winstanley, Gerrard) 375
웰스, 허버트 조지(Wells, Herbert George) 245
웹스터, 노어(Webster, Noah) 349
유르스나르, 마르게리트(Yourcenar, Marguerite) 400
유영모 285
이백(李白) 398
이와노 호메이(岩野泡鳴) 25
이인직 53
이재호 354
이제현 396

## ㅈ · ㅊ

조이스, 제임스(Joyce, James) 153, 255
조중환 24
존스, 조지 히버(Jones, George Heber) 346, 349
존슨, 새뮤얼(Johnson, Samuel) 308, 309
초서, 제프리(Chaucer, Geoffrey) 395, 396
최남선 24, 398~400
최인훈 21, 22, 47, 55, 275, 293, 294

## ㅋ · ㅍ · ㅎ

클레이, 버서(Clay, Bertha) 24
페롱, 스타니스라스(Ferron, Stanislas) 307
페트라르카, 프란체스코(Petrarca, Francesco) 395
하세가와 히로시(長谷川宏) 26
헤겔, 게오르크 빌헬름 프리드리히 (Hegel, Georg Wilhelm Friedrich) 26
호리 다쓰노스케(堀達之助) 316
홉스봄, 에릭(Hobsbawm, Eric) 62
황진이 388, 389, 396, 400

## 번역의 탄생

2009년 2월 10일 초판  1쇄 발행
2025년 3월  7일 초판 28쇄 발행

- 지은이 ——————— 이희재
- 펴낸이 ——————— 한예원
- 편집 ——————— 이승희, 양경아
- 펴낸곳  **교양인**
　　　　우 04015 서울 마포구 망원로6길 57 3층
　　　　전화 : 02)2266-2776 팩스 : 02)2266-2771
　　　　e-mail : gyoyangin@naver.com

ⓒ 이희재, 2009
ISBN 978-89-91799-40-0  03700

\* 잘못 만들어진 책은 바꾸어드립니다.
\* 값은 뒤표지에 있습니다.